Ulrike Siegel (Hrsg.)

„Kein Rindvieh – bloß kein Rindvieh“

Persönlichkeiten unserer Zeit erinnern sich an ihre ländlichen Wurzeln

Landwirtschaftsverlag GmbH

Inhalt

„Aufgewachsen auf einem Bauernhof ...“

... dieser Satz, weckt für alle, die in der Landwirtschaft groß geworden sind, eine ganze Flut von Bildern und Emotionen. Noch vor einer Generation fingen viele Lebensläufe damit an. Heute ist er zunehmend selten zu lesen. In Zukunft werden immer weniger Menschen auf eine bäuerliche Herkunft verweisen können.

Auf der Suche nach bäuerlichen Wurzeln in unserer Gesellschaft habe ich über einen mehrjährigen Zeitraum in Zeitungen und Magazinen die Porträts von Menschen, die heute in vielfältigen Bereichen unserer Gesellschaft im Blick der Öffentlichkeit stehen, ausgewertet. 16 Frauen und Männer mit außergewöhnlichen Lebensläufen, die auf einem Hof aufgewachsen sind und heute weit weg vom bäuerlichen Stamm leben, kommen in diesem Band zu Wort.

Die Geschichten sind so unterschiedlich wie ihre Autoren. Sie erzählen vom Aufwachsen in kleinbäuerlichen Strukturen bis hin zum Kindsein auf Gutsbetrieben, vom Erleben der Kriegsjahre mit Hunger und Mangelwirtschaft bis zum Großwerden in den Zeiten des Strukturwandels mit Technisierung und Überproduktion. Die meisten wurden als Bauernsöhne oder Bauerntöchter geboren, einige haben erst die Kriegs- und Nachkriegsjahre auf einen Hof gebracht. Ihr weiterer Lebensweg hat sie in die Politik, Kirche, Wissenschaft, Wirtschaft oder in die Kultur geführt. Manche stehen als Prominente im Rampenlicht des öffentlichen Interesses, andere tragen abseits der Scheinwerfer Verantwortung.

Aus diesen unterschiedlichen Blickwinkeln werfen die Autoren einen Blick auf ihre Kindheit und Jugend und gehen der Frage nach, wie das Aufwachsen auf dem Bauernhof ihren Lebenslauf beeinflusst hat. Sie beschreiben ihre bäuerliche Prägung und reflektieren den Wert bäuerlicher Sozialisation für ihr heutiges Leben.

Ich danke den Autorinnen und Autoren dieses Buches für ihre Offenheit und das Vertrauen, das sie mir entgegengebracht haben, und für die Beiträge, mit denen sie einen Einblick in ihr Leben geben. Mein Respekt gilt ihnen allen, die sich trotz vollem Terminkalender die Zeit genommen haben, über ihre Herkunft zu reflektieren. Möge es ihnen damit gelingen, die Diskussion um den Verlust bäuerlicher Werte in unserer Gesellschaft anzustoßen. Und wichtiger noch, ein Interesse zu wecken an denen, die heute noch in der Landwirtschaft tätig sind und denen wir alle unsere regionalen Lebensmittel und unsere Kulturlandschaft zu verdanken haben.

November 2007

Ulrike Siegel

Doris Fitschen

Heimlich auf Nachbars Kühen reiten

Osenhorst, meine Heimat. Kein Mekka des deutschen Fußballs, sondern ein kleines Dorf in Niedersachsen, unweit der A1 zwischen Hamburg und Bremen. In Osenhorst leben nur ca. 15 Einwohner, die sich auf gerade mal fünf Häuser verteilen. Darunter drei Bauernhöfe. Immerhin haben wir seit den 80er Jahren ein eigenes grünes Ortsschild und inzwischen auch drei Straßenlaternen.

In diesem Idyll bin ich aufgewachsen. Gemeinsam mit meinen Eltern und zwei Schwestern. Mein Vater war Landwirtschaftsmeister und bildete jedes Jahr zwei Lehrlinge aus, die dann jeweils für ein Jahr bei uns auf dem Hof lebten. Arbeit gab es reichlich, denn der Hof hatte eine beachtliche Größe. Wir hielten 30 Kühe, viele Rinder, mehr als 500 Schweine, Hühner, ein Pony und mindestens 10 Katzen. Dazu über 70 Hektar Acker- und Weideland.

Wenn ich an meine Kindheit zurückdenke, vermisse ich vor allem die Weite der Felder und das Gefühl von Freiheit, das in meinem Bauch kribbelte, wenn ich in der Natur herumstrolchte. Nicht zu vergessen die Abenteuer auf unserem Bauernhof. Am meisten Spaß machte, was verboten war: Strohhöhlen bauen, Beobachtungsposten auf dem Scheunendach spielen, Mama mit selbst gefangenen Mäusen erschrecken oder heimlich auf Nachbars Kühen reiten. Am Ende solch strapaziöser Tage wohlbehütet einzuschlafen, war das Schönste.

Natürlich war das Leben auf dem Bauernhof kein ganz reines Vergnügen und ich musste gleich allen anderen ordentlich mit anpacken. Die Arbeitsteilung auf unserem Hof war dabei eher klassisch. Die Frauen kümmern sich um Haushalt und Garten, die Männer um den „Rest“. Da mir dieser Rest sehr viel attraktiver als die Hausarbeit erschien, entschloss ich mich schon recht früh, meinen Vater zu unterstützen und mich mit ihm zusammen dem Treckerfahren, Rindertreiben und -füttern, der Ernte und dem Melken zu widmen.

Es gab eigentlich immer eine Menge zu tun und auch für die seltenen Momente, in denen gerade einmal nichts zu tun war, hatte meine Mutter

Doris Fitschen

1968 geboren im niedersächsischen Osenhorst, macht Doris Fitschen nach dem Abitur eine Ausbildung zur Industriekauffrau mit anschließender Weiterbildung zur Systemanalytikerin und schließt 1999 ihr BWL-Studium ab.
In ihrer Fußballkarriere spielt sie für den FC Hesedorf/TuS Westerholz (1978–1988), VfR Eintracht Wolfsburg (1988–1992), TSV Siegen (1992–1996), 1. FFC Frankfurt (1996–2001) und Philadelphia Charge (2001).
Von 1986 bis 2001 bestreitet sie 144 Länderspiele in der deutschen Frauenfußball-Nationalmannschaft.
Die Abwehr- und Mittelfeldspielerin gewinnt vier Europameisterschaften, drei nationale Meisterschaften, holt dreimal den DFB-Pokal. Bei den Olympischen Spielen in Sydney 2000 gewinnt sie mit ihrem Team die Bronzemedaille.
Seit 2001 arbeitet Doris Fitschen in der Marketingabteilung des DFB.

stets ein großes Repertoire zeitfüllender Aufgaben parat. Nichts schien ihr ferner zu liegen als Müßiggang. Sie konnte es partout nicht leiden, wenn jemand dem Nichtstun frönte oder wohlmöglich bei Tagesanbruch noch im Bett weilte – Ausschlafen war ein Tabu. Mein Vater wäre sicherlich das eine oder andere Mal gerne noch liegen geblieben, aber ihn traf das gleiche Schicksal wie uns und er musste raus aus den Federn. Das Motto meiner Mutter war und ist: Wer feiern kann, kann auch arbeiten. Nicht selten musste ich nach einer durchfeierten Nacht ohne Umwege direkt in den Stall zum Füttern.

Mein Vater dagegen ist ein sehr ruhiger Vertreter. Dennoch hatten sowohl wir Kinder als auch die Lehrlinge einen gehörigen Respekt, wenn er seinen gefürchteten Pfiff auf zwei Fingen losließ. Die Welt schien einen Augenblick zu erstarren und man wurde bei etwas ertappt, das man besser hätte sein lassen. Die Fassung verlor er allerdings nur über schlechte Manieren beim Essen.

„Gerade sitzen, nicht mit vollem Mund sprechen, beide Hände auf den Tisch und es wird gegessen, was auf den Tisch kommt" waren die nachhaltig prägenden Klassiker.

Trotz des quirligen Hoflebens drehte sich in meinem Mikrokosmos schon immer so viel wie möglich um den Fußball. Schon in der Grundschule spielte ich in den Pausen mit den Jungs auf dem Schulhof und nach Schulschluss ging es gleich weiter. Nachmittags verschwanden meine Mitschüler dann meistens zum Training in ihren Fußballverein und ich trottete unzufrieden nach Hause. Ein Mädchenfußballteam gab es weit und breit nicht – immerhin war Frauenfußball bis 1970 noch verboten. Zu Hause hielten daher entweder unsere Lehrlinge als Sparringspartner her oder ich spielte allein. Unablässig dribbelte ich auf meinem eigenen kleinen Fußballplatz, eingegrenzt von unseren beiden Schweineställen. Ein Tor habe ich selbst gebaut und sogar das Tornetz selbst geflochten. Immer wenn ein Ball gegen den Schweinestall flog, quittierten die Schweine das mit lautem Grunzen, was ich als Zustimmung interpretierte. Als ich mein Training intensivierte, entschloss sich mein Vater notgedrungen dazu, die Fenster zu vergittern. Auch die Dachpfannen und das Fachwerk mussten aufgrund meines ausdauernden „Beschusses" immer mal wieder erneuert werden.

Als ich neun Jahre alt war, wurde in einem benachbarten Dorf dann doch eine Mädchenmannschaft gegründet. Einer unserer Lehrlinge, der aus dem besagten Dorf kam, hatte mich bei dem Trainer ins Gespräch gebracht. Dieser machte sich sogleich nach Osenhorst auf, um mich für sein neues Team zu gewinnen. Im Gegensatz zu meinen Eltern war ich natürlich sofort Feuer und Flamme. Weder mein Vater noch meine Mutter hatten sich je für Fußball interessiert, geschweige denn selbst gespielt. Kurzum, sie wollten nicht, dass ich spiele. Fußball sei ganz einfach kein Sport für Mädchen. Es waren wohl weniger meine fußballerischen Qualitäten als meine Quengelei, die sie dann schließlich doch von meinem Beitritt überzeugte. Ich musste allerdings versprechen, mit sechzehn Jahren aufzuhören, da es meinen Eltern bei der Vorstellung kickender Frauen erst recht grauste.

Glücklicherweise wuchs mit der Zeit auch das fußballerische Interesse meiner Eltern. Nicht selten saß meine Mama gemeinsam mit anderen Müttern in dicke Wolldecken eingepackt am Spielfeldrand und feuerte uns lautstark an. Mit der Zeit erschlossen sich ihr die Fußballregeln von selbst und sie hatte sogar eine plausible Erklärung für Abseits: Abseits ist immer dann, wenn der Schiedsrichter pfeift und es war kein Foul- oder Handspiel. Damit lag sie fast immer richtig.

An meinem 16. Geburtstag war schließlich ans Aufhören nicht mehr zu denken. Längst spielte ich in diversen Auswahlmannschaften und meine Eltern zählten inzwischen zu meinen größten Fans. Es war aber wohl weniger der Erfolg als meine Begeisterung für den Sport, die sie nach und nach in ihren Bann zog. Diverser nationaler und internationaler Titel ungeachtet, beschreibt meine Mutter noch heute die Bezirkshallenmeisterschaft von 1984 als eines ihrer schönsten Fußballerlebnisse. Damals verschoss ich unglücklich einen Siebenmeter und sie geriet auf der Tribüne außer Rand und Band, denn dank meiner Mitspielerinnen gewannen wir am Ende doch noch.

Früh übt sich …

Obwohl ich bereits mit 17 mein Debüt in der deutschen Frauenfußball-Nationalmannschaft feierte, war meine Laufbahn als Leistungssportlerin zu diesem Zeitpunkt nicht unbedingt vorgezeichnet. Auch als Erwachsene liebte ich das Leben auf dem Hof und erwog nach dem Abitur durchaus, mich beruflich in der Landwirtschaft zu verwirklichen. Trotzdem liebäugelte ich natürlich weiterhin mit dem Sport. Die Entscheidung fiel, als der VfR Eintracht Wolfsburg als einer der führenden Frauenfußball-Clubs in Norddeutschland mich als Torjägerin umwarb und mir zudem einen Ausbildungsplatz als Industriekauffrau bei der Volkswagen AG anbot. Obwohl ich meine vertraute Umgebung und meinen bisherigen Verein nur ungern verließ, ergriff ich die Gelegenheit, auf dem damals höchsten deutschen Niveau Fußball zu spielen, energisch am Schopfe. Für mein Heimweh blieb in dieser turbulenten Zeit wenig Raum – wie auf einem Bauernhof gibt es auch im Sport extrem selten Momente des Innehaltens.

Der größte Triumph dieses Abschnitts war sicherlich der Gewinn der Europameisterschaft 1989. Unseren hart erkämpften 4:1-Sieg feierten wir vor einem restlos ausverkauften Stadion, darunter meine Eltern, die zusammen mit 50 Fans aus Osenhorst und Umgebung in einem Charterbus angereist waren. In den folgenden Jahren begann für mich eine aufregende Reise um die Welt, zu deren sportlichen Höhepunkten die Teilnahme an den Olympischen Spielen in Atlanta und eine Bronzemedaille bei den Olympischen Spielen von Sydney zählt.

Meine bäuerliche Prägung wurde mir ganz besonders 1995, dem bittersten Jahr meiner Karriere, positiv bewusst, als ich verletzungsbedingt so-

Der Gewinn der Europameisterschaft 1997

wohl das EM-Endspiel als auch die Weltmeisterschaft von der Tribüne aus verfolgen musste. Um mir nach nur wenigen Monaten wieder meinen Stammplatz in der Nationalelf zu sichern, blieb mir nur eines: harte Arbeit, ohne zu grübeln. Gerade in dieser Zeit spürte ich auch den familiären Halt, der nicht nur meine Kindheit auf dem Bauernhof prägte.

Die ganzen Jahre war mein Leben zwar vom Fußball bestimmt, jedoch spielten auch Studium und Arbeit wesentliche Rollen, denn es galt schließlich, den Lebensunterhalt zu bestreiten. Umso glücklicher war ich, dass sich zum Abschluss meiner Karriere in 2001 mein Traum erfüllte, als Profifußballerin in den USA zu spielen. So groß die Entfernung zum elterlichen Hof auch oft war, ich fühlte mich doch nie verloren. Das Leben auf dem Land hatte mich mit einer inneren Ruhe erfüllt, die ich dem Druck des Leistungssports entgegensetzen konnte. Ich wusste, wer ich bin und was ich kann, blieb trotz der aufregenden Erfahrungen bodenständig und gelassen.

Mittlerweile liegt meine Karriere als aktive Fußballerin mit 144 Länderspielen einige Jahre zurück und noch immer dreht sich mein Leben um den Frauenfußball. Ich bin glücklich, als Sponsoring-Managerin beim Deutschen Fußball-Bund Hobby und Beruf verbinden zu können. Meine

Deutsche Schwarz-Bunte: Doris Fitschen in Osenhorst 1996 vor der Olympiade

damalige Entscheidung, mein Leben dem Sport zu widmen, habe ich nie bereut.

Zwischenzeitlich lebte ich in Siegen, Philadelphia und bin jetzt in Frankfurt sesshaft geworden. Ich genieße es, in der Stadt zu wohnen. Mittendrin. Der Bäcker, die Reinigung, Kneipen, Cafés, Restaurants, Museen und auch die Freunde sind zu Fuß in wenigen Minuten erreichbar. Trotzdem bin ich doch wohl zu sehr Landei, um gänzlich auf das Landleben zu verzichten. Seit Jahren besitze ich meinen eigenen kleinen Schrebergarten, in dem ich am Wochenende eine Art Miniaturlandleben führe und mich inmitten meiner Beete austobe – nach dem Ausschlafen und ohne Bolzplatz.

Verena Bünten

Scheißeschieben macht verwegen

17 Uhr – Stallzeit. Mein Vater macht die Krippen fertig. Kraftfutter scheppert rhythmisch aus dem Eimer in die Futterrinnen. „Verena, geh doch mal die Kühe holen." Vor der Stalltür wartet nur eine kleine Kuh-Vorhut, der Rest der Herde fehlt noch. Es ist Frühjahr, die Kühe sind erst seit wenigen Tagen wieder auf der Wiese. Ihre innere Euter-Uhr ist noch nicht auf Melkzeit gestellt – sie müssen abgeholt und zum Stall getrieben werden. Ich bin knapp sechs Jahre alt und stiefele los in Richtung Waldrand. Auf der großen Schafweide sind sie, bloß: Die verbleibende Herde macht keine Anstalten, das ausdauernde Grasen einzustellen. In die Hände klatschen, wohlmeinende Appelle, mit den Armen rudern, schreien, umkreisen, mit der bloßen Hand auf den Kuhhintern klapsen – nichts hilft. Es braucht mehr als einen Meter tobendes Kind, um 30 gestandene Milchkühe in Marsch zu setzen. Ich hätte nach Hause laufen und meinem Vater sagen können: „Hol deine Kühe selber, es klappt nicht, ich bin zu klein!" Undenkbar. Stattdessen setze ich mich verzweifelt auf die große Schafweide und heule eine Weile. Dann gehe ich in den Wald, suche mir einen langen Stock und schaffe es tatsächlich, die Kühe mit der Kombination aus einem Meter Kind und einem Meter Stock nach Hause zu treiben.

Das Prinzip „Küheholen" wird mich mein Leben hindurch begleiten. Im Verborgenen eine Strophe heulen, Zähne zusammenbeißen, Plan aushecken, Problem lösen. Aus einem Moment schmerzlicher Überforderung wird die Erfahrung, die Lage aus eigener Kraft in den Griff bekommen zu haben. Das lernt man auf dem Bauernhof. Zumindest auf unserem, wo so viel Arbeit war, dass ich mich irgendwie dafür zuständig fühlte, anfallende Aufgaben alleine zu lösen.

In meiner Familie wechselte eine Bauerngeneration die andere ab. Schwarz-Weiß-Fotos von aufrecht-knorrigen Gestalten gibt es bis Ururopa Heyer, der mit dem Spazierstock auf der Bank thronte (vermeintlich wusste er um die Verdienste des Stocks beim Küheholen). Die ursprünglich aus dem Rheinland stammende Familie hatte ein paar Generationen einen

Verena Bünten

1972 geboren, wächst sie als einziges Kind auf einem Milchbetrieb bei Aachen auf. Mit 18 schreibt sie erste Artikel für die Aachener Volkszeitung, mit 19 moderiert sie regelmäßig Hörfunk-Sendungen im Belgischen Rundfunk, mit 21 folgt der erste Fernsehbeitrag beim ZDF. Während des Politik-Studiums in Köln arbeitet sie für den Belgischen Rundfunk in Brüssel, für die UNO-Öffentlichkeitsarbeit in Genf und berichtet immer wieder aus Paris für die Rundfunknachrichtenagentur (RUFA). Nach abgeschlossenem Studium folgt ein Lehr- und Wanderjahr: Drei Monate New York mit Praktikum bei der Deutschen Presseagentur (dpa); anschließend recherchiert sie sechs Monate mit einem Journalistenstipendium in Indien, interviewt den Dalai Lama und lebt mit tibetischen Flüchtlingen im dortigen Exil. 1999 Programm-Volontariat beim WDR in Köln. Ab 2002 Redakteurin beim ARD-Morgenmagazin. Regelmäßige Vertretungen der ARD-Korrespondenten in den Studios Washington und Paris.
Seit 2007 berichtet sie als Redakteurin und Reporterin für ARD-Tagesschau und -Tagesthemen aus NRW.
Verena Bünten ist mit einem Fernsehjournalisten verheiratet und hat einen Sohn.

eigenen großen Hof in Mecklenburg bewirtschaftet, bevor sie fliehen musste. Mein Vater kam als evangelisches Flüchtlingskind zurück ins katholische Rheinland und baute seitdem einen Pachtbetrieb direkt an der belgischen Grenze bei Aachen auf. Morgens vor der Grundschule molk er schon alle Kühe und übernahm sehr jung den Hof. Das erklärt die bei uns vorherrschende Stimmung. Irgendwie waren wir immer im Aufbaufieber. Mit meiner Mutter heiratete er kein „Buure Mädsche", sondern eine Frau, die keine Erfahrung mit den Rheinischen Schwarzbunten, dafür aber ein Faible für Schönes hatte. Das sorgte anfangs für Konflikte: So pflückte meine Mutter beim Rinderumtreiben auch mal Blumensträuße am Wegrand. Blumenpflücken! Ausgerechnet bei der Hochgeschwindigkeits-Hochkonzentrations-Disziplin Rinderumtreiben! Etwas Abwegigeres kann sich kein eingefleischter Bauer vorstellen. Dafür fehlte bei uns nie die farblich passende Tischdekoration bei großen Essen. Auch wenn sie nie eine besonders ausgeprägte Liebe zur Kuh entwickelte, war meine Mutter doch loyal zum Hof und arbeitete voll mit.

Mittenrein geboren wurde ich, einziges Kind, sehr gewünscht, Mamas Tochter, Papas Sohn. Und dann gab's da noch die Kujen. Kujen hießen sie in guten Momenten, in schlechten waren es die „Kraggen". Gemeint sind etwa 40 Milchkühe – stoische wiederkäuende schwarz-weiße Gebirge mit Euter, wenig Anteil nehmend am Gang der Welt. Mit Rindern und allen Jungtieren kamen wir in besten Zeiten auf 120 Stück Vieh. Mein Vater, ganz Vollblutbauer, kannte sie alle mit Namen und konnte den Stammbaum jeder Kuh aufsagen. Bis heute spricht er mit jedem Tier, das er trifft. Dennoch gab es zu den Kühen keine romantische Nähe, wie Städter sich das ausdenken, sie waren auch Wirtschaftsfaktor. Im Falle einer Notschlachtung musste er ihnen mit dem besonders dicken Küchenmesser zum Ausbluten den Hals durchschneiden. Glücklicherweise geschah das nur sehr selten.

Zur Familie gehörten ansonsten noch Katzen, ein Esel namens Blacky und der Star im Stall: Hilde. In ihrer Jugend war Hilde auf Leistungsschauen eine Art Top-Model: Sie erreichte 44 von 45 möglichen Punkten für Körperform und Euter. Im Alter brachte sie es dann noch auf den Milchleistungs-Lebensrekord als erste 100.000-Liter-Kuh der Region. Meine Eltern veranstalteten als stolze Züchter ein Fest mit 200 Gästen, bei dem die anwesende Hilde tolle Geschenke bekam: eine Kuhglocke, einen Riesen-Rundballen mit entsprechender Schleife, einen Zuckerrüben-Präsentkorb, Hilde getöpfert, Hilde als Strohpuppe ...

Als einzige Kuh im Stall sollte die verdiente Hilde eines natürlichen Todes sterben. Daraus wurde nichts: Im nach Kuhkriterien biblischen Alter von 16 Jahren kullerte sie einen Hügel hinunter und landete auf dem Rücken liegend im Bach. In heller Aufregung wurde ein Bagger bestellt, der sie freilegte, um sie aus dem Wasser zu wuchten. Die geborgene Hilde hat sich davon aber nicht mehr erholt, brach sich kurz darauf ihr osteoporose-geschwächtes Rückgrad und musste eingeschläfert werden.

So sehr sich all das nach heiler Welt anhört, sind meine Bauernhof-Erinnerungen nur strichweise heiter. Denn da gab es einen Knackpunkt: Arbeit. Zu viel Arbeit für zwei Erwachsene. Obwohl sich meine Eltern selten beklagten, habe ich als Kind diese nie enden wollende Arbeit als bedrückend erlebt. Irgendwie erinnere ich mich an ein permanentes Müssen. Egal, ob Liebeskummer aus- oder die Welt zusammenbricht: Die Kühe müssen gemolken werden – und zwar morgens und abends. Arbeit ist er-

Wäschekorb statt Kindersitz: Von klein auf bei der Arbeit dabei

ste Priorität. Nicht später. Nicht jammernd. Jetzt. Sofort. Ohne Diskussion. Egal, wie schön ein Fest war, um 17 Uhr sprang Firma Bünten auf, kein Entrinnen – Melkezeit. Mein Vater versuchte blendend gelaunt, die Stimmung oben und uns bei der Stange zu halten: „Hanni, hast du auch so Bock auf Kujen?"

Mein Vater hatte einen 15-Stunden-Tag. Vor 22 Uhr abends kam er selten ins Haus – und das sieben Tage die Woche. Neben dem eigenen Zuchtbetrieb fuhr er morgens und abends noch als Besamungstechniker von Hof zu Hof. Mein Vater, der „Kälbchenmacher" – in der Pubertät hat mich das wirklich in Nöte gebracht. Oder wie würden Sie Ihren Freunden die rheinisch-joviale Ansage auf dem Anrufbeantworter erklären: „Liebe Kunden, am ersten Weihnachtstag macht der Bulle Urlaub, ab morgen wird dann wieder besamt."?

Meine Mutter zog auf dem Hof voll mit. Für Frauen erschien mir die Landwirtschaft immer als besondere Doppelbelastung, die – anders als bei den Jungbauern – nicht durch die Faszination des Traktors aufgewogen wurde. Neben der Stallarbeit morgens und abends gab es einen aufwendigen Haushalt mit vielen Essensgästen, Wäsche und Putzerei. Es war vollkommen normal, meine Mutter um 21 Uhr noch bügeln oder Torten für den Besuch am Wochenende backen zu sehen.

Als einziges Kind war ich natürlich auch gefordert und mit dem Alter wuchsen die Aufgaben. Ab etwa dem fünften Lebensjahr ging ich abends mit in den Stall, spielte mit Kühen und Katzen, kehrte aber auch den Futtertisch ab, warf Heu vom Heuboden, machte den Stall sauber, streute Sägemehl, kraulte schwierige Kuh-Kandidatinnen beim Melken – und bekam bald meine eigene Disziplin: die Kälber. Das Melken übernahmen fast ausschließlich meine Eltern. Darüber war ich insgeheim erleichtert. Schließlich wurde ich den Verdacht nicht los, dass mich ausgeliefert am Euter hockend eines Tages eine „Schläger"-Kuh frontal ins Gesicht treten würde.

Die Kälber aber empfand ich schon sehr jung als mein Fachgebiet. Sie wurden – für die Zeit damals fortschrittlich – mit überdimensionalen Nuckel-Eimern gefüttert und mussten dazu ihre Köpfe durch verschließbare Eisengitter stecken. Professionelles Kälberfüttern war hohe Kunst. Die Nuckel-Eimer funktionierten unterschiedlich gut, sodass manche Kälber früher fertig waren und den anderen die Milch streitig machten. Jetzt setzte mein ausgeklügeltes System ein: Starken Kälbern schlechtere Eimer geben, verfressene beim Nachbarn räubernde Kälber mit der Kraftfutterkelle auf die Schnauze hauen, gute und schlechte Eimer in Windeseile im vollen Fütterungsprozess austauschen, Störenfriede aus dem Gitter aussperren, ohne die anderen zu verjagen. Selbst wenn es nicht unbedingt eine Herzensangelegenheit war, mussten Aufgaben auf dem Hof mit vollem Einsatz zuverlässig erfüllt werden. Auch das war eine tägliche Bauernhof-Lektion für das Leben danach. Heikler war da die Versorgung der frisch geborenen Kälber, die in Einzelboxen am letzten Hofwinkel im Wald standen. Sie bekamen unter roter Wärmelampe eine Nuckelflasche. Dabei musste ich dem Wald den Rücken zudrehen, der im Winter zur Stallzeit stockdunkel war. Dunkelheit machte mir Angst. Ich hatte lange diffuse Vorstellungen, dass mir eine Schar Vampire geradezu im Nacken hing. Dennoch hätte ich meinen Eltern nie etwas gesagt. Sie hatten einfach zu viel Arbeit – und so absolvierte ich Fütterung und Kälber-Durchfall-Check so zügig wie möglich. Zu spät erkannter Kälberdurchfall war eine höchst ernste Angelegenheit, die bei den „Frischlingen" tödlich enden konnte. Da lernt man schon als Kind, sich verantwortlich zu fühlen. Bis heute gehe ich an keinem Kalb vorbei, ohne es unauffällig auf Durchfall zu prüfen.

Irgendwie standen wir alle immer unter Strom. Das galt ganz besonders für die schlimmste Jahreszeit, den Sommer. Sommer, das war nicht Eis oder Freibad, sondern die Saison für die Top 3 des geballten Bauernhof-Grauens:

Top 1 – Rinderumtreiben: Eine vollkommen unberechenbare Masse springlebendiger Jungrinder verlässt zum ersten Mal den Stall oder die

Hausweise, um über einen Waldweg zur entfernten Großweide getrieben zu werden. Dabei drehen sie komplett durch, walzen bisweilen Zäune nieder und nutzen jede Möglichkeit, in den Wald auszubrechen. Sind sie einmal durchgegangen, kann niemand so schnell rennen wie ein Rind. Die Nerven aller nebenherlaufender Zweibeiner liegen blank, es gibt eine Riesenschreierei und nur eine Chance: Denken wie ein Rind und schneller bei möglichen Schlupflöchern sein.

Küheholen – da lang geht's zum Stall

Top 2 – Strohballenstapeln: Zuerst auf dem Anhänger und dann auf dem Schuppen schwere Strohballen packen, deren Kordeln in die Hände schneiden und deren pieksende Halme einen aussehen lassen wie ein zerstochener Junkie. Nicht murren, sondern packen und es hassen.

Top 3 – Heuzeit an der Höllenschleuder: Am Anfang steht die quälende Gewissensfrage: Mähen oder nicht mähen? Kommt Regen oder bleibt es trocken? Dann Heuwenden und „auf Reihen machen", den ganzen Sonntag, sechs Stunden ohne Pinkelpause, dabei treffen sich alle anderen gerade auf der Kirmes. Heimlich auf dem Trecker heulen, Zähne zusammenbeißen, gerade Reihen ziehen. Oder am Heugebläse stehen, während unaufhaltsam Ladewagen für Ladewagen anrollt, das Sommergewitter im Nacken. Aufpassen, dass keine verborgenen Steine in diese heulende Höllenschleuder gelangen und sie zerschlagen. Und immer in Sorge sein, dass das Mörderding unsere kleinen Kätzchen schreddert, die sich manchmal unter den Heuresten ducken.

Meine Eltern würden jetzt sagen: Du hattest eine schöne Kindheit, andere Bauernkinder mussten viel mehr arbeiten als du. Stimmt! Schule und Hausaufgaben gingen immer vor. Trotzdem war meine Kujen-Kindheit ganz sicher nie eins: unbeschwert. Auch wenn die Erwachsenen das wohl anders empfanden: Mir erschien ein Bauernhof als permanente Überforderung aller vorhandenen Kräfte – immer zu wenig Menschen für zu viel Arbeit, immer Angst davor, dass sich die unterschwellige Anspannung entlädt. Als Einzelkind fühlte ich mich für alles zuständig. Kein großer Bruder zum Streiten, wer denn heute in den Stall geht, weil man mal keine Lust hat. Stattdessen hieß es die Antennen ganz weit ausfahren: Wann kippt die Stimmung? Was kann ich tun, um die Situation vorher zu retten?

Die schlimmste Angst war die, faul zu sein. Faul sein galt als Todsünde. Beim kleinsten Verdacht tat sich der Himmel auf und man wurde unweigerlich vom Blitz getroffen. Am Wochenende länger als 9 Uhr morgens im Bett lesen war faul sein. Als kleines Kind musste ich den Kaffeetisch gedeckt haben, wenn meine Eltern aus dem Stall kamen. Jedem seine Aufgabe. Ich horchte auf die Melkmaschine und versuchte, den Moment abzupassen, an dem sie stotternder klang und sich das Ende der Melkzeit abzeichnete. Oder aber die Situation, wenn ich einmal die Woche mit dem Esel und einer Ladung neuer Bücher vom Bücherbus nach Hause kam. Durch den Wald hörte ich schon das Signal der Melkmaschine, das rief: „Umziehen! Stallzeit!“ Dabei hätte ich so gerne einmal sofort mit dem Lesen angefangen wie die Nachbarskinder. Einmal faul sein! Dass die Nachbarskinder irgendwie unbekümmerter aufwuchsen, merkte ich auch in der Grippezeit. Sie durften krank sein, wir Bauern nicht. Mit einem Mörderschnupfen saß ich tagelang apathisch im zweiten Schuljahr, bis die Lehrerin meine Eltern bat, mich doch zu Hause zu lassen. Meine Mutter war zu besorgt gewesen, dass ich in der Schule etwas verpassen könnte. Krankheit war ein unerhörter, unnötiger Zustand, der wenig Mitleid verdiente und schnellstens vorübergehen musste. Mein Vater griff bei jeder Grippe zu Antibiotika und ging noch mit hohem Fieber in den Stall. Wer außer ihm hätte auch sonst die schwere nasse Silage füttern sollen? Für einen Arbeitgeber müssen Mitarbeiter mit Bauernhof-Sozialisierung ein wahrer Traum sein.

Freudlos war unser Leben aber nie. Viermal am Tag wurde gemeinsam gegessen, das waren lustige rheinische Runden mit vielen Menschen am Tisch. Ich erinnere mich noch gut an den Nachmittagskaffee, an dem mein Vater entdeckte, dass meine Mutter holländische Butter gekauft hatte (der holländische Bauer war der Feind!). Abends beim Melken hinter den Kühen war die Familie immer gut beieinander. Während die Milch zischend bei den Kühen in die Gehänge schoss, wurde geklönt und alles Wesentliche geklärt. Bis heute ist mir nicht klar, wo meine Eltern die Kondition herholten – nicht nur zum Arbeiten, auch zum Feiern. Jedes Wochenende kamen Gäste und einmal jährlich gab es das große Bünten-Waldfest. Als

Mein Vater und der Star im Stall: Top-Kuh Hilde und ihre Zwillinge

traditioneller Höhepunkt wurde die singende Gästeschar mit dem Trecker durch den Wald gefahren – und dann der Anhänger mitsamt feierfreudiger Gemeinde gekippt. Abends nach dem Stall gab's auch mal Spargelessen für 20 Personen bei uns im Garten. Spargel, der geschält werden musste! Für 20 Personen! Welche bürgerliche Existenz mit gepflegtem Acht-Stunden-Tag und Wochenende bringt für so etwas Energie auf?

Bauernhof war Druck und Ernst, aber auch zupacken, Verantwortung übernehmen, selbstständig arbeiten und bewusst die eigene Laufbahn angehen. Jeder ist allein verantwortlich für seinen Erfolg oder sein Scheitern, also darf es keine Angst vor dem Machen geben – das lehrt der Hof als kleinstes Wirtschaftsunternehmen.

Ich weiß nicht, wie ich auf die Idee kam, ausgerechnet Reporterin werden zu wollen. Mit zehn Jahren etwa stand mein Berufswunsch jedenfalls fest wie ein Fixstern am Himmel. Vorher hatte ich „Modeschöpferin" erwogen und meinen Barbies Taschentuchkleider geschneidert. Die Kujen kamen jedenfalls keine Sekunde in Erwägung. Wahrscheinlich ist mir die Idee mit dem Journalismus beim Scheißeschieben gekommen, dieser meditativsten aller Bauernhoftätigkeiten, bei der ich mein Leben strukturierte. Scheißeschieben war das Kuhstallsäubern. Der leere Stall wurde mit einem Wasserstrahl abgespritzt und die Scheiße mit einem Gummischieber in die Gitterroste geschoben. Je nach Witterungslage mussten auch fette Würmer in Schach gehalten werden, die aus der Unterwelt des Güllekellers kamen und langsam über den Stallboden krochen. Beim Scheißeschieben also keimte die Vorstellung vom bewegten Journalistenleben. Eine rasende Reporterin wollte ich sein, immer dort unterwegs, wo die Mülltonnen brennen und das Leben tobt. Einen wehenden Trenchcoat würde ich tragen, wahrscheinlich mit Hut, den Block in der Hand, in der Manteltasche das Mikrofon mit der Aufschrift „wichtig!" Ein schillerndes Leben musste das sein, fern von Kuh, Kalb, Rind und vermeintlich ländlichem Idyll. Scheißeschieben macht verwegen!

Der Schritt raus aus der Deckung begann mit dem Wechsel aufs Gymnasium. Vorher war ich im nahe gelegenen Belgien auf die Dorf-Grundschule gegangen. Bauern hatten in Belgien ein denkbar schlechtes Image als tumbe stinkende Trampel mit Gummistiefeln voller Scheiße. Auch wenn ich definitiv nicht so aussah, war das sehr verletzend. Ich werde nie vergessen, wie meiner belgischen Tanzstundenliebe vor Schreck der Kiefer entgleiste, als ich beiläufig einflocht, ich sei vom Bauernhof. Der belgische Grundschullehrer konnte meine Eltern überzeugen, dass ich unbedingt aufs Gymnasium gehen müsste. Also fuhr ich jeden Morgen nach Aachen in die Stadt und erlebte mein blaues Wunder: Meine neuen Lehrer, gerade die der 68er-Generation, sprangen vor schierer Begeisterung über ein Bauernkind im Klassenverband fast über ihr Pult. Von Stigma zu Status – ich war irritiert. Ich sollte die Erste in meiner Familie sein, die Abitur und Universitätsabschluss machte, beides mit Eins, das war mir wichtig. Ohne dass Noten bei uns zu Hause ein Thema waren, hatte ich den Leistungsgedanken meiner Eltern tief verinnerlicht. Irgendwie war es ein tröstliches Gefühl, besser abzuschneiden als meine Freundinnen – allesamt höhere Töchter, die ihre Ferien in feinen Sprachinternaten verbrachten. Dennoch musste ich nie den Vorwurf hören, ein Streber zu sein. Mein Ehrgeiz war nicht rücksichtslos und die anderen Kinder akzeptierten ihn. Ich glaube, er war einfach authentisch. Im Grunde habe ich all die Jahre unbewusst eins gemacht – den Aufstiegskampf meines Vaters, des Pächters unter besitzenden Bauernsöhnen, auf anderer Ebene fortgeführt.

Das Abitur rückte näher. Journalistin wollte ich also werden, immer noch. Beim Melken tagte hinter den Kühen der Familienrat. Meine Eltern hatten Bedenken. Wenn ich denn schon nicht die Kujen übernehmen wollte, woran ich 19 Jahre lang keinen Zweifel ließ, könnte ich dann nicht wenigstens auf Lehramt studieren? Mein Vater sah mich in seinen Wunschträumen bei der Raiffeisen-Bank, meine Mutter als Europasekretärin im blauen Kostüm in Brüssel. Hier schlug die ehrenvolle Stunde meiner Eltern als Unterstützer, ihr großer Verdienst: Sie haben mich einfach machen lassen und mir nicht reingeredet. Bauernhof, das war eben auch Eigenverantwortung. Jeder ist sein Glückes Schmied, solange er ordentlich anpackt.

Noch in der Schulzeit schreibe ich erste Artikel bei der Aachener Volkszeitung. Der Stundenlohn liegt etwa bei zwei Mark, zum Glück darf ich umsonst Mamas Auto benutzen. Alle sind stolz, wenn morgens etwas von mir in der Zeitung steht. Mit 19 moderiere ich meine erste Radio-Sendung beim Belgischen Rundfunk, mit 21 mache ich den ersten Fernsehbeitrag im ZDF. Alle anderen freien Mitarbeiter sind zehn Jahre älter. Beim Weg dorthin greift wieder das Prinzip „Küheholen", nur dass diesmal auf öffentlich-rechtlichen Toiletten geheult wird. Ein preisgekrönter Kameramann weigert sich, mit mir Jungspund zu drehen. Später lässt er sich meinen handgeschriebenen Anfänger-Drehplan mit Widmung versehen und hebt ihn als Andenken auf. Oder der tränenreiche Besuch bei den sanitären Anlagen eines WDR-Studios. Eine Sekretärin putzt mich in laufender Konferenz vor allen anderen runter: Mein Parfum sei unerträglich, es habe etwas von nassem Hund. Passende Antworten auf solche Attacken hat meine christliche Bauernhof-Erziehung nicht vorgesehen. Stattdessen Zähne zusammenbeißen und weiterkämpfen. Vier Jahre später werde ich der Redaktionsleiterin ein Festanstellungsangebot ausschlagen.

Studium in der Großstadt Köln, das bedeutet die erste eigene Wohnung – endlich! – und Sicherheitsabstand zu den Kujen. Unser Hofverpächter organisiert wohlmeinend einen Waldspaziergang mit seiner akademischen Schwiegertochter, die mir Bauernkind erklären soll, wie Studieren funktioniert. Sie erzählt von Scheinen und Zwischenprüfungen und davon, dass man auch mal ein Semester schlunzen könne. Schlunzen? Undenkbar! Ich studiere zügig, moderiere am Wochenende regelmäßig Radio-Frühsendungen in Belgien und verbringe die kompletten Semesterferien mit Praktika – am liebsten im Ausland.

An den Wochenenden füttere ich nun viel lieber die Kälber, weil es nicht mehr der allabendliche Zwang ist. Eines Abends kommt mir eine Idee und ich gehe schnurstracks von den Kälbern zu unserem Flurtelefon. Da stehe ich nun in der Dreckschleuse des Hofes, in Gummistiefeln, Stallklamotten und mit dem unvermeidlichen Jeans-Hütchen auf dem Kopf, das die Haare vor dem Duft von „Silo Royal" schützt. Ich lasse mir bei der Auslandsauskunft die Nummern der UNO in New York und Genf geben und telefoniere durch die Welt, während nebenan die Melkpumpe wummert. „Can I make a stage by you?" In schlechtem Spontan-Englisch will ich mich um ein Praktikum (französisch „stage") bemühen, leider heißt der Satz übersetzt eher „Darf ich bei Ihnen eine Bühne bauen?". Unzählige

Male werde ich verbunden, irgendwann versteht man mich dann doch draußen in der Welt: Ich bekomme ein Formular zugesandt und nach zwei Jahren auf der Warteliste einen Praktikumsplatz bei der UNO in Genf, Abteilung Öffentlichkeitsarbeit. Angekommen im riesigen Palais des Nations verstehe ich, warum die Wartezeit so lang war. Außer mir bestehen die Praktikanten fast ausschließlich aus Kindern hoher internationaler Angestellter, deren Eltern ihre Beziehungen spielen ließen. Unsere Hauptaufgabe ist es, Zeitungsartikel auszuschneiden. Ich verstehe mich prima mit den höheren Töchtern, auch wenn ihre Themen ein wenig einseitig sind: Pferde und angemessene Verlobungsringe – daumennagelgroße Smaragde oder Rubine, von Diamanten umkränzt. Auf den endlosen Fluren des Palais lerne ich nicht nur, in hohen Schuhen zu laufen und den Dresscode vorauszuahnen, sondern wieder mal, dass die Kujen selbst hier nachwirken. Während die anderen Praktikanten unserer Abteilung weiter Zeitungsartikel ausschneiden, merkt meine Chefin schnell, dass ich anpacken und selbstständig arbeiten kann. Als sie am Ende meines Praktikums in Urlaub geht, verzichtet sie auf eine Vertretung und lässt mich zwei Wochen alleinverantwortlich die Betreuung wichtiger Besucher übernehmen. Zurück in Deutschland bietet mir die UNO einen Job an. Ich lehne ab, um nicht mein Studium abbrechen zu müssen.

„Mehr Glamour" heißt in den Studienjahren die Gegenbewegung zum Bauernhof. Ich will raus in die Welt, sauge alles Mondäne, Kosmopolitische auf, suche den Kontrast zum heilen überschaubaren Wald- und Wiesenkosmos. Eine Reisende zwischen den Welten will ich sein. Da draußen warten Abenteuer, die Tür dorthin öffnen selbst organisierte Praktika und mancher Sprung ins kalte Wasser. Ich starte jedes Mal allein in einer fremden Stadt, bin oft überfordert, letztlich aber immer erfolgreich, mir meinen Teil der Welt und neue Freunde zu erobern. Was für ein sattes großes Glücksgefühl! In Brüssel bringe ich es wochenlang zum beliebtesten Zwischenschnitt im belgischen Fernsehen: Ein 19-jähriges Lieschen im Blümchenkleid zwischen all den grauen Herren auf der Pressekonferenz des Premierministers, da freut sich jeder Kameramann. Dann Paris, regelmäßige Urlaubsvertretung für einen Hörfunk-Korrespondenten. Paris ist ein Hauch unverschämter Bohème. Jeden Morgen hole ich mir eine Mousse au Chocolat aus dem Kühlschrank und esse sie im Bett. Anschließend wird stramm gearbeitet – auch mal 42 Stunden am Stück. Als bei der Prêt-à-Porter-Woche die Chanel-Schau an mir vorbeirauscht, klirrt mein Kopf vor Glück. Angekommen! Drei Monate New York, Hauptstadt der Welt. Für die Deutsche Presse Agentur berichte ich von der Massenhochzeit der

Moon-Sekte und von rauschenden Suzanne-Bartsch-Partys. Morgens in Alphabet-City neben abgeschminkten Drag Queens frühstücken und auf der Lower East Side lässig als „local" durchgehen – die Kühe sind weit weg.

Mit 25 fahre ich ganz allein ein halbes Jahr nach Indien. Mit einem Journalistenstipendium in der Tasche will ich in tibetischen Flüchtlingslagern recherchieren und Reportagen über den Dalai Lama im Exil machen. Mein Vater weint auf dem Bahnsteig. Indien ist zu viel und zu fremd, er hat das Gefühl, er sieht mich nie wieder. Es ist das zweite Mal in meinem Leben, dass ich ihn weinen sehe. Ich bin schockiert. Dabei haben mich meine Eltern eigentlich gut auf die Welt vorbereitet. Wir waren ein offenes Haus, bei uns dockten alle an: Waisenkinder, Schüler vom Stadt-Land-Austausch, einsame Bühnenbildner-Azubis, Belgier, die auf dem Bauernhof Deutsch lernen wollten, Ferienkinder, Generationen von Jungs mit Treckerträumen – alle ab zu Büntens nach Sief, alle saßen bei uns am Tisch.

Es hat lange gedauert bis zur Erfahrung, dass harte Arbeit und Talent allein nicht reichen und die Bauernhofprägung einem auch mal im Weg stehen kann. Im WDR-Volontariat, dem letzten Schliff der Journalistenausbildung, ist es so weit. Andere in meiner Gruppe, allen voran die drei Jungs, beanspruchen mit enormem Selbstbewusstsein den Platz in der ersten Reihe trotz geringerer Leistung. Zum ersten Mal setzt sich nicht automatisch Powern durch, nicht Geradlinigkeit und katholische Bescheidenheit, sondern Strippenziehen, sich gut verkaufen und die Fähigkeit, auf der Klaviatur der Hierarchien zu spielen. Unsere Kujen hatten keine Hörner mehr, Konkurrenz und Kampf waren selten. Die zweite gewaltige Erfahrung war die, dass Hochleistungssport seine Grenzen hat. Ich war inzwischen Redakteurin beim ARD-Morgenmagazin, machte beglückende Urlaubsvertretungen in Paris und Washington und arbeitete, wie ich es vom Hof gewohnt war – ohne Schmerzgrenze. Manche Kollegen arbeiteten sechs Stunden am Tag, ich dagegen manchmal 18. Bis zum Kollaps. Ich musste lernen, Nein zu sagen, mich nicht immer für alles zuständig zu fühlen und Kräfte gezielt einzusetzen. Mein Mann hat mir beigebracht, loszulassen und z.B. sonntags einfach mal den Tatort zu schauen. Ich musste entspannen lernen.

Als ich das Volontariat bekam, entschloss sich mein Vater, die Kühe zu verkaufen. Mit dreijährigem Vorlauf plante er die Auflösung des Hofes, unglücklicherweise fiel sie ausgerechnet auf den Höhepunkt der BSE-Krise. Dank seines guten Rufs als Züchter konnte er dennoch fast alle Kühe verkaufen. Etwa sieben blieben übrig und mussten zum „Schlonnes", zum Schlachter. Am Tag, als sie vom Hof gingen, nahm ich mir Urlaub. Mein Vater fuhr weg, er konnte das nicht ertragen. Ich stand mit unserem Esel Blacky an der Rampe, als die sieben Kühe verladen wurden. Sie gingen anstandslos ohne Bocken auf den Transporter, so etwas habe ich noch nie erlebt. Es war wie ihr letztes Geschenk an uns. Bis heute heule ich Rotz und Wasser, wenn ich daran denke.

Mit Papa in Petschow. Nach der Wende haben wir den alten Familienhof in Mecklenburg zurückbekommen und das Land verpachtet. Einmal im Jahr renne ich mit meinem Vater atemlos über Felder und Wiesen. Er immer voran, mit jeder Zuckerrübe im Zwiegespräch, ich hinterher, wobei ich krampfhaft versuche, mir die Grenzen einzuprägen. Der ganze Stolz ist der große Acker mit der Eiche. Ich sehe meinen sehr geliebten Uropa „Opa Uhr" im Geiste knorrig, aber gerade auf dem Pferd vorbeireiten. Hier begreife ich die Faszination von Land (ohne Not Land verkaufen kommt bei den Todsünden gleich hinter faul sein – da trifft einen der Blitz). Die Räucherkammer im Bauernhaus ist größer als meine erste Wohnung. Das war also der Hof meiner Vorfahren.

Es ist nicht immer einfach auszuhalten, dass ausgerechnet ich es war, die Generationen und Generationen von Bünten-Bauerntum beendet hat. Auch wenn ich die Entscheidung nicht bereue, bleibt da irgendwo ein diffuser Schmerz. Wenn ich einen alten schiefgearbeiteten Bauern sehe, strahlt der für mich mit seinen riesigen Händen mehr Würde aus als alle vermeintlich wichtigen Menschen, die ich manchmal interviewe. Vielleicht, weil er sein ganzes Leben sein eigener Herr war, weil die Arbeit hart, aber die innere Unabhängigkeit immens ist. Vielleicht, weil er Kälber aus der Kuh zieht und Gras wachsen sieht.

Bald bekomme ich mein erstes Kind. Gerne würde ich ihm den guten Teil des Bauernhofs vermitteln. Ich werde ihm einschärfen, wo die Familie herkommt, wo seine Wurzeln sind. Vielleicht machen wir irgendwann Urlaub auf dem Bauernhof – wer hätte das je gedacht?

Am anderen Ende der Welt in der Einsamkeit von Laos bin ich einem Mädchen beim Kühetreiben begegnet. Es war fünf oder sechs Jahre alt, machte ein mürrisches Gesicht und trug einen langen Stock, der größer war als es selbst. Ich hätte es am liebsten umarmt, so nahe ging mir das. Nach vielen Kinderflüchen auf dem Trecker bin ich heute stolz, Bauerntochter zu sein, und betone stets, wo ich herkomme. Und wenn ich in all diesen wichtigen abstrakten Konferenzen sitze, denke ich an meinen Acker mit der großen Eiche!

Otto Christian Lindemann

Kein Rindvieh, bloß kein Rindvieh!

Als ich 1958 als erster Sohn meiner Eltern auf unserem Bauernhof in Dithmarschen geboren wurde, war die Freude groß. Das erste Kind – und dann auch noch gleich ein Junge. Die Hofnachfolge schien gesichert zu sein.

Doch schon zwei oder drei Jahre später stellte mein Großvater in seiner unbeschreiblichen klaren und nüchternen Art auf Plattdeutsch fest: „Dat ward keen Buur." Schon frühzeitig war es offensichtlich für Insider wie meinen Großvater oder auch meinen Vater erkennbar, dass aus mir „kein Bauer wird". Und dieser Satz, diese Aussage hing ganz wesentlich damit zusammen, dass meine Affinität zum Rindvieh nicht so ausgeprägt war, wie man es sich von einem Hoferben eines Milchviehbetriebs gewünscht hätte. Während mein nach mir auf die Welt gekommener Bruder jedes Tier in- und auswendig kannte und immer genau wusste, welches Kalb von welcher Kuh stammte, gingen mir diese Kenntnisse weitestgehend ab. Die Stallarbeit und der Umgang mit den Rindern und Schweinen haben mir nie so gefallen.

Dafür schlug mein Herz bereits in sehr frühen Jahren für die Technik. Insbesondere Traktoren, Mähdrescher, Pflüge usw. waren meine große Leidenschaft, was sich im Grunde bis heute so gehalten hat. Insofern fand ich es immer schon auch als Kind oder Jugendlicher sehr schade, dass der Ackerbauanteil in unserem Betrieb gering war. Wenn es aber darum ging, zu pflügen, zu eggen und zu säen, war das für mich immer ein Grund, sehr aktiv und mit großer Freude mitzuarbeiten. Das galt genauso auch für das Grasmähen und die Heu- oder Silageernte. Für mich hatte es etwas sehr Befriedigendes, wenn am Ende eines Tages das Feld leer war, die vollen Wagen auf den Hof standen, die Scheunen sich allmählich füllten und wieder ein großer Teil der Ernte eingebracht war. Das war ein tolles Gefühl, ein Erfolgsgefühl! Ich hatte dann immer den Eindruck, etwas geschafft zu haben, war stolz darauf, dass diese Leistung nun vollbracht war und der Winter kommen konnte. Die Existenz war gesichert!

Bei uns auf dem Bauernhof gab es ganz bestimmte feste Strukturen und Abläufe. Es gab regelmäßige Mahlzeiten, morgens Frühstück, ein gemeinsames Mittagessen um 12 Uhr, eine Kaffeezeit am Nachmittag um 16 Uhr und immer auch ein Abendbrot gemeinsam mit der Familie, immer zu denselben Zeiten, alle an einem Tisch. Wir wussten voneinander Bescheid, kannten unsere Kümmernisse und Erlebnisse. Diese Treffen am Tisch waren wie Säulen, Fixpunkte im Tagesablauf, die sich aus dem Rhythmus der täglichen Arbeit auf dem Hof ergaben und denen sich im Prinzip alles unterzuordnen hatte und bis heute immer noch hat. Sicher und ganz besonders auch, weil wir einen Viehbetrieb haben.

Natürlich mussten die Tiere morgens und abends versorgt werden, die Kühe gemolken und alle Rinder und Schweine gefüttert werden. Insbesondere bei der Abendstallzeit mussten auch wir Kinder mithelfen. Als Ältester war ich für die körperlich schwereren Arbeiten zuständig. Dazu gehörte, den Mist mit einer Gabel auf die Schubkarre zu laden und aus dem Stall zu fahren, die Futterreste aus den Krippen zu räumen, Heu- und Strohballen von der Diele in den Stall zu schleppen. Als meine Brüder dann größer waren, haben wir diese Aufgaben häufig gemeinsam erledigt. Lediglich vom Melken blieb ich ausgenommen. Meine Eltern haben mich nur ungern an die Kuh gelassen. Wohl aus gutem Grund! Kein Rindvieh, bloß kein Rindvieh.

Wenn das Wetter gut war und das Gras gemäht werden musste, um daraus Heu oder Silage zu machen, oder auch die Getreideernte anstand, dann wurden alle gebraucht und es gab keine Ausrede. Denn das war die Grundlage für die Existenz des Hofes und damit die Lebensgrundlage der gesamten Familie. Der gesamte Tages- und Jahresablauf – und daran erinnere ich mich überwiegend positiv – hatte sich dem Rhythmus der Erntearbeit, der Feldarbeit und der Versorgung des Viehs unterzuordnen. Erntezeit war Erntezeit und da gab es dann auch nichts anderes. Keinen Urlaub und keine Freizeit. Die dabei festgesetzten Rollen der einzelnen Familienmitglieder, die fest definierten Abläufe in der Erntezeit – heute würde ich es wirtschaftsdeutsch „Prozessabläufe" nennen – hatten etwas Zwingendes und manchmal auch für mich als Kind und Jugendlichen etwas Bitteres. Nämlich immer dann, wenn man bei schönem Wetter nicht mit Freunden ins Schwimmbad gehen konnte.

Trotzdem gaben diese festen Abläufe – im Grunde auch eine Art von Ritualen – Sicherheit und Orientierung. Diese feste Ordnung, die ich von Kindesbeinen an erlebt habe, die mir mitgegeben worden ist, habe ich immer als sehr wohltuend empfunden. Diese Tugenden prägen auch heute noch

Otto Christian Lindemann

Er wird 1958 als ältester von vier Bauernsöhnen im schleswig-holsteinischen Meldorf geboren. Später studiert er Agrarökonomie in Kiel.
Danach geht er zur Wirtschaftsprüfungsfirma und Unternehmensberatung BDO nach Hamburg.
1992 wechselt er als Kaufmännischer Leiter zur Fielmann-Tochter MPA und wird 1997 Geschäftsführer des Telefonherstellers Hagenuk in Kiel.
Seit 2000 ist er Vorstandssprecher der Beate Uhse AG in Flensburg.
Otto Christian Lindemann lebt mit seiner Frau in Jesteburg.

zum Teil meinen Lebensstil, zumindest schlagen sie zur richtigen Zeit immer wieder durch. Erntezeit ist Erntezeit, auch heute noch. „Wat mutt, dat mutt" – Arbeiten zu erledigen, Entscheidungen zu treffen dann, wenn sie dran sind, nicht verzögern oder abwarten. Das Wetter könnte morgen schon umschlagen, die Situation wird morgen nicht besser sein!

Überhaupt hat mir das Leben auf dem Hof, in der Dorfgemeinschaft, aber auch in unserer großen Familie immer sehr viel Halt und auch sehr viel Stabilität gegeben. Ich habe drei weitere Brüder und eine große Verwandtschaft, viele Vettern und Cousinen, Onkels und Tanten, Nichten und Neffen. Und dieser Familienzusammenhang ist nach wie vor ein wichtiger Bezug in meinem Leben, der natürlich auch von gewissen Ritualen geprägt ist, ohne die aber so eine große Familie nicht existieren kann. Rituale sind nach meiner Erfahrung ein wichtiges Grundprinzip und Teil des Gerüstes einer familiären Gemeinschaft.

Wie ich später im beruflichen Leben gelernt habe, gelten diese nicht nur in familiären Gemeinschaften, sondern auch in „Arbeits-Gemeinschaften". Führung hat sehr viel mit Ritualen und festen Regeln zu tun, an die sich alle zu halten haben, sonst kann man Strukturen, gerade in größeren Firmen oder Organisationen, nicht aufrechterhalten. Dazu zählen regelmäßige Besprechungen, regelmäßiges Beurteilen der Leistung und Ideen der Mitarbeiter, aber genauso ein regelmäßiger Informationsfluss an die Mitarbeiter von „oben nach unten". Nach meiner Erfahrung ist das überall auf der Welt und in jeder Organisation so.

Ein weiteres Bild, das mir in den Kopf kommt, wenn ich an meine Jugend auf dem Bauernhof und an meine persönliche Entwicklung denke, ist die Anstrengung meines Schulweges. Unser Bauernhof lag in einem kleinen Dorf bei Meldorf in Dithmarschen. Der tägliche Schulweg zog sich morgens und nachmittags jeweils weit über eine Stunde hin. Im Sommer mit dem Fahrrad über eine schmale Landstraße durch Wiesen und Felder. Winters fuhr ein Schulbus über die Dörfer und hielt an „jeder Milchkanne", um die Schüler einzusammeln und nachmittags wieder abzusetzen. Die Fahrt erschien endlos. Wenn Schnee lag und auf den abgelegenen Straßen kein Schulbus mehr fahren konnte, hat mich mein Vater immer mit dem Trecker in den nächstgrößeren Ort gebracht, wo die Straßen freigeräumt waren. Wenn es sehr viel Schnee gegeben hatte und kein Bus mehr fuhr, was selten vorkam, dann sogar bis in die Schule. Ich war dann einer der ganz wenigen Schüler, die an diesen Tagen in die Schule kamen. Auf den Gedanken, nur wegen schlechter Wetterverhältnisse der Schule fernzubleiben, wäre in unserer Familie keiner gekommen. Das fand ich als Jugendlicher manchmal blöd, aber andererseits war dies auch eine der Lektionen, die ich tief verinnerlicht habe. Wenn sich ein Problem in den Weg stellt, ist die Antwort darauf nicht, das Ziel aufzugeben, sondern das Problem zu lösen und einen anderen Weg zum Ziel zu suchen. Ich habe die Schule erreicht. Immer! Gestützt auf die ganz tief verwurzelten Werte wie Pünktlichkeit, Pflichtbewusstsein, Ausdauer – eine Art von Beharrlichkeit, die man haben muss, um seine Ziele zu erreichen.

Die Schulzeit empfand ich als anstrengend, aber auch als interessant. Ich bin gerne zur Schule gegangen und wollte – wie später alle meine drei jüngeren Brüder – aufs Gymnasium. Unsere Eltern haben uns darin bestärkt. Sie ließen uns unsere Wege gehen. Wobei aber immer auch klar war, dass der Hof mit seinen Arbeiten und Pflichten immer im Mittelpunkt stand. Hausaufgaben zu machen und Bücher zu lesen zählte eindeutig nicht zur „Arbeit" und mussten „nebenherlaufen". Alles Tun wurde daran gemessen, ob es der Existenzsicherung des Betriebes und dessen Gedeihen diente und damit einen Wert hatte. Einen Wert hatte, Kühe zu füttern, für das tägliche Futter zu sorgen und einen ausreichenden Wintervorrat anzulegen.

Die Notwendigkeit dieser Arbeiten habe ich nie in Frage gestellt. Weder als Kind noch als Jugendlicher war es mir eine Last, meinen Beitrag dazu zu leisten. Als Gleichaltrige anfingen, sich in Kneipen zu treffen, um dort mit „Flippern" oder Kartenspielen die Zeit totzuschlagen, war das für mich nie eine Alternative, geschweige denn ein Bedürfnis. Es war im Prinzip undenkbar, ich hätte mich dabei auch nicht wohlgefühlt.

Otto Christian füttert die Hühner, Anfang der 60er Jahre

Otto Christian mit seinen Brüdern Karsten und Peter im Garten, Mitte der 60er Jahre

„Lever dod as Slaav“ – „Lieber tot als Sklave“, dieser Dithmarscher Wahlspruch aus den friesischen Bauernkriegen war ein Motto meines Elternhauses. Sie haben die Eigenständigkeit des Bauernlebens immer weit höher bewertet als die Nachteile des Angebundenseins mit dem Vieh. Um nichts in der Welt hätten sie diese Freiheit eingetauscht. Damit haben sie uns schon als Kindern das Grundgefühl vermittelt, einer besonderen Herkunft zu entstammen. Ich war immer stolz, Bauernsohn zu sein, und weise noch heute gerne darauf hin.

Eines war für mich immer völlig klar: Ich mache Abitur und werde studieren! Auch dieses Ziel habe ich auf direktem Wege umgesetzt. Nach der Bundeswehrzeit habe ich ein Studium an der Christian-Albrechts-Universität in Kiel begonnen.

Aber, was habe ich wohl studiert in Kiel? Agrarökonomie! Die Trennung von dem Agrarsektor ist mir nicht auf Anhieb gelungen – sie sollte und

Vogelschießen im Dorf, Otto Christian und seine Brüder Karsten und Peter, Ende der 60er Jahre

konnte auch vielleicht gar nicht so schnell kommen, weil ich so fest verwurzelt mit der Landwirtschaft aufgewachsen war.

Es stand für mich jedenfalls fest, dass ich mich nicht für unseren elterlichen Betrieb entscheiden würde, so wie es mein Großvater schon vorhergesagt hatte. In meiner Familie war das aber ohnehin schon jedem klar, zumal ich nie eine besondere Liebe zum Rindvieh entwickelt hatte. Mein jüngerer Bruder hatte inzwischen schon die Ausbildung zum landwirtschaftlichen Meister begonnen und dann recht bald die Hofnachfolge angetreten.

Ich habe Agrarökonomie studiert mit der Absicht, danach im agrarnahen Bereich der Wirtschaft eine entsprechende Position zu finden. Im Hauptstudium zeichnete sich dann jedoch sehr bald ab, dass auch „Agrarier" sehr gute Chancen haben, in völlig brachenfremden Unternehmen einen guten Berufseinstieg zu bekommen, und so ging ich dann zu einer großen international tätigen Wirtschaftsprüfungsgesellschaft. Für diese war ich zunächst zwei Jahre in Paris und Luxemburg tätig, um dann nach diesen zwei Jahren Auslandsaufenthalt wieder nach Hamburg zurückzukehren. Mein weiterer Werdegang führte mich dann über verschiedene andere Unternehmen zu meiner heutigen Funktion, die ich seit 2000 ausführe, als Vorstandssprecher der Beate Uhse AG in Flensburg.

Dieser Weg hat mich nach und nach weg vom Hof und in eine für mich „andere Welt" geführt. Angefangen mit meiner Studentenzeit – weg von zu Hause, in einer Stadt zu leben, gemeinsam mit anderen jungen, gleich gesinnten Leuten zu studieren, sich zu entwickeln und die eigene Karriere und das Leben zu planen. Dieser Lebensabschnitt hat mich nachhaltig geprägt und Eigenschaften und Vorlieben zutage gefördert, die bislang verschollen waren. Ich musste erst lernen zu genießen! Genießen ganz ohne Sinn und Zweck, dazu gehört ein gutes Glas Wein zum Essen, überhaupt das Essengehen in guten Restaurants, Sport als Ausgleich für meinen Körper und meine Seele – körperliche Betätigung ganz ohne Arbeit und nicht der Vermögensmehrung dienend.

Wenngleich sich mein heutiges Leben – in jeglicher Hinsicht – sehr weit weg von meinem „bäuerlichen Stamm" abspielt, so hat mir mein Aufwachsen auf dem Hof sicher nicht geschadet. Die Form und die Farbe der Unternehmensbranchen, für die ich tätig war, haben mehrere Male gewechselt. Pharmaartikel, Telefone, Erotikartikel – die Anforderungen an die Unternehmensführung bleiben dieselben. Hier kommt mir das, was ich vom Bauernhof mitgenommen habe, immer wieder zugute: Kühe zu füttern, morgens und abends, werktags und sonntags, hat mich gelehrt, dass man die Befriedigung aus der tagtäglichen Arbeit ziehen kann und nicht das ganze Jahr schuften muss, um sich dann sechs Wochen im Jahr vom stumpfen Karrieremachen zu erholen. Das Leben und Arbeiten in einem Familienbetrieb hat mir nachhaltig vermittelt, dass Gemeinschaft gelebt werden muss, um ein Unternehmen erfolgreich zu führen. Disziplin, Ordnung, Solidarität sind nicht nur Worte, die ich schon in meiner Kindheit durchbuchstabieren lernte, sondern Werte, die mich begleiten.

Heute wohnen meine Frau und ich in der Nähe von Hamburg. Nach einer längeren Zeit in der Stadt hat es uns wieder zurückgezogen in ein ländliches Umfeld. Der Wunsch, in einem alleinstehenden Haus mit einem großen Garten zu leben, hat am Ende auch etwas mit meiner bäuerlichen Herkunft zu tun. Obwohl die vielfältigen Aufgaben in meiner Funktion mit sich bringen, dass sich der Lebenskreis deutlich weiter spannt, ist mir Familienleben, der Kontakt zu meinen Verwandten nach wie vor wichtig, daran hat sich nichts geändert.

Wenngleich die Geräusche von Mähdreschermotoren und der Geruch der frisch abgeernteten Stoppelfelder in der Erntezeit mich noch heute augenblicklich in meine Kindheit und Jugend zurückversetzen und in mir ein Heimatgefühl aufkommen lassen, war die Entscheidung „kein Rindvieh, bloß kein Rindvieh" für mich dennoch die richtige. Ich bin zufrieden mit dem, was ich mache und was aus mir geworden ist. Natürlich gibt es Höhen und Tiefen, aber am Ende ist für mich mein Lebensweg und auch mein Karriereweg bis hierher der richtige gewesen. Ich bin zufrieden und habe das Glück, mir das, was mir Spaß macht, immer wieder von meiner knappen Zeit abringen zu können: Trecker fahren!

Christian Nürnberger

So ist es halt, das Leben!

Mit achtundzwanzig Jahren habe ich noch nicht gewusst, was aus mir einmal werden sollte, aber mit zwölf Jahren hatte ich schon ganz genau gewusst, was ich auf keinen Fall werden möchte: Bauer. Ich wollte heraus aus dem Bauerndasein, aus dem Dorf, aus der ganzen Umgebung, irgendwohin, möglichst weit weg von der kleinbäuerlichen Welt meiner Familie.

Mit neunzehn begann sich diese Sehnsucht zu verwirklichen. Ich verließ mein Dorf, sollte von da an nie mehr zurückkehren, und wurde einer jener Großstadtnomaden, die nirgends länger bleiben, weil ihr Beruf häufige Umzüge mit sich bringt und deshalb sich selbst und anderen sagen: „Heimat ist, wo meine Familie und meine Freunde sind."

Der Satz ist nicht falsch, ich unterschreibe ihn auch heute noch, und doch handelt es sich bei dieser Art von Heimat nur um eine zweite, eine Ersatz-Heimat, denn erstens muss man sich nach jedem neuen Umzug immer wieder neue Freunde suchen und lässt die alten zurück und zweitens erzählt mir ausgerechnet die Straße der Nomaden, die Autobahn, etwas anderes. Deren Erzählung beginnt immer damit, dass ich auf der Autobahn von Norden, Süden, Osten oder Westen ins Sendegebiet des Bayerischen Rundfunks einfahre, im Radio das bayrisch oder fränkisch gefärbte Idiom meiner Kindheit und Jugend höre, manchmal sogar noch Zithermusik – und sich das Gefühl bei mir einstellt: Jetzt kommst du heim. Die Geschichte setzt sich fort mit den Staumeldungen, in denen ich die seit meiner Kindheit vertrauten Ortsnamen höre: Würzburg, Herzogenaurach, Fürth, Erlangen, Bayreuth, Pegnitz, Hormersdorf, Allersberg, Amberg, Regensburg, Ingolstadt.

Am Nürnberger Kreuz sehe ich dann ihn, den Berg, der für die Millionen, die schon an ihm vorbeigefahren sind, ein Berg ist wie jeder andere, aber für mich unverwechselbar der Berg ist, den ich auf jedem Foto sofort erkennen und aus hunderten ähnlicher Mittelgebirgsberge als den identifizieren würde, an dessen Fuß ich geboren wurde und aufgewachsen bin, meinen Hausberg in der Fränkischen Alb, den Moritzberg. Jetzt sind es noch zehn, zwölf Minuten, bis ich die Autobahn verlasse, zwei Kilometer durch den

Christian Nürnberger

1951 in Lauf an der Pegnitz/Bayern geboren. Nach der Lehre als Physiklaborant verpflichtet er sich 4 Jahre bei der Bundeswehr (Leutnant d. R.), studiert einige Semester Evangelische Theologie, Philosophie und Pädagogik, absolviert die Henri-Nannen-Schule und beginnt seine journalistische Praxis als Lokalreporter bei der Frankfurter Rundschau. Später beim Wirtschaftsmagazin Capital und Textchef bei highTech.

Seit 1990, nach der Geburt des ersten Kindes, ist er als freier Autor und Publizist tätig. Christian Nürnberger lebt mit seiner Frau Petra Gerster und zwei Kindern in Mainz. Zuletzt erschienen:

Kirche, wo bist du? (2000)
Der Erziehungsnotstand (mit Petra Gerster 2001)
Stark für das Leben (mit Petra Gerster 2003)
Frauen – Warum wir sie trotzdem lieben (2004)
Die Bibel. Was man wirklich wissen muss (2005)
Das Christentum. Was man wirklich wissen muss (2007)
Jesus für Zweifler (2007).

Wald eine Steigung hochfahre, dann wird es hell und vor der nächsten Steigung fällt mein Blick auf die Kirche, in der ich getauft und konfirmiert wurde und auf das Dorf, in dem ich geboren wurde und aufgewachsen bin – meine erste Heimat, die mir immer bleiben wird, ein fränkisches Dorf namens Schönberg, das heute zu Lauf an der Pegnitz gehört und ungefähr zwanzig Kilometer östlich von Nürnberg liegt, der Ort meiner Kindheit und Jugend.

Mittlerweile bin ich sechsundfünfzig, habe also bereits doppelt so viele Jahre außerhalb meiner ersten und eigentlichen Heimat verbracht als in ihr, aber seltsam: Das Gefühl, hier zu Hause zu sein, schwindet mit dem Abstand der Jahre nicht. Obwohl ich vermutlich nie mehr in dieses Dorf zurückkehren werde, obwohl ich mich dort nicht wieder einleben könnte, obwohl ich mit den Freunden von früher, die immer hier geblieben sind, kaum noch eine Gemeinsamkeit habe, erzählt mir ausgerechnet die Autobahn, dass ich Wurzeln habe und diese in einem kleinen Ort in der Nähe von Nürnberg stecken.

Es ist der Ort voller Erinnerungen an lauter „erste Male". Nicht nur der erste Schultag, der erste Kuss und die erste Liebe zählen dazu, sondern all die bleibenden Eindrücke, Erlebnisse, Begebenheiten, Bilder und Gerüche, die sich einprägen, irgendwie das spätere Leben vorbestimmen und in der Erinnerung von Jahr zu Jahr auch deshalb immer mehr verklärt werden, weil ich damals war, was ich heute immer weniger bin: jung. Dort war ich Kind, dort war ich Jugendlicher, dort saß ich oft allein an einem einsamen Plätzchen am Ufer der Pegnitz und erträumte mir eine große Zukunft.

Nie wieder erlebt man im späteren Erwachsenenleben solche Sommer und solche Winter, wie man sie als Kind erlebt hatte, nie wieder so eine Freude über Ostern, Weihnachten, den Schnee, das Wasser, die Sonne, die Dunkelheit, den Mond und die Sterne.

Aber richtig schön war das Leben in diesem Dorf nur während der ersten sieben Lebensjahre, ab dem achten wurde ich dann, wie auch alle anderen Bauernkinder, allmählich an das gewöhnt, was wirklich zählte: die Arbeit, körperliche Arbeit. Und die Einzigen, die wirklich zählten, waren die, die es durch Tüchtigkeit und Fleiß „zu etwas gebracht hatten".

Eines der in Kirche, Schule und Elternhaus am meisten gehörten und darum prägendsten, fast die gesamte dörfliche Realität bestimmenden Sprichwörter meiner Kindheit lautete: Müßiggang ist aller Laster Anfang. Und der in Todesanzeigen und auf Grabsteinen am häufigsten gebrauchte Spruch lautete: Müh' und Arbeit war sein Leben, treu und fleißig seine Hand. Als ich einmal in Gesellschaft Erwachsener bemerkte, dasselbe könne man über einen Ochsen auch sagen, war meine Mutter nahe daran, mir eine Watschn zu geben. Gemäß dieser Einstellung zum Leben verlief die Erziehung von uns Dorfkindern. Mit uns ist nie ein Vater oder eine Mutter ins Museum gegangen, in ein Konzert, ins Theater, eine Ausstellung, ins Kino oder gar in die Oper. Für „so etwas" hätte niemals irgendjemand eine Notwendigkeit gesehen. Das wäre ja „hinausgeschmissenes Geld" gewesen. Von uns Kindern wurde erwartet, dass wir uns nützlich machten und möglichst früh einen nützlichen Beruf erlernten.

Nützlich waren Bauern, Handwerker, Tierärzte, Lehrer, Arbeiter, Ärzte und Pfarrer – in dieser Reihenfolge. Schriftsteller? Journalisten? Schauspieler? Sänger? Modemacher? Designer? Gar Dichter, Maler oder Tänzer? „So etwas braucht man nicht" (O-Ton meine Mutter).

Schon Lesen, vor allem tagsüber, wo man im Stall oder auf dem Feld zu stehen hatte, war Müßiggang. Dass meine Mutter vormittags gerne den Fortsetzungs-Roman in der Zeitung las, betrachtete sie als heimliches Laster und bereitete ihr ein schlechtes Gewissen. Wenn sie in der Küche verstohlen las und hörte, dass mein Vater ins Haus kam, klappte sie rasch die Zeitung zu, sprang auf und begann, geschäftig mit den Töpfen zu klappern.

Dass ich ebenfalls gerne las, erfüllte meine Mutter mit Sorge. „Aus dir wird nie was Rechtes, wenn du immer nur liest und herumlungerst", pflegte sie zu sagen. Wenn ich ein paar Häuser weiter zu einem Freund gehen wollte, sagte sie: „Bind' dir wenigstens eine blaue Schürze um, damit die Leute denken, dass du was arbeitest." Noch im hohen Alter, als sie schon längst allein als verwitwete Rentnerin ihr Haus bewohnte, stand meine Mutter morgens zwischen sechs und sieben auf, zog die Rollläden hoch und legte sich dann wieder schlafen – die Leute sollten denken, sie sei längst aufgestanden und noch immer rührig und fleißig und tätig, wie es sich gehört.

Wer seinen ererbten Besitz vermehrte, war angesehen im Dorf. Wer verkaufte, gar verkaufen musste, war unten durch. Immer stand man unter Beobachtung. Immer wurde man verglichen, und bei intimen Details, die eigentlich niemanden etwas angehen, kannte die Neugier der Dorfgesellschaft keine Grenzen. In den Dorfgesprächen ging es darum, wer mit wem „poussiert", wer heiratet, wer heiraten muss, weil ein Kind unterwegs ist, welcher Ehemann heimlich zu einer anderen geht, wer nach Nürnberg „in den Puff geht", wer krank ist, todkrank ist, wer im Sterben liegt. Wer hat den größten Hof, wer macht durch Heirat „die beste Partie", wer hat sein Heu als Erster in der Scheune, wer steht als Erster auf dem Feld, wer hat den prächtigsten Grabschmuck, und wer sind immer die Letzten im Dorf, die nie etwas auf die Reihe kriegen, die den Hof verfallen lassen, keine „Frau herbringen", die Ernte nicht rechtzeitig einbringen – darum ging's auf meinem Dorf.

Viele Kleinbauern, die längst hätten verkaufen müssen, weil ihre Klitschen nicht mehr genug Ertrag abwarfen, um ihre Familien zu ernähren, verkauften nicht, sondern gingen tagsüber in die Fabrik, um den dort verdienten Lohn sogleich wieder bei der Baywa abzuliefern für Saatgut, Kunstdünger, Chemie, landwirtschaftliches Gerät und vor allem für die viel zu großen Maschinen, mit denen sie abends und am Wochenende ihre kleinen Felder bearbeiteten. Die Kühe und Schweine mussten tagsüber von den Ehefrauen versorgt werden. Wenn auch das nicht mehr half, rettete manche der Verkauf eines als Baugebiet ausgewiesenen Ackers. Die ganze Plackerei war nicht sehr sinnvoll, aber nährte die Illusion, trotz Fabrikarbeit noch Bauer zu sein, und war verbunden mit der Illusion, ein freier Mensch zu sein, obwohl doch alle längst am Tropf der staatlichen Subventionen hingen.

Nicht der Bauer bestimmte den Preis für das Kalb, das er verkaufte, sondern der Viehhändler. Lieferte mein Vater Kartoffeln an die Baywa, bekam er von der Baywa gesagt, was sie ihm dafür zahlt. Kaufte er aber Saatkartoffeln von der Baywa, bekam er von der Baywa gesagt, was sie kosten. Er verfluchte die Baywa, den Hopfenhändler, die Molkerei, die Kornmühle, denn sie alle sagten ihm, was der Hopfen, die Milch und das Korn kosten, wie wenig seine Leistung wert sei. Vom Staat gab es den Milchpfennig, manchmal eine Schlachtprämie oder einen Zuschuss für dieses und jenes. Der Nebenerwerbsbauer und erst recht der Vollzeitbauer fühlte sich trotzdem als freier Mensch und trug das Selbstbild der früheren Grundherren mit sich herum, die auf ihren Höfen noch Mägde und Knechte und Gesinde beschäftigten.

Auf die „Fabrikerer" sah man herab, auch dann noch, als sich diese schon längst moderne Häuser gebaut, eine Zentralheizung zugelegt, ein Bad mit WC angeschafft und einen VW Käfer zugelegt hatten, mit dem sie in jedem Sommer gen Süden fuhren. Und einige fuhren auch noch im Winter zum Skifahren in die Berge.

Aber der Bauer hielt sich für was Besseres, zählte sich zu den Grundbesitzern, zu den freien Herren. Auch meine Eltern haben dieser Illusion angehangen. Auch sie hätten es als Schande betrachtet, ihren ererbten „Hof" – vielleicht zwanzig Hektar Land, ein paar Kühe, Schweine, Hühner und Stallhasen – zu verkaufen, denn der sollte an mich weitervererbt werden, den Stammhalter. Ich sollte tagsüber ins nahe gelegene Lauf in die Fabrik gehen, in der Freizeit den Hof bewirtschaften und mir eine tüchtige Frau suchen, die mir dabei zur Hand geht, das war der Karriereplan meiner Eltern für mich.

Ich aber habe die Arbeit auf dem Acker gehasst, wollte lieber lesen, studieren, mehr über Gott und die Welt erfahren, in die Welt hinausgehen und sie kennen lernen. Ich war wissensdurstig, bildungshungrig, aber meine Eltern ließen mich trotz Empfehlung der Lehrer nicht aufs Gymnasium. Darum nahm ich in der sechsten Volksschulklasse die Sache selber in die Hand, fuhr eines Tages mit dem Rad nach Lauf und meldete mich für die Realschule an. Die Unterschrift meiner Eltern hatte ich gefälscht. Als ich es ihnen beichtete, konnten und wollten sie es auch nicht mehr ändern. Was hätte das für ein Gerede auf dem Dorf gegeben, wenn das bekannt geworden wäre!

Die Unterschriftenfälschung war eine meiner besten Taten. Durch sie entwischte ich der Karriereplanung meiner Eltern, kämpfte mich über eine Berufsausbildung und den zweiten Bildungsweg frei, schüttelte die Fesseln meiner Herkunft ab. Ich wäre heute kreuzunglücklich und vermutlich krank, wenn ich mich den Vorstellungen meiner Eltern gefügt hätte.

Aber je älter ich werde, desto stärker merke ich: Nicht alles kann man hinter sich lassen und abstreifen wie Kleider. So ein Bauernhof hinterlässt Spuren, prägt, wirkt sich aus bis ins Unbewusste, aber auch ins äußerlich Sichtbare. Unter der Last der zentnerschweren Korn- und Kartoffelsäcke, die ich als 14-Jähriger tragen musste, hat sich mein Rücken gekrümmt. Er wurde nie mehr gerade. Andererseits erarbeitete ich mir damals offenbar so etwas wie eine Kraft fürs Leben. Auch als 40-Jähriger verfügte ich noch – seit zwei Jahrzehnten ohne Training – über Bärenkräfte und nahm irrtümlich an, dass diese mir erhalten blieben bis zum Tod. Heute wird mir allmählich bewusst: Ich sollte mal wieder ein bisschen trainieren.

Was mir ebenfalls blieb: Der Wunsch nach einem Fleckchen Erde, das einem selbst gehört. Jahrelang wohnte ich mit meiner Familie immer nur in Mietwohnungen und -häusern, das erfüllte mich stets mit Unbehagen. Jetzt besitze ich ein Haus mit einem viel zu kleinen Garten und träume von einem Bauernhof mit viel Land, Wald und einem Teich oder wenigstens einem Bachlauf, dazu ein paar Schafe, Ziegen, Gänse und Hühner und einem Schwein für meine Frau, nicht zum Schlachten, sondern als Partner für Hund und Katze und weil Schweine, wie meine Frau meint, so intelligent sind. Es ist ein zutiefst unvernünftiger Traum, ich hätte gar keine Zeit, so einen Hof zu bewirtschaften, aber irgendwo in einer Ecke des Gehirns flüstert eine leise Stimme: „Vielleicht, wenn du mal Rentner bist ..."

Heute würde ich gern mal wieder einen Acker pflügen, das Korn mähen, Obst und Gemüse selber anbauen und autark sein, das Wasser aus einem eigenen Brunnen pumpen, Wärme und Strom selber erzeugen. Und jedes Jahr, wenn mich die ersten Strahlen der Frühjahrssonne treffen, erwacht in mir der Pflanztrieb. Dann muss ich ins Gartencenter, Pflanzen, Erde, Dünger kaufen, dazu allerlei Gerätschaften und überflüssiges Werkzeug, und anschließend in der Erde wühlen, den Garten umgraben und um- und neu gestalten.

Was vermutlich jedes Bauernkind mit auf den Weg bekommt, ist eine Erdung fürs Leben. Nicht nur die Nähe zur Erde macht einen bodenständig, auch die Nähe zu den Tieren. Man sieht eben, wie der Bulle die Kuh besteigt, der Hahn die Henne, der Eber die Sau. Kein schöner Anblick. Das hat nichts Ästhetisches, nichts Ergreifendes, sondern eher etwas Rohes, Gewalttätiges, Zwanghaftes, den kindlichen Beobachter Verstörendes – Natur eben, wie sie nun mal ist. Man sieht etwas, wofür man noch keinen Begriff hat, und später bekommt man auf der Straße von einem älteren Jungen gesagt, dass Vater und Mutter es genauso machen, und ist schockiert. Man rennt zur Mutter, fragt, ob das stimmt, sie sagt ja, stimmt, und das Bauernkind lernt, so ist es halt, das Leben.

Dann kommt das Kalb auf die Welt, und wieder ist es kein schöner Anblick. Der Tierarzt, der sich einen langen Gummihandschuh über den ganzen Arm zieht und mit diesem in die Kuh eindringt, ein paar Bauern aus der Nachbarschaft, die herumstehen, um notfalls zu helfen, belangloses Zeug reden, und dann kommt das Kalb, wird herausgezogen, plumpst auf den Boden, liegt blutverschmiert neben der Plazenta zwischen Kuhfladen, Streu und der Urinrinne.

Es gab damals niemanden, dem dabei etwa irgendwie feierlich zumute gewesen wäre, der mich darauf aufmerksam gemacht hätte, dass ich Zeuge von etwas Besonderem oder gar Erhebendem gewesen sei. So etwas war Teil der bäuerlichen Routine. Man war gespannt, ob das Kalb lebend auf die Welt kommt, ob es gesund ist und aus eigener Kraft auf die Beine kommt. Sobald es zum ersten Mal vom Euter der Mutter trank, war alles gut, konnte man den Stall verlassen und sich wieder der normalen Arbeit zuwenden.

Nur für das Kind, das dabei steht und so etwas zum ersten Mal sieht, ist es anders. Das Kind bleibt im Stall, schaut zu, wie die Mutterkuh das auf wackligen Beinen stehende Kalb ableckt, wie dieses dabei immer schöner und trockener wird, und dabei geht dem Kind das Herz auf und es schließt ewige Freundschaft mit dem Kalb, besucht es jeden Morgen, führt es auf dem Hof herum, hat einen neuen Spielgefährten gefunden – bis der Viehhändler kommt und das Kalb aus dem Stall führt, mit Geschimpfe und groben Tritten in seinen Lieferwagen bugsiert und dem Vater ein paar Scheine in die Hand drückt. Das Bauernkind ist fassungslos, weint, schreit, tobt und wütet, wirft dem Lieferwagen des Viehhändlers Steine hinterher und diesmal dauert es länger, bis das Kind sich sagt: So ist es halt, das Leben.

Dann wird eine Sau geschlachtet. Sie schreit und wehrt sich, ahnt wohl, was ihr bevorsteht, aber es gibt kein Entkommen. Zwei, drei kräftige Männer machen sich mit roher Gewalt über das Tier her, man hört den erlösenden Schuss in den Kopf, die Sau fällt um, einer schneidet ihr mit einem scharfen Messer in den Hals, aus der Schlagader strömt das Blut in einen Eimer, das tote Tier wird aufgehängt, sein Bauch aufgeschlitzt, die Gedärme quellen heraus und vier Stunden später ist von der Sau nichts mehr zu sehen als lauter kleine Fleischpakete, die tiefgefroren werden, Würste und Schinken, die in den Räucherschrank kommen, und der große Magen, der mit Blut, Speck und Gewürzen gefüllt auf einem dicken Schneidbrett liegt.

Beim ersten Mal war so eine Schlachtung ein entsetzliches Erlebnis für mich und ich sprach das auch aus, aber der Vater lachte nur, die Mutter erzählte was von der Bibel und sagte, dass Tiere schon immer geschlachtet wurden und der liebe Gott dies auch ausdrücklich erlaube. Es fiel mir schwer, das zu begreifen, und das Schlachten hörte nicht auf, ging immer weiter, ich sah, wie mein Vater einem Hahn mit dem Beil den Kopf abschlug, wie er einen Stallhasen betäubte und aufschnitt, dann kam wieder die Sau dran, und nicht einer der Erwachsenen hatte jemals Mitleid mit einem der Tiere. Ging ja auch nicht. Wer aus Mitleid mit dem Tier nicht schlachtet, verhungert. Das leuchtete mir auch irgendwann mal ein und im Lauf der Zeit versachlichte sich mein Verhältnis zum Tier so wie bei den Erwachsenen, akzeptierte ich, dass Tiere auf dem Bauernhof keine Hausgenossen und keine Familienmitglieder sind wie heute mein Hund und meine Katze, sondern Nutztiere, Lebensgrundlage.

Irgendwann kam der Tag, an dem ich selber einem Hahn den Kopf abschlug, einen Hasen betäubte und ihm das Fell über die Ohren zog. Und irgendwann kam auch der Tag, ab dem mir Schweine-, Kalbs- und Hasenbraten und gebackene Hähnchen richtig gut schmeckten.

Heute tröstet mich, dass unsere Tiere wenigstens artgerecht leben durften. Die Kühe wurden im Sommer selbstverständlich auf die Weide gelassen, die Schweine durften sich draußen suhlen, die Hühner liefen im Freien herum und konnten nach Herzenslust picken und scharren. Aber die zwiespältigen Gefühle – hier das Mitgefühl mit dem Tier, da die Einsicht in die Notwendigkeit des Tötens – plagen mich bis heute und ich denke, dass die Menschheit vielleicht irgendwann einen großen entwicklungsgeschichtlichen Schritt vorwärts machen und sich zur vegetarischen Lebensweise entschließen wird. Ich selbst werde diese Wende in meinem Leben vermutlich nicht mehr hinkriegen, aber bei meinen Kindern unterstütze ich den Trend zu wenig bis gar keinem Fleisch, und dieses kommt aus artgerechter Tierhaltung. Auch bei Milch, Käse, Eiern, Joghurt achten meine Frau und ich darauf, dass diese Produkte nicht aus der Massentierhaltung stammen.

Was die Bauernarbeit so mit sich bringt, ist, glaube ich, ein nüchterner Realitätssinn, ein Gefühl für Prioritäten und die Fähigkeit, nicht lange zu diskutieren, sondern zu handeln, wenn gehandelt werden muss. Man kann Pläne fürs Wochenende machen, sich vorstellen, wie man den Sonntag zu verbringen gedenkt, aber wenn das Korn geerntet werden muss und am Sonntagnachmittag Gewitter und Hagel die Ernte zu vernichten drohen, muss man eben am Sonntagfrüh mit dem Mähdrescher aufs Feld, egal, was man sich sonst für den Sonntag vorgenommen hatte. Da kann man dann wütend mit dem Fuß aufstampfen und fluchen und diskutieren, aber das nützt nichts und darum lässt man das Fluchen oder Diskutieren bleiben und tut einfach, was zu tun ist, macht seine Arbeit und hört erst auf, wenn sie erledigt ist.

Ich erinnere mich noch, wie ich staunte, als ich mit vierzehn Jahren erstmals zur Ferienarbeit in die Fabrik ging und mich gleich am ersten Tag der Personalchef darauf aufmerksam machte, dass ich nach vier Wochen Ferienarbeit Anspruch auf zwei Urlaubstage habe. Sollte ich nicht erstmal meine Arbeit tun, bevor wir über Urlaub reden? Ungewohnt waren auch die Stechuhr, die Frühstückspause zwischen 9.00 Uhr und 9.15 Uhr und das ganze auf die Minute festgezurrte Reglement der Arbeitszeit.

Wie anders war das auf dem Bauernhof, wo der Arbeitstakt von der Natur und dem Wechsel der Jahreszeiten vorgegeben wurde. Man machte Pause, wenn der Acker gepflügt, das Gras gemäht, das Heu in der Scheune war, und wenn es das Wetter und die vielen noch zu erntenden Felder erforderten, ließ man die Pausen auch mal ausfallen und sah zu, dass man mit allem rechtzeitig fertig wurde. Dafür ruhte man sich im Winter aus.

Pflügen, pflanzen, säen, düngen, Unkraut und Schädlinge beseitigen, auf Sonne warten und auf Regen, den Wind und die Bienen ihre Arbeit tun lassen, warten können, wachsen lassen, die Reife prüfen, ernten, die Erde ruhen lassen – ich glaube, daraus lässt sich viel lernen für die Kunst des Lebens, denn diese besteht, so scheint mir, in der Fähigkeit, in allen Bereichen das für sich selbst richtige Maß zu finden, und in der Einsicht, dass man nichts erzwingen kann, dass die Dinge reifen müssen und alles seine Zeit hat. Es ist eine Einsicht, die sich unmittelbar aus der bäuerlichen Lebensweise ableitet, denn als Bauer macht man die Erfahrung: Zu viel Dünger ist genauso schlecht wie zu wenig. Zu viel Sonne schadet genauso wie zu wenig. Zu viel Regen ist schlecht, zu wenig auch. Aber was zu viel und zu wenig ist, hängt vom Boden ab, von der Pflanze und vom lokalen Klima. Es dauert lange, bis man das jeweils optimale Maß für jede Pflanze auf einem ganz bestimmten Boden in einer ganz bestimmten Lage gefunden hat. Und: Auch wenn man dieses Maß gefunden und wenn man alles getan hat, um für optimale Bedingungen des Wachstums zu sorgen – eine Garantie für den Erfolg gibt es nie, außerdem wachsen niemandes Bäume in den Himmel, aufs Wetter hat man sowieso keinen Einfluss und echte Miss-Ernten sind selten.

Das klingt banal, aber bis heute beschäftigt mich eine Frage, auf die ich noch keine endgültig befriedigende Antwort gefunden habe, die aber, wie ich vermute, mit diesem banalen Faktum zusammenhängt. Meine beiden

Großväter, einfache Bauern, hatten beide früh erkannt, dass Hitler das Land ins Unglück stürzen würde. Einer der beiden Großväter soll 1933 geseufzt haben: „Ach, wenn wir doch nur die Prügel schon bekommen hätten, die uns Hitler bescheren wird."

Ich frage mich: Warum konnten zwei einfache, wenig gebildete Bauern etwas erkennen, was zu erkennen bei ungleich gebildeteren Menschen, wie etwa Martin Heidegger, Gerhard Hauptmann und vielen anderen wesentlich länger gedauert hat? Ich vermute: Die bäuerliche Lebensweise bietet jedem die Chance, ein Gefühl zu entwickeln für das, was geht und was nicht geht. Nicht alle Bauern nutzen diese Chance, nicht alle sind für dieses Gefühl empfänglich, daher gab es ja auch genügend Bauern, die Hitler gefolgt sind bis zum bitteren Ende, aber prinzipiell bergen die Erfahrungen eines Bauern, meine ich, die Möglichkeit, die Welt ganzheitlich wahrzunehmen und aus dieser ganzheitlichen Weltsicht heraus den Punkt zu erkennen, ab dem etwas ins Unmäßige oder gar Maßlose abdriftet. Heute meine ich in den Ökobauern Menschen zu erkennen, die ein Gefühl für das Unmäßige in der industrialisierten Landwirtschaft entwickelt und sich darum von ihr abgewendet haben. Wobei ich natürlich sofort hinzufügen muss: Das Unmäßige liegt auch in der in vielen Jahrzehnten herangezüchteten Geiz-ist-Geil-Mentalität der Konsumenten und deren Erwartung, dass ein Ei oder ein Pfund Fleisch heute nicht teurer sein darf als vor zwanzig Jahren.

Unmäßig erscheinen mir, dem Bauernbuben, auch unsere heutigen Sicherheitsvorkehrungen und unsere Ängste, dass irgendetwas „passieren" könne. Alle hundert Meter ein Verkehrsschild, mehrfach abgesicherte Baustellen, viele Ampeln, die auch um zwei Uhr in der Früh noch beachtet werden wollen, Sicherheitszäune, Alarmanlagen, Videoüberwachung, Bauvorschriften, Unfallverhütungsvorschriften, Sicherheitshinweise hier, Sicherheitshinweise da, Gefahrenmeldungen aus dem Radio – jede einzelne dieser Sicherheitsmaßnahmen ist für sich genommen sinnvoll, in ihrer Summe führen sie zu einem Leben am Gängelband, aber vor allem trainieren sie uns unser natürliches Gefahrenbewusstsein ab und unsere Fähigkeit, selber auf uns aufzupassen.

Was wir heute an Sicherheitsmechanismen zu viel haben, hatten wir früher auf dem Bauernhof zu wenig. Da sprangen wir auf dem Heuboden herum und da fiel ich dann einmal die ungesicherte Stiege hinab, direkt neben eine Sense, deren in die Luft ragende Spitze mich leicht hätte durchbohren können. Wir Kinder fielen in Bassins, Bäche und Weiher, von Bäumen herab und manchmal auch in die Odelgrube. Niemand träufelte uns Jod ins blutende Knie, niemand wusch uns ab, wenn wir in einen Kuhfladen fielen. Man ließ den Dreck am Körper und an der Kleidung trocknen, dann fiel er irgendwann von alleine ab. Wir hackten uns mit dem Beil ins Bein, schnitten uns mit dem Messer in die Finger, hauten uns mit dem Hammer auf den Daumen, warfen Knallfrösche in Briefkästen, experimentierten mit Schwarzpulver, jeder hatte mal einen gewöhnlichen Arm-, Bein- oder Schlüsselbeinbruch oder eine interessante Gehirnerschütterung, aber alle überlebten alles, hatten ihre Schutzengel und lernten durch kleine Unfälle und Malheurs, besser auf sich aufzupassen, und entwickelten einen Sinn für Gefahr, während mich heute oft das Gefühl beschleicht, dass wir uns vor eingebildeten Gefahren fürchten und die wirklichen Gefahren nicht mehr wahrnehmen.

Im Dorf meiner Kindheit gab es weder einen Spielplatz noch einen Kindergarten. Dafür gehörte uns das ganze Dorf. Die umliegenden Felder, Wiesen und Wälder, der Bach, die Sandgrube, die Heuböden der Bauern, die Werkstatt des Dorfschmieds waren unser Abenteuerspielplatz. Wir lebten in der Natur, wuchsen mit Kühen, Schweinen, Gänsen, Hühnern, Hunden und Katzen auf, sind von morgens bis abends durch die Gegend gezogen, ohne dass uns jemand beaufsichtigte. Wir konnten ganz gut auf uns selbst aufpassen, und wenn wirklich mal was los war, wusste man sofort, wen man zu rufen hatte. Es war immer irgendjemand irgendwo zu Hause oder jemand auf dem Acker oder im Wald. Und vor allem: Jeder im Dorf kannte uns. Jeder Erwachsene wusste, zu welcher Familie ein Kind gehörte und wo es wohnte. Man kannte einander seit Generationen.

Als unsere Tochter nach ihrem ersten Tag im Kindergarten heimkam und wir fragten, wie es denn gewesen sei, antwortete sie: „Ganz schön, aber dort hat mich ja niemand gekannt." Meine Welt war klein, überschaubar und vertraut. Man konnte sich in ihr orientieren, seinen Aktionsradius stetig vergrößern, seine Welt entdecken und erobern und seinen Horizont im ursprünglichen Sinn des Worts erweitern. Meine Kinder wurden von vornherein in eine unüberschaubare Welt, in eine Großstadt, hineingeboren. Es war für sie unmöglich, sich darin ohne die Hilfe und Aufsicht der Erwachsenen zurechtzufinden. Ihre Welt war immer groß, unübersichtlich, fremd.

Heutige Kinder befinden sich permanent unter der Aufsicht von Erwachsenen. Und trotzdem haben die Eltern von heute mehr Angst um ihre Kinder, als meine Eltern um mich Angst hatten, was heute einerseits mit medial geschürten Ängsten vor Kindesentführern und Kindesmissbrauchern zu tun hat, andererseits aber mit der realen Erfahrung, dass Kinder sich außerhalb ihres Elternhauses und der für sie geschaffenen künstlichen Umgebungen – Kindergarten, Spielplatz, Schule – als Fremde unter Fremden bewegen, in der sich niemand verantwortlich fühlt für sie. Als ich Kind war, hatte das Leben einen Rhythmus, einen Klang und einen Geschmack. Man konnte den Werktag vom Sonntag unterscheiden und die Jahreszeiten riechen, schmecken und sehen. Sonntags zogen meine Eltern ihre Sonntagskleidung an, ich wurde ebenfalls „schön" angezogen, man ging in die Kirche, und durch die Dorfstraße wehten Bratendüfte. An Ostern und zur Kirchweih wurden die Häuser und Straßen geschmückt. In der Vorweihnachtszeit duftete es in allen Häusern nach Stollen und Plätzchen. Wenn jemand starb, trug die Witwe ein Jahr lang schwarz. In der Schule lernten wir Frühlings-, Sommer-, Herbst- und Winterlieder, und bei jeder Beerdigung standen wir am Grab und sangen: „Nun bringen wir den Leib zu Ruh und decken ihn mit Erde zu." Selbstverständlich kannten wir Weihnachtslieder und Lieder, die man an Ostern und Pfingsten sang, und natürlich die Deutschland- und Bayernhymne und das Frankenlied.

Heutige Kinder lernen kaum noch, dass das Leben einen Rhythmus hat. Viele kennen keine festen Essenszeiten, keinen Sonntag, keinen Werktag, keine Jahreszeit, nicht den Rhythmus von Arbeit und Freizeit, Anstrengung und Muße, aber dafür läuft ganztägig und ganzjährig der Fernseher und aus den Stereoanlagen und MP3-Playern tropft Tag und Nacht die Pop-Plörre und kleistert die Gehirne zu.

Die Welt der Kinder von heute ist um ein Vielfaches komplizierter, unübersichtlicher, differenzierter und individualistischer als die kleine bäuerliche Welt, in der ich Kind gewesen bin. Es war nicht besser damals, und heute ist es nicht schlechter, nur eben sehr anders, und ich werde das Gefühl nicht los, dass sich Eltern, Erzieher, Lehrer, Bildungspolitiker und Erziehungswissenschaftler den großen Unterschied noch nicht genügend bewusst gemacht haben.

Vergleiche ich mein früheres Dasein als Bauernkind mit meinem heutigen als Publizist, stelle ich verblüfft fest, so groß ist der Unterschied gar nicht. Auch ich wollte frei sein wie meine Eltern und wurde darum freier Autor. Auch ich erzeuge Lebensmittel, wenn auch geistige, bin ein Wörter-Bauer, und wenn ich meine Wörter bei der Zeitung oder einem Verlag abliefere, bekomme ich von diesen gesagt, was ich dafür kriege und was meine Leistung wert ist. Kauf' ich mir dagegen eine Zeitung oder ein Buch, bin nicht ich es, der den Preis dafür festlegt, sondern die Zeitung ist es, der Verlag und der Buchhändler. Irgendwie hat also der ganze Aufwand, den ich trieb, um mich von meiner sozialen Herkunft zu befreien, nur dazu geführt, dass ich vom Regen in die Traufe gekommen bin. Aber aus der Rückschau ist es ja gar nicht mehr so schlimm, das Leben als Bauer. Eigentlich war es sogar sehr schön.

Gerda Hasselfeldt

„Gerda, mach du das doch!“

Ich habe nicht viele Fotos aus meiner Kindheit und Jugend in Haibach. Aber eines, auf das ich vor Kurzem erst wieder gestoßen bin, zeigt eine Szene, die bezeichnend ist. Ich stehe mit meinen Schwestern hinterm Tresen unseres Dorfgasthauses, jede von uns eine Bedienungsschürze umgebunden. Wir blicken in Richtung der Gäste. Ich lache über das ganze Gesicht. Das Foto zeigt, dass ich mich wohl gefühlt habe in unserer Gaststätte. Ich habe die Gegenwart von vielen unterschiedlichen Menschen wirklich genossen. Gerne erinnere ich mich an die Zeit in meinem Elternhaus und die glückliche Kindheit und Jugend im Dorf. Es sind Erinnerungen ans Schusserspielen auf dem Wirtshausboden, an Völkerball auf der Straße, ans Bulldogfahren auf den Feldern und an die gemeinsamen sonntäglichen Gottesdienstbesuche im Festgewand in der Pfarrkirche St. Laurentius. Es sind aber auch Erinnerungen an harte Arbeit. Denn meine Geschwister und ich mussten – heute würde ich sagen, durften – durchaus anpacken. Im Gasthaus habe ich das gerne gemacht. Viel lieber als draußen auf den Feldern und Wiesen.

Aber auch die Landwirtschaft hat dazugehört. Sie war genauso ein Teil des elterlichen Betriebs wie eine Metzgerei und die Gastwirtschaft. Mein Vater war Bauer mit Leib und Seele. Aufgewachsen ist er auf einem Hof in der Nähe und hat in die Gastwirtschaft eingeheiratet. So war er hauptsächlich für die Landwirtschaft verantwortlich und gemeinsam mit meiner Mutter auch für die Metzgerei. Die Dorfwirtschaft unterstand im Wesentlichen meiner Mutter. Dort spielte sich ein großer Teil des Dorflebens ab. Bei uns fanden die Hochzeiten, Vereinstreffen, Bürgerversammlungen und politischen Veranstaltungen statt.

Womit wir bei der zweiten großen Leidenschaft meines Vaters wären: der Politik. Schon zwei Jahre vor meiner Geburt, im Jahr 1948, wurde er im Alter von 27 Jahren Bürgermeister von Haibach, einer niederbayerischen 800-Seelen-Gemeinde im Bayerischen Wald. Und blieb es für 36 Jahre. 1958, ich war gerade acht Jahre alt, zog er auch in den Bayeri-

Gerda Hasselfeldt

Sie wird 1950 im bayerischen Straubing geboren und studiert später in München und Regensburg Volkswirtschaftslehre. Bis 1987 ist sie bei der Bundesanstalt für Arbeit beschäftigt, zuletzt ab 1985 als Leiterin der Abteilung Berufsberatung im Arbeitsamt Deggendorf.
Gerda Hasselfeldt gehört von 1978 bis 1989 dem Kreistag in Regen an, von 1996 bis 2004 dem des Landkreises Fürstenfeldbruck. 1987 rückt sie für den ausgeschiedenen Abgeordneten Franz Josef Strauß in den Bundestag nach. Seit 1990 ist sie direkt gewählt im Wahlkreis Fürstenfeldbruck/Dachau. Im Bundestag ist sie von 1995 bis 2002 finanzpolitische Sprecherin der CDU/CSU-Bundestagsfraktion, von 2002 bis 2005 stellvertretende Vorsitzende für die Bereiche Verbraucherschutz, Ernährung und Landwirtschaft, Kommunalpolitik und Tourismus.
Von 1989 bis 1991 ist sie Bundesministerin für Raumordnung, Bauwesen und Städtebau und von 1991 bis 1992 Bundesministerin für Gesundheit.
Bei den Bundestagswahlen 2005 erreicht sie 55,5 % der Erststimmen und wird danach zur Vizepräsidentin des Deutschen Bundestages gewählt.
Gerda Hasselfeldt trägt seit 2001 den Bayerischen Verdienstorden.

schen Landtag ein, sieben Jahre später wechselte er in den Bundestag. Rathaus in Haibach, Landtag in München, Bundestag in Bonn: Mein Vater hatte viel zu tun, war eigentlich immer unterwegs. Wenn er dann am Wochenende abgespannt heimkam, mussten wir alle bei der Feldarbeit helfen. Ob beim Kartoffelklauben oder beim Heumachen – stets ging es hektisch zu. Er war ungeduldig. Das hat keinen Spaß gemacht. Besonders mir nicht. Denn die körperliche Arbeit lag mir ohnehin nicht besonders, zumal ich damals recht dünn und schwach war, schnell erschöpft und Kreuzschmerzen vom vielen Bücken bekam – alles andere als ein strammes Bauernmädl also. Aber damals konnten wir uns unsere Aufgaben nicht aussuchen. Die Arbeit wurde einfach aufgeteilt. So musste ich, ob ich nun wollte oder nicht, eben auch viel auf den Wiesen und Feldern arbeiten. Einmal lud ich mir Schulfreundinnen aus Straubing zum Spielen ein, damit ich mich vor der Feldarbeit drücken konnte. Das waren Stadtkinder, die zu Hause nicht so viel mithelfen mussten. Meine Mutter hat ihnen erst gar nicht verraten, wo ich beim Arbeiten war. Und so mussten sie wieder abziehen. Sie sind in den Sommerferien auch häufig in den Urlaub gefahren, zum Beispiel nach Italien. Bei uns dagegen gab es in den Sommerferien in der Gaststätte und draußen viel zu tun. In den 60er Jahren haben meine Eltern auch noch Gästezimmer ausgebaut und es kamen Sommerfrischler zu uns, deren Zimmer im Sommer gemacht werden mussten. Nach den Sommerferien war ich meist ziemlich geschafft und habe meine Freundinnen um ihren Urlaub beneidet.

Während ich schon immer Tage zuvor mit Graus an die bevorstehende Feldarbeit gedacht habe, habe ich recht gerne dafür gesorgt, dass die Gäste in der Wirtschaft nicht verdursteten. Bedienen, also Bier ausschenken, Essen servieren, Kühlschrank auffüllen, kassieren und die Gäste unterhalten. In dieser Welt fühlte ich mich wesentlich wohler. Ich habe dann eng mit meiner Mutter zusammengearbeitet, die gemeinsam mit meiner Tante und meiner Oma in der Küche die Essen zubereitet hat.

Meine Mutter war eine kluge, fühlende Frau, zu der ich, solange sie lebte, eine starke emotionale Bindung hatte. Sie war das Zentrum der Familie und hat uns erzogen. Aber sie hat uns gleichzeitig immer das Gefühl gegeben, dass mein Vater das letzte Wort hat. So hat mein Vater beispielsweise immer unser Zeugnis unterschrieben – auch wenn der manchmal gar nicht wusste, in welche Klasse wir eigentlich gingen. Und als ich mit 16 auf Schulbälle gehen wollte, musste ich immer meinen Vater fragen, ob ich hingehen durfte. Gelegentlich hat uns die Mutter aber auch vor dem Vater in Schutz genommen. Als eine meiner Schwestern mal Probleme in der Schule hatte, fand Vater das gar nicht gut. Aber meine Mutter hatte Verständnis dafür und hat ihn beruhigt.

Wenn mein Vater unterwegs war, musste sich meine Mutter darum kümmern, dass in der Metzgerei alles lief. Deshalb hat sie auch noch den Führerschein gemacht, als sie Mitte 30 war. Das war ihr wichtig, denn sie musste mit den Bauern vor Ort verhandeln und dann das Fleisch dort einkaufen. Sie genoss bei allen den vollen Respekt.

Nicht nur im Gasthaus, bei meiner Mutter, habe ich mich wohlgefühlt. Ich habe auch viele schöne Erinnerungen an unseren Bauernhof. Besonders, als ich noch kleiner war, habe ich viele Stunden im Stall verbracht. Dort war Benno. Benno, ein Ostpreuße, der bei uns in Haibach eine neue Heimat gefunden hatte, war für die Kühe und Pferde im Stall verantwortlich. Ich habe ihn heiß und innig geliebt. Obwohl nicht mit uns verwandt, war Benno für mich und meine fünf Geschwister eine Art Ersatzopa und gehörte zur Großfamilie wie die Oma und Tante. Auch als er für die harte

Stallarbeit zu alt wurde, blieb er bei uns. Das war für uns einfach selbstverständlich. Einen alten Mann, der niemanden außer uns hatte, einfach wegschicken, wenn er nicht mehr arbeiten kann? Das kam nicht in Frage. Er gehörte zu uns.

Gerda mit Benno und Hund 1954

Überhaupt war es selbstverständlich für uns in Haibach, füreinander Verantwortung zu tragen, uns gegenseitig zu helfen. Da wurde nicht viel Aufhebens gemacht. Wenn zum Beispiel eine Kuh notgeschlachtet werden musste, weil sie sich etwa ein Bein gebrochen hatte, dann haben alle ganz selbstverständlich dort Fleisch gekauft. Da gab es keinerlei Konkurrenzdenken. Auch meine Eltern haben sich dann daran beteiligt, auch wenn wir ja selbst eine Metzgerei hatten. Aber es war einfach klar, dass der betroffene Bauer darauf angewiesen war, dass das Dorf ihm zur Seite steht. Das war echte Solidarität.

Ich erinnere mich auch daran, dass alle zusammen geholfen haben, als einmal ein Bauernhof gebrannt hat. Damit meine ich nicht nur Hilfe beim Löschen, sondern auch beim Wiederaufbau. Ziegel besorgen, Maurerarbeiten erledigen, und wer Jungvieh entbehren konnte, trat es dem vom Schicksal gebeutelten Nachbarn ab. Die Ärmeren wurden von der Gemeinschaft mitgetragen. Das war bei uns in der Metzgerei nicht anders. Weil meine Mutter die sozialen Verhältnisse vieler Familien gut kannte – schließlich wurde bei uns im Gasthaus lange Zeit das Arbeitslosengeld ausbezahlt –, nahm sie es dann auch mit der Waage nicht so genau. Da gab's schon mal ein paar hundert Gramm Fleisch mehr. Nachsichtig waren meine Eltern auch mit einer Kriegerwitwe, die ihre Kinder in einem kleinen Haus bei uns im Dorf ganz allein großzog. Das Häuschen gehörte meinen Eltern. Immer wieder kam es vor, dass sie ihre Miete nicht zahlen konnte. Dann wurde schon mal ein Auge zugedrückt. Nicht dass ich das als Kind mitbekommen hätte. In Haibach hat damals niemand darauf bestanden, für jede Geste der Wohltätigkeit gewürdigt zu werden. Niemand ging deswegen zur Zeitung oder wandte sich gar an Fernsehteams, die den edlen Spender und seinen Günstling gefilmt hätten. Da wurde nicht über so etwas geredet. Erst bei der Feier zum 70. Geburtstag meines Vaters habe ich erfahren, wie groß die Not dieser Familie damals wirklich war: Nach den vielen geplanten Ansprachen zum Jubeltag stand unerwartet ein Sohn dieser Frau auf und meldete sich zu Wort. Wie er meinen Eltern für die stille Unterstützung dankte, war einfach ergreifend: „Uns ist damals oft das Wasser bis zum Hals gestanden. Da haben wir manchmal nicht gewusst, wie wir die Miete bezahlen sollten. Manchmal ging es einfach nicht. Und trotzdem haben Sie uns nicht auf die Straße gesetzt. Dafür möchte ich mich heute von ganzem Herzen bei Ihnen bedanken. Das werde ich Ihnen nie vergessen."

In Haibach und von meinen Eltern habe ich gelernt, Verantwortung zu übernehmen und nicht wegzuschauen, wenn es Menschen schlecht geht. Positiv geprägt hat mich auch, dass ich von klein auf viele Stunden mit Menschen unterschiedlicher Herkunft und Bildung verbracht habe, begriffen habe, wie sie denken und fühlen und was sie bewegt. Ich habe Momente großen Glücks erlebt, als frisch gebackene Väter im Glückstaumel auf ihre Söhne anstießen, und Tage, an denen das ganze Dorf in Schreck und Trauer erstarrt zusammensaß. Ich erinnere mich noch gut an den Tag, als uns die Nachricht vom Tod eines Bauernbuben erreichte, den sein Vater aus Versehen mit dem Bulldog überrollt hatte. Dort, wo wir sonst immer Schusser gespielt hatten, wo gelacht und ausgiebig vom verrichteten Tagwerk berichtet wurde, dort, in unserem sonst so lebhaften Gasthaus, war die Trauer eingekehrt.

So wie wir am Leben unserer Gäste teilnahmen, so konnten diese auch an unserem teilnehmen. Immer. Wir waren immer da. Häufig haben wir als Kinder auch unsere Hausaufgaben im Gastzimmer gemacht, manchmal auch am Küchentisch oder in einem der Nebenzimmer des Gasthauses. Auch gegessen habe ich immer wieder mit den Stammgästen, wenn ich Lust dazu hatte. Wenn nicht, dann habe ich mich entweder alleine oder mit ein paar anderen Familienmitgliedern an den großen Küchentisch gesetzt und etwas von dem gegessen, was auch für die Gäste gekocht wurde. Ein abgegrenztes Familienleben gab es nicht. Wir waren immer für unsere Gäste da. Auch an Weihnachten. Unser festlich geschmückter Christbaum stand nicht in einem der Zimmer, in denen wir immer zu zweit oder dritt schliefen, sondern im großen Saal der Gaststätte. Und wer an Heilig Abend niemanden hatte, der kam zu uns und war dabei, als wir die Christbaumkerzen anzündeten, die Geschenke auspackten und Weihnachtslieder

Gerda mit Schwestern am Tresen im Gasthaus Rainer

anstimmten. Das war für mich ganz normal. Ich habe es nicht als Einbruch in die Familiensphäre empfunden.

Freilich ging es bei uns nicht immer so besinnlich zu. Gelegentlich wurde der eine oder andere Gast ausfallend, besonders wenn er zu tief ins Glas geschaut hatte. Aber meine Schwestern und ich lernten, uns zu verteidigen. Handfeste Diskussionen an den Stammtischen waren an der Tagesordnung. Oft ging es um das, was mein Vater und die Gemeinderäte für Haibach beschlossen hatten, aber auch um Adenauers Westpolitik, Erhards Wirtschaftspolitik und natürlich auch um Franz Josef Strauß. Da war ich immer hellhörig, bildete mir meine eigene Meinung und redete mit. Zum Leidwesen meiner Mutter, die der Ansicht war, dass sich das Politisieren für ein Mädchen nicht schickte. Aber mein Vater freute sich über mein politisches Interesse. Wenn ich schon nicht seine Leidenschaft für die Landwirtschaft teilen konnte, so einte uns doch die gemeinsame Begeisterung für Politik. Und weil ich von klein auf immer dabei war, wenn diskutiert wurde, hatte auch ich bald keine Scheu mehr davor, meine Meinung offen kundzutun.

Nachdem der Pfarrer meine Eltern bereits überzeugt hatte, meine zwei Jahre ältere Schwester Sieglinde aufs Gymnasium zu schicken, durfte auch ich ihr wenig später nachfolgen. Selbstverständlich war das damals nicht. Aber meine Mutter hat das unterstützt. Sie hat immer gesagt: „Die Mädchen sollen was lernen." Meine Eltern hätten es jedoch nicht schlimm gefunden, wenn ich das Abitur nicht geschafft hätte – schließlich gab es bei uns zu Hause genug zu tun. Es haben auch nicht alle meine Geschwister das Gymnasium besucht. Jeder durfte das machen, was ihm am meisten lag. Sieglinde und ich, wir beiden Ältesten, waren zunächst in einem Internat in Landshut. Als dann eine Busverbindung von Haibach nach Straubing eingerichtet wurde, nachdem ich drei Jahre in Landshut gewesen war, konnten wir wieder zu Hause wohnen und in Straubing zur Schule gehen. Schon in den ersten Jahren auf dem Gymnasium war ich Klassensprecherin, bald auch Schulsprecherin. Ich weiß nicht, ob ich mich das getraut hätte, wenn es keine reine Mädchenschule gewesen wäre, denn an und für sich war ich eher ruhig und zurückhaltend. Aber ich habe in dieser Zeit gemerkt, dass ich mich durchsetzen kann, und Selbstvertrauen gewonnen.

Das war entscheidend dafür, dass ich mit 18 einen für damals schier ungeheuerlichen Schritt gewagt habe. Als 1968 die Junge Union Haibach bei uns im Gasthaus darüber debattierte, wie es weitergehen könne ohne einen Kandidaten für den Vorsitz, kam einer auf die Idee: „Gerda, mach du das doch!" Weil ja kein anderer wollte. Also: Gesagt, getan. Ich trat ein und wurde zur Vorsitzenden gewählt, und das, obwohl ich gleich zwei Außenseiterkriterien erfüllte: Ich war jünger als die anderen und die einzige Frau. Mir hat die Arbeit jedoch auf Anhieb Spaß gemacht, denn ich konnte mitentscheiden, planen und Dinge ankurbeln und lernte mich durchzubeißen. Und ich hatte Erfolg: In den sechs Jahren, in denen ich den Vorsitz innehatte, stieg die Mitgliederzahl um mehr als das Doppelte und allmählich wagten sich auch andere Mädchen in die Junge Union.

Bestens in Erinnerung ist mir meine Abiturrede. Ich war so aufgeregt, das werde ich nie vergessen. Das lag daran, dass ich als Schulsprecherin eine sehr emotionale Bindung zur Schule hatte. Dagegen war meine erste Rede im Bundestag harmlos. Und das, obwohl ich mich auf die Abiturrede deutlich länger vorbereiten konnte als 19 Jahre später im Bundestag. Bereits in der dritten Sitzungswoche war es meine Aufgabe, über das Thema Arbeitsmarktpolitik zu sprechen. Was für einen neuen Abgeordneten sehr früh ist. Aber weil mein Kollege im Ausschuss für Arbeit und Soziales, Horst Seehofer, bei der Einteilung der Redner krank gewesen war, kam dies schon so schnell auf mich zu. Aber, wie gesagt, meine Aufregung war nicht halb so schlimm wie vor der Abiturrede 1969.

Die elterliche Gastwirtschaft in den 70er Jahren

Nach der Schule hat es mich zum Volkswirtschaftsstudium nach München und Regensburg verschlagen. Noch 1969 trat ich dann auch in die CSU ein. In der Partei habe ich nach und nach eine Reihe von Vorstandspositionen übernommen, viele Politikfelder beackert, war nach dem Studium aber hauptberuflich erst einmal im Arbeitsamt tätig.

Dank meiner Herkunft war ich immer wie selbstverständlich in der Politik akzeptiert. Ich war nie die Quotenfrau. Auch nicht im Bundestag, dem ich seit März 1987 angehöre. Mit Landwirtschaft hatte meine Arbeit dort erst einmal nichts zu tun. Ich sollte 52 Jahre alt werden, war schon 15 Jahre im Bundestag, als ich stellvertretende Fraktionsvorsitzende wurde, zuständig für die Bereiche Verbraucherschutz und – da war sie endlich wieder – die Landwirtschaft. Meines Vaters Leidenschaften, die er über Jahrzehnte hinweg miteinander verzahnt hatte, sollten nun auch in meinem Leben zusammenfinden.

Gelegentlich wird die Bedeutung der Bauern unterschätzt, und das, obwohl 4,5 Millionen Menschen in Deutschland in diesem Wirtschaftszweig tätig sind. Deshalb war es mir ein Herzensanliegen, mich für diese hart arbeitenden Menschen einzusetzen. Und ich weiß, wie hart sie arbeiten. Auf den Kartoffeläckern, auf denen ich mich einst abrackerte, in den Viehställen, in denen einst unser Benno zwölf Stunden am Tag die Tiere umsorgte, und heute auch in den Büros, in denen die Landwirte sich die Nächte um die Ohren schlagen. Die Politik ist meines Erachtens gut beraten, sich um diesen Wirtschaftszweig und die darin arbeitenden Menschen zu kümmern. Die Landwirtschaft ist die Seele des ländlichen Raums: Es gibt keinen Berufsstand, der so nachhaltig wirtschaftet. Landwirte haben den natürlichen Wunsch, Landschaft zu erhalten und zu pflegen und nicht nur kurzfristig auf Profit zu setzen. Auch ich habe heute noch einen ganz besonderen Bezug zu Nahrungsmitteln. Es hat mich geprägt, dass bei uns damals nur die Dinge auf den Tisch kamen, die auch zu dieser Jahreszeit geerntet wurden. Wir haben einfach, aber gut gegessen. Bis heute achte ich darauf, dass möglichst kein Essen weggeworfen wird. Und im Winter müssen doch keine Erdbeeren auf den Tisch kommen.

Trotz meiner politischen Ämter habe ich auch immer den Kontakt zu meiner Familie gehalten. Bei Veranstaltungen, auf denen sich die Dorfgemeinschaft trifft, bin ich bis heute gerne in Haibach, wenn es mein Terminkalender erlaubt – etwa an Kirchweih oder zur Dorfweihnacht. Auch heute, Jahre nachdem meine Eltern gestorben sind, bin ich häufig dort, zum Beispiel letztes Jahr, als ein Historienspiel über die Geschichte Haibachs aufgeführt wurde. Dann besuche ich auch unsere Gaststätte, die heute mein Bruder Alois führt. Alois hat auch die Metzgerei und den Hof übernommen. Zudem ist er Bürgermeister in Haibach. Ganz wie mein Vater. Auch im Wesen ähnelt er meinem Vater sehr.

Alois war das Nesthäkchen in unserer Familie. Er kam erst auf die Welt, als ich schon 15 Jahre alt war. Meine jüngste Schwester war damals sieben Jahre alt, meine älteste 17. Trotz des großen Altersunterschieds haben meine vier Schwestern und ich ein sehr gutes Verhältnis zu ihm. Die Hoffnung meiner Eltern, dass er eines Tages Hof und Gaststätte übernehmen wird, hat sich erfüllt. Er war auch bereit, Metzger zu lernen.

Bei Alois in der Gaststätte fühle ich mich zu Hause. Heimat, das ist für mich aber nicht nur das Dorf, in dem ich aufgewachsen bin, sondern auch die Natur. Schon als kleines Kind habe ich gelernt, die Natur zu lieben, und genieße es bis heute, wandern zu gehen, Fahrrad zu fahren und dem Vogelgezwitscher zu lauschen. Und wenn ich heimfahre und kurz vor Straubing, am Gäuboden, die Kulisse des Bayerischen Walds am Horizont sehe, dann habe ich das Gefühl: Jetzt komme ich nach Hause. Dann geht mir das Herz auf. Daheim.

Klarissa Watermann

Das Leben hat mich weit gebracht

Dieses viele Grün, die Weite der Wiesen und Felder habe ich vor Augen und die Angel, das Flüsschen, das unseren Hof umschlängelt und mit ihrem immer wiederkehrenden Hochwasser unserem Hof und meiner Familie den Namen Watermann (Wassermann) gab. Es sind die alten Bäume und die Hofgebäude, es sind so viele Menschen, von denen viele schon gestorben sind, die die Bilder meiner Erinnerungen prägen. Hier war mein Zuhause. Bis heute habe ich meine Wurzeln in diesem Erdreich. In mir kommt Stolz auf, wenn ich heimkomme und einbiege zu unserem schönen alten Hof. Seit nunmehr 30 Jahren lebe ich nicht mehr hier. Je länger dieses Fern-der-Heimat-Sein währt, desto deutlicher wird mir, wie wichtig mein Aufwachsen und Arbeiten in der Landwirtschaft für mich ist.

Wir waren viele auf dem Hof und wir Kinder kamen oft unter „ferner liefen“ ... So kommen mir auch die Verletzungen, die ich dort erlitt, in den Sinn: „Kinder, geht aus dem Weg!“ im Sinne von: „Ihr seid eine Last“, oder „Du bist so dünn und schwach und willst Bäuerin werden?“ – ich höre: „Du bist nicht okay.“ Ich denke daran, wie oft ich mithelfen musste, aber gleichzeitig auch: Ich hab hier viel geschafft und bin dabei lebenstüchtig geworden. Wie stolz war ich, als ich mit 13 Jahren an einem Tag 13 Fuder Stroh gepackt hatte! Damals schon konnten meine Eltern eine Woche in Urlaub fahren, denn ich war in der Lage, allein das Vieh – wir hatten damals noch alle Arten – zu versorgen. Mit 17 Jahren konnte ich die Wirtschaft übernehmen für einen großen Haushalt mit Kindern und war kundig in den Dingen, die Garten, Ackerbau und Viehzucht betreffen. Welches 17-jährige Mädchen kann das heute von sich sagen? Trotzdem hatte ich kein Selbstbewusstsein, denn ich war ja „nur ein Bauernkind“, das wenig wusste und nur zu arbeiten verstand.

Als klar wurde, dass auf diesem Hof kein Junge mehr geboren wird, stand rasch fest: Die Älteste wird die nächste Bäuerin. In der Familienchronik unseres Hofes gab es drei Mal eine Margret, und jedes Mal wurde diese Frau die nächste Hoferbin. Meine Eltern hatten den Namen Margret also schon mit Bedacht für mich ausgewählt. Zum Glück lebe ich mittlerweile lange genug um zu verstehen, dass meine Eltern das Beste für mich wollten. Sie lebten und leben noch in einem anderen Weltverständnis als ich. Aus ihrer Sicht konnte nur ein einziges Kind das Glück haben, den Hof zu erben und damit ihr Glück fortzusetzen, als freier Bauer auf freier Scholle auf dem Land zu leben – also selbstbestimmt. Dieses Glück bedurfte keiner weiterführenden Schule. Die beiden anderen Töchter würden sich der Abhängigkeit von Arbeitgebern aussetzen müssen, wenn sie sich ihren Lebensunterhalt „fremdbestimmt" verdienen wollten. Damit das aber möglichst gut gelänge, sollten sie eine gute Schulbildung erhalten. Für mich als künftige Hoferbin bedeutete dies aber, dass ich, obwohl ich Freude am Lernen und Wissenserwerb hatte, nach der Volksschule nicht weiterlernen durfte, sondern einfach nur auf dem Hof blieb.

Ich vermute, dass dies der Grund ist, warum das Thema Gerechtigkeit zu einem Leitmotiv meines Lebens geworden ist. Ich litt daran, dass mir, wie ich es sah, Unrecht widerfuhr. Darum möchte ich bis heute aus tiefstem Herzen, dass alle Menschen die Chance bekommen, ihre Begabungen zu nutzen.

An meinem zwölften Geburtstag meinte meine Oma, jetzt sei die Kindheit vorbei. Wenn die Schulaufgaben erledigt waren, war Mithilfe in Haus, Garten, Stall und Feld angesagt. Da mir aber an selbstbestimmter Zeit gelegen war, versuchte ich, möglichst lange „Schulaufgaben zu machen" – manches Buch hab ich dabei gelesen. Aber irgendwann mussten sie wohl oder übel fertig sein. Vor allem die Hausarbeit, etwa Staubwischen, wo es sowieso schon sauber war, war mir ein Graus. Gerne half ich dagegen meinem Vater bei der Feldarbeit.

Jeden Abend musste ich beim Melken mithelfen, die vollen Eimer durch die Milchseihe in die großen Kannen schütten und Heu in den Trog stecken und später auch selbstständig melken. Die friedliche Atmosphäre im Stall und der Geruch der Kühe gefielen mir. Aber nie konnte ich wie meine beiden „lernenden Schwestern" die Fernsehsendungen des Vorabendprogramms sehen. Wie gern hätte ich damals „Bonanza" angeschaut!

Meine Schwestern konnten inzwischen Englisch und Französisch. Ich fühlte mich neben ihnen wie eine dumme Gans, die nur zum Arbeiten taugt. Ich wurde nie gefragt: „Möchtest du den Hof erben?" Es galt einfach als selbstverständlich, dass es so kommen würde. So blieb ich nach der Schule schlicht „zu Hause", stand am Morgen nach dem letzten Schultag um halb sechs Uhr auf und begann mit dem Melken. Es folgten zwei Jahre voller Unlust. Ich mühte mich erfolgreich, mich vor der Hausarbeit

Klarissa Watermann

1953 als Hoferbin im westfälischen Sendenhorst geboren, erlernt zunächst den Beruf der Bäuerin, danach Erzieherin.
1977 tritt sie in den Orden der Dominikanerinnen von Bethanien ein. Von 1979 bis 1988 leitet sie eine Kinderdorffamilie im ordenseigenen Kinderdorf. 1994 schließt sie das Studium der Sozialarbeit ab und macht eine Ausbildung zur feministischen Liturgin.
Von 2000 bis 2005 ist sie Promotorin für Gerechtigkeit und Frieden im Dominikanerorden in Europa, seit 1996 im Vorstand von SÜDWIND und derzeit Mitarbeiterin der Bahnhofsmission in Frankfurt/Main.

zu drücken. Es gab in unserem Haushalt neben Mutter noch Oma und Tante – und ich sollte auch noch mithelfen! Wenn ich nach der Stallarbeit am Morgen zum Bettenmachen nach oben geschickt wurde, las ich Bücher und ertrug die Schimpfe dafür, dass ich schon wieder nicht beim Kochen mitgeholfen hatte. Manches Mal gab ich vor, dass auf dem Balken ein Stroh- oder Heufach umgeräumt werden müsste – tatsächlich spielte ich an diesem Morgen mit den Katzen. Wie viele Vokabeln hätte ich in diesen Jahren lernen, mich um Geschichte kümmern und Klavier üben können und, und, und!

In diese Jahre fiel auch meine erste Annäherung an das andere Geschlecht. Während ich in der Volksschule bei Jungen und Mädchen etwas zu sagen hatte, spürte ich jetzt zunehmend meine Unsicherheit. Ich war gewohnt, wie ein Mann zu arbeiten, war groß und kräftig geworden, aber eben keine Dame. Ich hatte keine anderen Gesprächsthemen als den Bauernhof, hätte aber gern anderes thematisiert. Ich hatte mich damit abgefunden, meinen künftigen Ehemann unter Bauernjungen finden zu müssen, die ich, bedingt durch mein mangelndes Selbstbewusstsein als angehende Bäuerin, ebenfalls für „dumm" hielt. Zwecklos, nach anderen, „spannenderen" Männern Ausschau zu halten! Ich hatte in diesen Jahren wenig Hoffnung, dass mein Leben interessant und ausgefüllt werden könnte.

Dann kam das dritte Lehrjahr als ländliche Hauswirtschafterin – so hieß der Beruf, den ich erlernte. Ich sollte es auf einem anerkannten Lehrbetrieb verbringen. So landete ich bei einer Familie mit fünf Kindern und den Lehreltern auf einem Hof mit 50 Kühen in einem damals gerade modern gewordenen Boxenlaufstall mit Fischgrätenmelkstand. Auf diesem Hof lernte ich ein anderes Wertesystem als bei uns zu Hause kennen. Hier galt nicht, was die Nachbarn und andere Leute dachten, hier waren die Kinder wichtig. „Die Kinder brauchen unsere Zuwendung, solange sie klein sind. Fenster putzen und Unkraut jäten können wir auch noch später." Generell wurde morgens die Hausarbeit erledigt, nachmittags mit den Kindern gelernt und gespielt. Selbst die Arbeit in der Landwirtschaft hatte nicht den höchsten Stellenwert im Leben.

Zum Glück hatte meine Lehrfrau Geduld mit mir und brachte Verständnis dafür auf, dass ich anfangs nicht einmal in der Lage war, Kartoffeln oder Vanillepudding zu kochen. Aber sie erwartete, dass ich das einmal Gezeigte beim nächsten Mal erklären und beim dritten Mal selbstständig erledigen konnte. Heute noch benutze ich die Grundrezepte aus dem damals angelegten Kochbuch. Und – oh Wunder – ich entwickelte Freude daran, einen Haushalt für acht Personen zu überblicken und zu arrangieren. Gerne bereitete ich die Erstkommunion zweier Kinder und diverse Geburtstagsfeiern mit vor. Mein Lehrherr war Mitglied im Stadtrat. Politisches Interesse wurde groß geschrieben. Ich musste die Zeitung lesen und berichten, was in der näheren und weiteren Welt geschah.

Die Lehreltern erkannten meine Sehnsucht nach etwas anderem als „nur Bauernhof" und sprachen mit meinem Vater. „Bäuerinnen müssen heute nicht nur auf dem Hof arbeiten, problemlos können sie auch halbe Tage auswärts einer Tätigkeit nachgehen", so meine Lehrfrau zu meinem Vater. „Margret kann gut mit Kindern umgehen, sie könnte doch noch Kindergärtnerin werden." Das war's für mich! Mir war es gleich, welcher Beruf da für mich ausgesucht wurde, Hauptsache, es war noch irgendetwas anderes als Bauernhof!

Mein Vater, der ein herzensguter Mann ist und für alle seine Töchter das Beste wollte, ließ sich auf den Gedanken ein und stimmte zu, dass ich zunächst einmal die mittlere Reife nachholen sollte. Meine beiden Schwestern hänselten mich und machten mir deutlich, dass sie mir das nicht zutrauten. Umso mehr wollte ich es ihnen beweisen. Das verschaffte mir die nötige Energie, beim Lernen durchzuhalten.

Ich war fast 18 Jahre, als ich zum ersten Mal selbstständig in eine größere Stadt kam und sah, wie andere junge Leute aussahen. Ich mit Lockenwicklerhaaren und dem von Mutter ausgesuchten Kostüm – die anderen Mädchen mit hautengen Cordhosen und Moonboots, die Jungen mit langen, zotteligen Haaren. Für mich war es eine fremde neue Welt, in die ich mich hineinfinden musste! Am Ende des Schuljahres trug auch ich solche Hosen und Schuhe.

Unser Hof von der Kuhwiese aus

Als ich die Fachschule für Sozialpädagogik besuchte, brachten meine Eltern mich anfangs in einem von Ordensschwestern geführten Internat unter. Da ich inzwischen durchsetzungsfähiger geworden war, suchte ich mir mit Freundinnen eine kleine Wohnung und genoss, was das freie Leben mir bot.

Mein Elternhaus war traditionell katholisch. Wir gingen sonntags zur Kirche wie alle um uns herum. Aber das war es auch. Mit zwanzig hatte ich das Gefühl: Das Kapitel „Gott, Glauben, Kirche" habe ich hinter mir. Wenn ich am Wochenende nicht nach Hause fuhr, ging ich nicht mehr zum Gottesdienst.

Eines der Praktika in der Ausbildung zur Erzieherin musste in der Heimerziehung absolviert werden. Nie zuvor hatte ich mir darüber Gedanken gemacht, dass es so etwas gibt in unserer Gesellschaft. Durch Vermittlung von Mitschülerinnen kam ich in das Bethanien-Kinderdorf nach Schwalmtal-Waldniel, das durch die Dominikanerinnen von Bethanien geführt wird. Mir ging das Herz auf. Nach nur wenigen Tagen wusste ich: Das hier ist meine Welt, hier will ich leben! Was können denn diese armen Kinder dafür, dass sie nicht in ihrem Elternhaus aufwachsen können? Für diese Kinder, denen Ungerechtigkeit widerfahren war, wollte ich da sein!

In jeder Kinderdorffamilie helfen einige Erzieherinnen der Kinderdorfmutter das Leben mit bis zu zehn Kindern zu bewältigen. Dazu gehört auch die Führung des Haushalts. Und den Haushalt führen und Kinder betreuen konnte ich ja! Das hatte ich auf meinem Lehrbetrieb gelernt. In der Fachschule hatte ich dazu Ideen bekommen, wie auf Kinder mit Defiziten kindgerecht eingegangen werden kann. Ländliche Hauswirtschafterin zu sein ist eine gute Grundlage für Kinderdorfmütter!

Es war nicht einfach, meine Eltern dazu zu bewegen, mich ein Jahr in diesem Kinderdorf arbeiten zu lassen, bevor ich wieder als Bäuerin auf den Hof zurückkehren würde. Schließlich willigten sie ein. Das folgende Jahr wurde zum wunderbarsten meiner Jugendjahre. In der Kinderdorffamilie, zu der ich gehörte, erfuhr ich, dass jeder Mensch gleich wichtig ist und auch dann neue Chancen bekommt, wenn etwas daneben geht. Es gab Unternehmungen mit anderen jungen ErzieherInnen, erstes selbst verdientes Geld, erster Urlaub, wachsende Sicherheit im Beruf!

In diesem Kinderdorf, durch Ordensschwestern geführt, galt religiöse Erziehung als integraler Bestandteil der Erziehung. Ich beteiligte mich an einem Arbeitskreis, der die sonntäglichen Gottesdienste vorbereitete. Es machte mir schnell Freude, kindgerechte Formen zu entwickeln, die christliche Botschaft verständlich zu machen. Dabei merkte ich, dass ich selbst überhaupt nicht mehr glaubte, was ich den Kindern erzählte. Davon hatte ich mich ja gelöst! Die Treffen in diesem Arbeitskreis wurden mehr und mehr zu einer persönlichen Auseinandersetzung mit dem Glauben. Schließlich erkannte ich, dass über den Glauben zu diskutieren gut ist, letztlich aber nicht zum Glauben führt. Glauben gehört gewagt und ausprobiert. „Tue mal so, als stimme es, dass es diesen Gott gibt, dass er da ist, wenn du mit ihm sprichst, dass er dir hilft, wenn du es nötig hast, und sieh zu, was geschieht." Und – tatsächlich – der Glaube wurde für mich von da an glaubwürdiger und wichtiger! Dazu erlebten wir die Kinderdorfmütter, die damals allesamt Ordensschwestern waren. Je länger ich dort lebte, umso mehr musste ich mir eingestehen, dass es diese Schwestern waren, von denen die besondere Atmosphäre ausging, die mir so gut gefiel. Sie hatte mit dem Glauben der hier lebenden und arbeitenden Menschen zu tun!

Mit dem „Arbeitskreis Gottesdienst" fuhren wir für eine Woche nach Taizé. Inmitten der Begegnungen von Gottsuchenden aus vielen Ländern, des stundenlangen Singens in der Kirche, des einfachen und glaubwürdigen Lebens der Mönche hatte ich dort irgendwann das Erlebnis, diesem Gott tatsächlich zu begegnen: „Ja, er ist da! Sieht mich! Will mich!" – Diese Tage wurden für mich zum Schlüssel für ein Leben mit Gott. Schnell erkannte ich: Wenn es wahr ist, dass es diesen Gott gibt, dann ist ein Leben, wie es unsere Schwestern im Kinderdorf führen, ein sinnvolles Leben.

Hühner füttern 1963

Sie sind ganz für Gott da und leben aus ihm. Gleichzeitig gab es in mir ein großes Erschrecken: Ich will doch keine solche Nonne werden. Ich soll doch die Bäuerin auf unserm Hof sein, möchte mal Mutter werden. Dennoch: In mir war die Sehnsucht nach diesem Lebensstil geweckt.

Es begann die Zeit, in der ich gern und immer häufiger in die Kirche ging, in der Bibel und in religiösen Büchern las. Vor andern wollte ich freilich nicht als besonders fromm gelten. Da schämte ich mich. Eine Freundin traf bald darauf die Entscheidung, in den Orden einzutreten und lebte offen ihren Glauben. Wie hab ich sie beneidet! Eigentlich würde ich das auch gern wollen – das wusste ich inzwischen!

Nachdem ich insgesamt zwei Jahre im Kinderdorf gearbeitet hatte, zog ich – wie meinen Eltern versprochen – auf den Hof zurück. Ich suchte mir eine Stelle im Kindergarten, engagierte mich in unserer Kleinstadt, in unserer Pfarrgemeinde und hielt Ausschau nach einem passenden Bauern für den Hof und als Ehemann für mich. Im Landwirtschaftlichen Wochenblatt wurde ich fündig. Ich hatte mir keine besondere Liebesgeschichte vorgestellt mit meinem künftigen Mann – ging eher rational, ja funktional an diese Notwendigkeit für das Leben auf einem Hof heran.

Doch dann ereignete sich etwas völlig Unerwartetes: Der gefundene junge Mann war ein so netter. Er übertraf alles, was ich je für mich zu erhoffen gewagt hätte. Er war so groß, größer als ich, intelligent, liebte das bäuerliche Leben, die Tiere und Pflanzen, hatte Visionen für künftige Spezialisierungen unseres Hofes, konnte sich vorstellen, neben eigenen Kindern auch Kinder aus sozialen Missständen in die Familie aufzunehmen – und war dazu religiös! Das Zusammensein mit ihm wurde zu einem großen Geschenk in meinem Leben! Was wollte ich mehr?

Manchmal fuhr ich zu Besuch ins Kinderdorf, sah und erlebte die Schwestern wieder, spürte: Hier gehörst du hin! Ein ganz intensives Leben mit Gott, das war es, was ich über alles in der Welt wollte! Zugleich war da mein Freund – und den wollte ich auch – und die wachsende Zuversicht meiner Eltern, dass ihr Hof in der nächsten Generation weitergeht. Nie wieder in meinem Leben fühlte ich mich so zerrissen, so sehr zu zwei Seiten gleichzeitig hingezogen. Was nur war das Richtige für mich? Konnte es der Wille Gottes sein, dass ich meinen Freund, meine Eltern, meine Schwestern, die auch auf mich gesetzt hatten, den Rest meiner Familie enttäuschte und mich für ein Leben im Kloster entschied? Und was, wenn ich selbst doch nicht glücklich würde ohne Mann, ohne eigene Kinder, ohne Bauernhof?

Schließlich war mir so, als zwänge Gott mich zu einem „Leben mit Ihm". Ich entschied mich nicht mit fliegenden Fahnen, erwartete damals sogar ein ziemlich langweiliges Leben im Kloster mit einem viel zu regelmäßigen Tageslauf, Arbeit und Entbehrung. Ich haderte mit diesem Gott: „Für andere hältst du ein interessantes Leben bereit, für mich ein eintöniges!" Ich litt mit meinem Freund, dem nichts anderes übrig blieb, als einzuwilligen und zu hoffen, dass die Schwestern mich letztlich nicht wirklich in ihre Mitte aufnehmen, sondern wieder wegschicken würden. Ich hatte Mitleid mit meinen Eltern, für die mit meiner Entscheidung die Welt unterging, all ihre Hoffnung. Nicht einmal unserem Pastor gefiel meine Entscheidung: „Kannst du nicht als Bäuerin und Familienfrau deine christliche Berufung leben?"

Aber das Leben im Orden wurde mein Leben und ist es bis heute! Als ich mich für diesen Weg entschied, erschien mir mein Name wie ein Fluch. Kann ein Name die Zukunft eines Menschen bestimmen? Beim Ordenseintritt ist es möglich, einen neuen Namen anzunehmen – so wie man/frau es bei der Eheschließung auch tun kann. Ich suchte nach einem Namen, der etwas mit Licht zu tun hat. Klarissa steht für die Helle/die Klare. Daneben bedeutet mir die heilige Klara viel, die auf diese Weise meine Namenspatronin geworden ist. Aus Margret, der Hoferbin, wurde daher Klarissa. An den Klang meines neuen Namens habe ich mich sehr gewöhnt. Inzwischen sind es 30 Jahre. Ich bin heute Klarissa – wenngleich mich meine Familie weiterhin Margret nennt. Das ist gut so!

Es gefiel mir sehr schnell, mit den Schwestern zu leben und ihren Glau-

Auf dem Lehrbetrieb 1970

ben zu teilen. Im Noviziat genoss ich es, viel über das Selbstverständnis der Dominikanerinnen von Bethanien, die Bibel, die Theologie und andere Glaubende lernen zu können. Das Wichtigste in meinem Ordensleben war es, mit diesem Gott in so eine Vertrautheit hineinzukommen, dass ich heute in Ihm und aus Ihm heraus lebe. „Leben mit Gott" ist die Liebesgeschichte meines Lebens geworden – mit allen dazugehörenden menschlichen Beziehungsgeschichten und durch sie hindurch. Geistliches Leben ist nicht die Spur langweilig, sondern fordert dazu heraus, jeden Tag neu sein Leben mit Gott zu gestalten und seine Führung zu erkennen, die zu immer größerer Lebensfülle führt. Dabei war und ist das Leben im Kloster nicht einfach „easy". Gemeinschaftsleben kostet Mühe, aber es formt den Menschen. Ich glaube, dass es Höhen und Tiefen im Ertragen und Getragenwerden gibt, gerade so wie in einem Eheleben. Am Ende ist es wichtig, zu bleiben und eine gereifte Frau zu werden, eben die, die Gott sich gedacht hatte, als Er mich ins Leben rief.

Nach dem Noviziat war ich neun Jahre Leiterin einer Kinderdorffamilie. Mit insgesamt 16 Kindern habe ich in diesen Jahren mein Leben geteilt. Ich übernahm die Familie, in der ich schon als Erzieherin tätig war, weil die vorherige Kinderdorfmutter zur Oberin der Schwesterngemeinschaft gewählt wurde. So hatte ich von Anfang an schon „große Kinder". Dann durfte ich drei kleine Brüder im Alter von einem, drei und fünf Jahren aufnehmen, die mir sehr ans Herz wuchsen. Die anderen Kinder waren im

Alter zwischen acht und zwölf Jahren. Nach neun Jahren gingen „meine" kleinen Jungs wider Erwarten zu ihrer leiblichen Mutter zurück. Die anderen Kinder waren in der Phase der Verselbstständigung. So war ich plötzlich „kinderlos". Im Rückblick auf diese Zeit kann ich sagen, dass es schön war, als ehelos lebende Frau Mutter sein zu dürfen. Ich glaube, Kinderdorfmutter zu sein ist geradeso wie Muttersein, wunderschön und schwer zugleich. Frau wird an ihre Grenzen von Kraft und Belastungsfähigkeit geführt wie nie und erlebt andererseits das totale Vertrauen von den kleinen Menschen. In der Phase des Erwachsenwerdens der Jugendlichen musste ich wie andere Mütter durchmachen, dass die Kinder genau das Gegenteil von dem tun, was mir gut für sie erschien. Heute weiß ich es zu schätzen, dass ich mit „richtigen" Müttern meine Erfahrungen teilen und Gesprächspartnerin sein kann.

Meine persönliche Betroffenheit als Kinderdorfmutter bewog mich auch zu einem Engagement gegen den „Nato-Doppelbeschluss" und die Stationierung von Cruise-Missiles in der „Initiative Ordensleute für den Frieden". Ich hatte in meinen bisherigen Lebensjahren so viel Schönes durch Gottes Schöpfung erfahren und ich wollte, dass meine Kinderdorfkinder und ihre Kinder und Enkel genauso viel Freude an dieser Welt, Frieden und Gerechtigkeit haben sollten wie ich.

Nachdem die Kinder aus dem Haus waren, erwarb ich mit Zustimmung meiner Oberen mit 36 Jahren die Fachhochschulreife und absolvierte darauf ein Studium der Sozialarbeit, das mir viel Freude machte. Ich bekam Anregungen und Ideen zu Fragen, die mich bewegten: Was kann ich tun, um Menschen Hilfe zur Selbsthilfe zu geben, damit sie gemäß ihrer Würde ein erfülltes Leben führen können?

In der Zeit lebte ich in einem kleinen Konvent, zu dem ein „Haus für Frauen in Not" gehörte. Dies brachte mich mit der „Frauenfrage" in Berührung und ich entdeckte den Feminismus für mich. Ich litt unter der gesellschaftlichen Dominanz von Männern, unter der patriarchalen Kirchenstruktur in der katholischen Kirche, unter der männlichen Gebetssprache und den meist männlichen Gottesbildern und kam in die schlimmste Krise meines Betens hinein. Ich hatte auf einmal keine Worte, keinen Namen mehr für meinen Gott, die für mich stimmten. Das tägliche Psalmengebet machte mir große Mühe. In der Studentinnengemeinde lernte ich die feministische Liturgie kennen, die in kreativer Weise Frauenleben vor Gott ausdrückt und Frauen zu ihrem Befreiungsweg ermutigt.

Mein Anerkennungsjahr machte ich als Gleichstellungsbeauftragte in einer kleineren Stadtverwaltung und lernte so, wie Frauen sich im Einsatz für ihre Ziele politisch organisieren können.

Vor der Tenne beim Warten auf die Kühe 1970

Nach der Wiedervereinigung Deutschlands regte ich die Gründung des „geschwisterlichen Projektes von Dominikanern und Dominikanerinnen“ in Leipzig mit an. Ich hatte eine Arbeitsstelle als Sozialarbeiterin bei der Caritas und gründete eine Tagesstätte für Obdachlose. Es war toll, welche Arbeitsfelder sich für eine frisch gebackene Sozialarbeiterin damals dort auftaten! Das Zusammenleben mit den Mitbrüdern, die ich für die Frauenfrage interessieren wollte, hatte ich allerdings völlig falsch eingeschätzt. In meiner Kindheit hatte ich nie mit Brüdern zusammengelebt und hatte darum auch keine Erfahrung, wie ich sie für meine Ziele interessieren und gewinnen könnte. Auch meinen Mitschwestern blieb oft unverständlich, was ich meinte, wenn ich von Frauenbefreiung sprach. Sie haben die Situation von Frauen einfach anders empfunden als ich.

Im Gespräch mit meinen Vorgesetzten zu meiner weiteren Zukunftsplanung bestand ich darauf, dass mein künftiges Arbeitsfeld etwas mit Gerechtigkeit und Frieden zu tun haben und einen Einsatz für meine feministischen Überzeugungen ermöglichen müsse. Im Vorstand von SÜDWIND, einem ökumenischen Institut, das sich für eine gerechtere Weltwirtschaft und dem Kampf gegen das wirtschaftliche Ungleichgewicht auf der Welt einsetzt, wurde 1996 eine katholische Frau für die Vorstandsarbeit gesucht. Das passte. Konkret unterstütze ich im Fachbereich „Frauen und Wirtschaft“ unsere Mitarbeiterin derzeit bei der „Kampagne für saubere Kleidung“.

In der evangelischen Akademie Gelnhausen durfte ich an einem Ausbildungskurs für feministische Liturgie teilnehmen. Dabei habe ich viele Frauen kennen gelernt, die mir Mut machten für meinen Weg. So habe ich seit dieser Zeit immer wieder Liturgien mit Frauen gefeiert. Besonders lieb sind mir die alten Jahreskreisfeste geworden – Sonnen- und Mondfeste, bei denen ich neben dem originalen Ursprung auch weiterführende christliche Aspekte sichtbar mache und zur Geltung bringe.

Die „Initiative Ordensleute für den Frieden" stellt heute neoliberales Wirtschaften im Kapitalismus als Gesetz des Welthandels in Frage. Sie veranstaltet monatliche Mahnwachen vor den Türmen der Deutschen Bank in Frankfurt a.M. und eine jährliche Aktionswoche mit den Slogans „Unser Wirtschaftssystem geht über Leichen", „In euren Häusern ruht das geraubte Gut der Armen", „Die Macht des Geldes durchkreuzen". Bis heute sind wir eine Protestgruppe, die Aufsehen erregt und Nachdenklichkeit erzeugt. Ich lebe inzwischen in Frankfurt und damit am Ort dieses Protestes.

Im Jahr 2000 wurde ich für sechs Jahre zur Promotorin (Anregerin/Bewegerin) für Gerechtigkeit und Frieden für Europa berufen. Auf Erdteilebene arbeiten immer ein Bruder und eine Schwester zusammen und versuchen vor allem, Mitschwestern und Mitbrüder für diese heute grundlegenden Anliegen im Orden zu sensibilisieren. Der Einsatz für das Reich Gottes – so wie Jesus die Welt wollte – bedeutet heute, politisch aktiv zu werden für Menschenrecht und -würde überall. Besonders eindrücklich war es für mich, dass ich beim Weltsozialforum in Bombay/Indien dabei sein konnte und dort ausdrücken konnte: „Eine andere Welt ist möglich."

Eine Amtszeit – drei Jahre – war ich Priorin in demjenigen unserer deutschen Klöster, das die meisten alten Schwestern beherbergt. Dort gibt es auch eine Pflegestation. Es hat mir viel Freude gemacht, diesen Schwestern nahe zu sein und mit ihnen nach Möglichkeiten zu suchen, wie sie auf dem letzten Wegstück selbstbestimmt, wenngleich mit der nötigen Unterstützung, ihr geistliches Leben so leben können, dass es ihnen gut dabei geht.

In diese Zeit fiel auch ein Kirchenasyl in unserm Konvent. Wir beherbergten acht Monate lang eine kurdische Familie, bis die Polizei sie aus unserer Hauskapelle räumte. Aber – mit weltweitem Engagement aus dem Dominikanerorden – schafften wir es trotzdem, dass die ganze Familie heute in Deutschland Bleiberecht hat.

Vor gut einem Jahr verspürte ich den dringenden Wunsch, wieder unmittelbar als Sozialarbeiterin unter Menschen zu wirken und ihrer Not direkt ins Gesicht zu sehen. So lebe ich jetzt in einer kleinen Gemeinschaft unseres Ordens in Frankfurt und bin bei der Bahnhofsmission tätig. Es ist gut für mich, wieder bei den Menschen im Alltag zu sein. Ich glaube, das war es, was mich einst vom Hof weggezogen hat. So sehr ich Pflanzen, Tiere und das wunderschöne Leben auf dem Land liebe, ich gehöre zu den Menschen. Jeder/jede Einzelne ist ein Ebenbild Gottes, so vielfältig und interessant, bei ihnen ist mein Platz.

Ich sprach von meiner Angst, dass mein Leben im Kloster langweilig und eintönig werden könnte. Das Gegenteil ist eingetreten. Für mich hat sich darin schon die Zusage Gottes erfüllt, dass, wer um des Reiches Gottes willen Haus und Eltern verlässt, schon hier auf Erden das Vielfache erhält (vgl. Lk 18,30). Vielleicht ist es das, was andere spüren, wenn sie mir sagen: „Im Kloster müsste man sein!"

Was ist aus unserm Hof geworden? Dort, wo früher eine Großfamilie mit Gesinde Platz fand, leben heute nur noch meine Eltern. Nach meinem Weggang gab es eine lange Zeit des Hin und Her. Schließlich wurden Gebäude und Äcker an den Nachbarn verpachtet, der damit eine Betriebsgröße hat, die (noch) bestehen kann in dieser agrarpolitisch schwierigen Zeit. Meine jüngste Schwester, die in unserer Kleinstadt verheiratet ist, ist jetzt Besitzerin des Hofes. Von Beruf ist sie Grafik-Designerin, derzeit hat sie ein Mandat im Landtag von Nordrhein-Westfalen inne und ist im Ausschuss für Umwelt und Naturschutz, Landwirtschaft und Verbraucherschutz tätig. Meine andere Schwester ist Goldschmiedin geworden und hat in Köln einen kleinen, aber feinen Laden.

Meine Eltern litten noch lange unter meiner Entscheidung, ins Kloster zu gehen, und fanden anfangs häufiger, „dass ich ja jetzt meinen Willen gehabt hätte" und wieder auf den Hof zurückkomme könne. Seit ich „ewige Profess" gemacht, mich also lebenslang zum Klosterleben verpflichtet habe, empfinde ich ihr wachsendes Einverständnis mit meiner Entscheidung. Heute sind sie sogar manchmal stolz, was „ihre Älteste" alles macht, „mit wem sie zusammen ist" und „wo sie herumkommt".

Mein Freund hat eine andere liebe Bäuerin mit einem Hof gefunden. Ihre drei Kinder sind inzwischen auch schon groß.

Aber manchmal träume ich auch: Was wäre wohl aus mir geworden, wäre ich Bäuerin geblieben, oder was, hätten meine Eltern mich sofort studieren lassen? Heute glaube ich, die damals ausgehaltenen und überwundenen Frustrationen haben mich stark gemacht. Ich blicke heute voll Dankbarkeit zurück auf meine Herkunft. Ich bin versöhnt mit meiner Lebensgeschichte. Es geht mir gut mit meiner Entscheidung, als Ordensfrau mein Leben zu gestalten. Das Leben hat mich weit gebracht!

Was ist es, was mich heute noch an meine bäuerlichen Wurzeln erinnert?

Kühe sind bis heute meine Lieblingstiere geblieben. Im Noviziat hatte ich manchmal Heimweh nach der Stallarbeit, der Atmosphäre und dem Geruch beim Melken. Dann bin ich mit dem Fahrrad zu einer Kuhwiese gefahren und habe den Duft ganz tief eingeatmet. Noch heute trinke ich meinen Kaffee aus Kuhtassen und habe ein Kuhfensterbild an meinem Fenster. Meine Freunde wissen um meinen Kuhtick und schenken mir so etwas. Wenn ich für größere Anwesen Sorge zu tragen hatte, fühlte ich mich wie bei der Sorge für unseren Hof – ob es unser Kinderdorffamilienhaus war, das Schwesternhaus in der Zeit, als ich Priorin war, oder das ganze Kinderdorf. Es ist schön, für Großes Verantwortung zu tragen. Immer habe ich einen Garten oder wenigstens ein Gärtchen gehabt – zu Zeiten der Kinderdorffamilie einen größeren, derzeit nur einen Balkon. Ich muss etwas mit der Erde zu tun haben und den Pflanzen, die sie hervorbringt. Das ist mir so sehr Sinnbild des Lebens und Sterbens, zu dessen Kreislauf ich gehöre. Wenn ich morgens um 6 Uhr (fast) allein mit dem Fahrrad in Frankfurt zur Arbeit fahre und dabei zwischen den hohen Banktürmen durchkurve, höre ich den Vögeln beim Morgengezwitscher zu und begrüße die Kaninchen, die um diese Zeit auf den Grünflächen grasen. Dann spüre ich die Leichtigkeit des Seins und die Schönheit des Lebens wie einst, wenn ich um diese Zeit morgens allein auf der Kuhwiese unterwegs war, um die Kühe zum Melken hereinzuholen.

Es gibt so viele Orte auf dieser Erde, die schön sind. Aber ich finde bis heute, das Münsterland ist der schönste Platz, den Gott geschaffen hat, und hier durfte ich aufwachsen. Hier sind meine Lebenswurzeln. Hier ist meine Heimat. Von hierher ist Kraft in mich hineingewachsen, die mich stark sein lässt im Leben. Von ganzem Herzen wünsche ich mir, dass weitere Generationen von Menschen hier auf unserem Hof im bäuerlichen Milieu Wurzeln bekommen und stark werden, um von hier dann auszugehen, um an der Verbesserung der Welt zu arbeiten. Bäuerliche Wurzeln geben Halt!

Wilhelm Schmid

Vom Glück der Fülle und dem Wert des Unzufriedenseins

So lebte man nicht als Junge! Bücher lesen und zu Hause hocken und sogar selber noch schreiben! Da musste man Streiche anstellen, Kämpfe miteinander ausfechten, Fäuste mussten da fliegen. Das konnte ich nie. Das war nie mein Ding. In der Jugend war das ein Problem mit meinen intellektuellen, geistigen Interessen und Ansprüchen. Da war ich ganz fehl am Platz. Nicht unbedingt in meinem Elternhaus, aber in meinem Dorf. Mein Drang war, solange ich denken, lesen und schreiben kann: Bücher zu schreiben. Das war mein Lebensinhalt: Bücher zu schreiben und eng mit der Natur verbunden zu sein und möglichst ein vollkommen freies Leben zu führen und meinerseits Kinder zu haben.

Das Leben auf dem Bauernhof hat mir schon früh einen sehr starken Eindruck vermittelt, was für eine wunderbare Sache ein freies Leben ist. Ein Bauer betrachtet sich als vollkommen frei, weil er auf eigenen Füßen existiert. Kann sein, dass Leute von außen Bauern für unfrei halten. Aber der Bauer hat sein eigenes Land, er hat sein eigenes Haus, er hat seinen eigenen Garten, in dem er sein eigenes Gemüse anbaut. Es können schlimme Zeiten kommen – aber er baut immer noch sein eigenes Gemüse in seinem Garten an und kann seine Familie ernähren. Das sorgt für ein hohes Maß an Autarkie und Bewusstsein, das damit verbunden ist – ich nenne das mal ein freies Bewusstsein. So habe ich meinen Vater wahrgenommen. Mein Vater war absolut glücklich auf seinem Bauernhof. Er hat ihn buchstäblich nie verlassen. Er ging weder auf Urlaubsreisen noch auch nur auf Ausflugsreisen: Nichts! Für ihn war sein Bauernhof der schönste Ort der Welt und heute glaube ich, dass er damit Recht hatte.

Aufgewachsen bin ich auf einem kleinen Bauernhof mit einem großen Garten. Darin standen viele Obstbäume, die wir als Kinder alle erobert haben. Natürlich mussten wir bis zur Spitze klettern, um oben eine Fahne zu pflanzen. Einmal ist auf dem höchsten Baum ein Ast abgebrochen, es ging ab in die Tiefe und ich wusste, das kann es jetzt eventuell gewesen sein. Zum Glück stand ein anderer Ast im Weg, der mich aufgehalten hat. Sonst wäre ich zehn Meter runtergerasselt mit unabsehbaren Konsequenzen. Im Stall standen rund zehn Kühe, genauso viel Jungvieh und ein ganzer Stall voller Schweine, die immer auch mal wieder Junge hatten. Dann war es unsere Aufgabe aufzupassen, dass die Muttersau die Kleinen nicht zerquetschte, diese kleinen rosigen Ferkel mit ihrer zarten Haut, ich spüre es noch heute in den Fingern – noch zarter als Babyhaut – die rumquietschten und durcheinanderpurzelten.

Auch Hühner gab es auf dem Hof – einmal hat eine Henne ihre Jungen nicht angenommen, was verständlich war, weil meine Mutter ihr die Eier zum Brüten untergeschoben hatte. Ausnahmsweise hat die das mal bemerkt, normalerweise tat sie das nämlich nicht. Eine ganze Brut von fünf Küken hat die Henne nicht angenommen. Für solche Dinge war ich dann zuständig. Die Küken akzeptierten mich sofort als Leithenne. Und das ging über Monate, teilweise noch zwei bis drei Jahre lang. Selbst als sie groß waren, liefen sie mir immer noch hinterher. Ich musste dann mit ihnen im Garten rum und denen pick, pick, pick zeigen, wo es was zu picken gab. Wahnsinnig schön! Ich hatte eine wunderschöne Kindheit und erst beim genauen Besinnen fallen mir die schwierigen Aspekte ein, die es schon auch gab. Wir mussten als Kinder sehr viel mitarbeiten. Der Bauernhof war klein, man konnte sich keine bezahlten Arbeitskräfte leisten. Aber wunderschön war es eben trotzdem, denn es blieb immer noch ausreichend Zeit, um rauszugehen in den Wald. Das war für mich als Kind und noch als Jugendlicher das Größte. Ich bin bei jeder denkbaren Gelegenheit raus in den Wald und habe den Wald durchstreift – vor allem mein eigenes Revier. Wir, d.h. die interessierte Dorfjugend, hatte sich den Wald in verschiedene Reviere eingeteilt und unser jeweiliges Revier haben wir gepflegt und die Tiere dort beobachtet, insbesondere die Vögel. Wir haben sogar eine Vogelschutzjugendgruppe gegründet. Ich habe einfach einen Narren gefressen an Vögeln und habe auch zu Hause immer Vögel gehabt. Zeitweise sogar recht viele, z. T. exotische, aber auch heimische, die ich entweder selber gefunden hatte oder die mir zugetragen worden waren: Am Flügel verletzte oder aus dem Nest gefallene Vögel habe ich heimgenommen und sie dann aufgezogen. Da kleine Vögel – noch viel öfters als Babys – alle halbe Stunde was zu fressen brauchen, musste ich sie in die Schule mitnehmen. Das habe ich dem Hausmeister in der Schule erklärt und dann hat der, während ich im Unterricht war, die Aufgabe übernommen und in der Pause kam ich wieder. Großartig! Manche der Vögel hatte ich jahrelang.

Damals war die gesamte Grundschule noch im Dorf. Das war noch das veraltete Modell, auf das man heute wieder zurückgreift. Weil vieles, was

Wilhelm Schmid

Wird 1953 in Billenhausen in Bayerisch-Schwaben geboren und lebt seit 1980 als freier Philosoph in Berlin. Er studiert Philosophie und Geschichte in Berlin, Paris und Tübingen, promoviert 1991 in Tübingen über Lebenskunst im Werk von Michel Foucault und habilitiert 1997 in Erfurt mit der Grundlegung zu einer Philosophie der Lebenskunst.
Es folgen Lehrtätigkeiten an der Universität Leipzig (1990–91), TU Berlin (1991–92), PH Erfurt (1993–99), Universität Jena (1999–2000). Seit 2001 lehrt er als außerplanmäßiger Professor für Philosophie an der Universität Erfurt. Als Gastdozent ist er von 1991 bis 2000 an der Universität Riga in Lettland und von 1997 bis 2006 an der Universität Tiflis in Georgien tätig. Von 1998 bis 2007 arbeitet er regelmäßig als „philosophischer Seelsorger" an einem Krankenhaus in der Schweiz.
Zuletzt erschienen:
Schönes Leben? Einführung in die Lebenskunst (2000)
Mit sich selbst befreundet sein (2004)
Die Kunst der Balance (2005)
Die Fülle des Lebens (2006)
Glück (2007).
Der Text wurde aufgezeichnet nach einem Gespräch am 26. Juni 2007 in Stuttgart.

alt ist, eben gut ist. Da saßen vier Klassen zusammen in einem Raum. Und heute weiß man, dass das eine ganz kluge Einrichtung ist, um vielfältiger zu bilden, weil die Kinder, die Kleineren schon was mitkriegen von den Älteren. Wenn sie ein Interesse daran haben. Das war bei mir ganz stark der Fall. Bis zur sechsten Klasse war ich dann in dieser Schule im Dorf. Dann waren die Noten so gut, dass auf mich eingeredet worden ist von allen Seiten, ich müsse unbedingt eine höhere Schule besuchen. Das war für mich nun allerdings das Schlimmste, was es nur gab, denn das hieß, mein Dorf zu verlassen, und ich war zu der Zeit vollkommen in dieses Dorf verliebt und konnte mir nichts anderes vorstellen. Ich habe verhindern können, aufs Gymnasium gehen zu müssen, aber dafür stand mir die Realschule bevor.

Diese musste ich in der Stadt besuchen. Das hat mir ein ganz anderes Leben erschlossen, das ich so stark in mich reingesaugt habe, dass die Noten furchtbar schlecht geworden sind. Ich habe mit knapper Not die mittlere Reife erreicht. Mit sehr knapper Not!

Jetzt ging der Zug in die ganz andere Richtung. Der Duft der großen weiten Welt hat mich jetzt gelockt und ich wollte in eine große Stadt. Die nächstliegende große Stadt war nun mal Augsburg, wo mein zweitgrößter Bruder schon Jahre zuvor eine Lehre gemacht hatte. Von daher war dies nicht so ganz aus der Welt. Meine Eltern haben für mich noch ausgesucht, was ich dort machen muss. Nämlich eine Lehre als Schriftsetzer. Zu meinem Verdruss. Das war nicht meine Idee, aber ich hatte genügend Hochachtung vor meinen Eltern, um das auch wirklich zu machen, obwohl ich in den ganzen drei Jahren keinen einzigen Tag glücklich war. Das war eine Qual von Anfang bis zum Ende. Morgens um 7 Uhr dazustehen. So was kannte ich doch nicht von meinem freien Leben auf dem Bauernhof. Gut – ich musste morgens zur Schule. Aber da musste ich jetzt morgens um 7 Uhr antanzen und dann Befehle von fremden Leuten befolgen. Das war ja noch Lehre nach der alten Machart. Es war zwar schon 1968 und das hat uns Lehrlinge auch erfasst, aber mit Verzögerung. Wir haben uns vieles noch nicht so getraut und das halte ich auch für richtig – es muss Autoritäten geben.

Diese Lehre habe ich gemacht und erkannte erst viele Jahre später, wie klug meine Eltern das ausgesucht haben, den angehenden Intellektuellen mit einer handwerklichen Lehre in intellektuellem Metier auszustatten. Das hat mir so viel geholfen, schon meine ganze Karriere hindurch als Publizist und Schriftsteller. Ich weiß einfach, was da technisch passiert und ich kann immer gut teilhaben an den technischen Entscheidungen, die im Umfeld eines Buches getroffen werden müssen. „Die Eltern meinen es gut und die Eltern haben dies so für mich ausgesucht und deshalb werde ich dies zu Ende machen. Das war ganz sicher. Genauso sicher war, dass ich am Tag danach weg sein werde. Am Tag danach!"

Und ich habe mir etwas geschworen in diesen drei Jahren, an vielen Stunden und Tagen, an denen ich dagestanden bin – denn Schriftsetzer war ein stehender Beruf. In dieser Zeit habe ich mir geschworen: Ich werde in meinem Leben alles tun, um ein völlig freies Leben führen zu können und um möglichst Bücher zu schreiben und von diesen Büchern zu leben. Der Schwur stammt aus dieser Zeit und ich bin nicht wenig stolz, dass ich diesen Schwur eingehalten habe. Sicher, ich lebe heute in einer Familie und man könnte sagen: Aber du bist doch gar nicht frei, du bist ja gebunden. Ja,

Jugendfoto 1967

aber das ist die gestaltete Freiheit. Die erste Freiheit ist, sich zu lösen, sich zu befreien, die gesteigerte Freiheit ist, aus freiem Entschluss wieder Bindungen einzugehen und zu diesen Bindungen zu halten.

Dann wäre es natürlich nun an der Zeit gewesen, endlich das Abitur nachzuholen. Aber ich wollte erst mal ein bisschen Geld verdienen und auch andere Horizonte sehen, so bin ich für vier Jahre zur Bundeswehr gegangen. Eine sehr, sehr wichtige Zeit. Ich habe die wertvollsten Freunde meines Lebens dort gefunden, die ich bis heute habe. Und ich habe eine klare Orientierung gewonnen, wo ich hin soll. Das war noch eine Zeit, bei der Bundeswehr, wo es nicht um Auslandseinsätze ging, d. h., die meisten hingen so rum und besoffen sich und ich wusste schon was anzustellen mit meiner Zeit. Konnte viel lernen. Hab mich regelmäßig an Aufsatzwettbewerben beteiligt in der ganzen Bundeswehr und habe sie regelmäßig gewonnen. Und wusste dann endgültig, wo meine Stärken liegen und dass ich die ausbilden muss.

Die Unterstützung des Staates durch BAföG hat es mir erlaubt, die Schulbank nochmals für volle drei Jahre zu drücken. Ein Privileg sondergleichen. Ich bin sehr stolz, in einer Gesellschaft zu leben, die Menschen, die den ersten Bildungsweg nicht gehen oder nicht gehen können, dieses erlaubt. Ich habe das unendlich genossen. Ich weiß noch, wie ich die ersten Tage – und so ging's im Grunde die ganzen drei Jahre – kaum fassen konnte, dass ich jetzt einfach nur da bin, um zu lernen. Und jetzt war ich so weit zu wissen, was das bedeutet: lernen und sich Bildung aneignen zu können. Und ich hab das voll und ganz in mich aufgesogen – so viel ich nur konnte. Im Fach Deutsch, egal welche Arbeit geschrieben wurde – ich gab sie als Erster ab und bekam standardmäßig eine Eins dafür, was noch deutlicher gezeigt hat: Das ist der Weg, auf dem Weg gehst du weiter. Ich hatte einfach Freude am Lernen, tat mich auch nicht schwer damit, hatte genügend Zeit, um Freundschaften zu schließen und natürlich auch Liebschaften zu pflegen, und hab die ganzen drei Jahre als eine der glücklichsten Zeiten meines Lebens in Erinnerung.

Nach dem Abitur war für mich auch klar, was ich studieren wollte, nämlich Philosophie und im zweiten Hauptfach Geschichte. Eine Klassenfahrt in diesen Jahren führte nach Berlin. Als der Bus nach Berlin reinfuhr, wusste ich: Das ist meine Stadt. Von daher war ganz klar, dass ich in Berlin studieren wollte. Das war vor 27 Jahren, das ist bis heute so geblieben. Berlin ist meine Stadt! Die ungeheure Freiheit, die Lässigkeit, die hohe Intellektualität unter den Leuten, mit denen man anspruchsvolle Gespräche führen konnte, faszinierten mich. An den ersten Besuch in der Staatsbibliothek erinnere ich mich noch genau. Ein riesiger Bau mit riesigen Freiräumen, in denen man beim Betreten buchstäblich den Geist einatmen konnte. Da fühlte ich mich angekommen. Und ich wusste: Hier möchte ich leben.

Das war dann erst mal sehr schwierig. Der Eindruck war wohl richtig – es herrschte ungeheure Freiheit in einer solch großen Stadt. Aber darauf war ich nicht vorbereitet. Ich wusste nicht, dass es auch etwas kostet, Freiheit zu bewältigen. Das musste ich mühsam lernen. Und ich habe es gelernt! Es gab zwar später dann einen Einbruch, wo ich nicht mehr so recht gewusst habe, wie damit zurechtzukommen, und da habe ich dann entschieden: Fürs Studium ist es besser, ich gehe in eine kleine, überschaubare Stadt, in der es nur Studium gibt und sonst nicht viel. Denn die Ablenkungsmöglichkeiten in Berlin waren immens und das Studium blieb auf der Strecke. Deshalb habe ich drei Jahre in Tübingen studiert, als Tübingen zu eng wurde, habe ich in Paris weiterstudiert. Dort habe ich mich restlos verloren und bin vollkommen auf den Hund gekommen. Paris war noch die x-fache Steigerung von Berlin: vollständige Anonymität, vollständige Freiheit, und da bin ich wirklich schier untergegangen, im buchstäblichen physischen Sinn. Das war der schlimmste Punkt meines Lebens. Aber ich verdanke dem schlimmsten Punkt meines Lebens meine große Orientierung im Leben. Denn damals wurde mir klar: Es geht um Lebenskunst. In der Philosophie ist das meine Aufgabe: Lebenskunst neu zu begründen, sie persönlich auch zu lernen und so viel wie möglich anderen Menschen davon weiterzugeben, wenn ich ein bisschen was gelernt habe.

Ich hatte in der Philosophie vermutet, dass es dort um Leben geht, um Leben besser zu verstehen und letztens Leben zu lernen. Und genau darum ging es nicht. Das war etwas, was ich nicht verstanden habe. Das hat allerdings nicht dazu geführt das Studium aufzugeben, sondern weiterzusuchen. Und ich habe dann Bücher entdeckt – Bücher waren immer meine wichtigste Lebenshilfe –, Bücher entdeckt von dem französischen Philosophen Michel Foucault, der ganz anders gesprochen hat als die deutschen Philosophen: von Macht, von Sex, von Erotik, das war in der deutschen Philosophie nicht salonfähig, so was. Aber er war eindeutig Philosoph und schrieb schwierige Bücher, was ja ein Ausweis von Philosophie ist. Wenn es schwierig wird, muss es auch Philosophie sein. So übersetzt man das bis heute.

Dann habe ich beschlossen: Bei dem studiere ich weiter. Auf Umwegen kam es auch dazu, just zum selben Zeitpunkt starb er allerdings und mir blieben wieder nur Bücher von diesem Menschen, jetzt in Paris. Und in diesen Büchern schrieb er von der antiken Philosophie, von der ich noch nicht viel wusste, und behauptete, die antike Philosophie, also in den Zeiten des Sokrates, des Aristoteles, des Epikur, Seneca sei es der Philosophie um Lebenskunst gegangen. Und ich habe sofort bemerkt, das ist es, was ich gesucht habe – denn das war mein Stichwort. Lebenskunst! Ich war glücklich, dass in der Philosophie doch zu finden war, was ich da drin vermutet habe. Erst resultierte daraus nun die Herausforderung, mich selber kundig zu machen, zu prüfen, ob das stimmt mit der Lebenskunst in der antiken Philosophie. Und das erforderte erst mal, Latein und Griechisch nachzuholen, um dann die Texte im Original lesen zu können und zu sehen: Foucault hatte recht! Das war für mich dann der Ansporn zu überlegen, wer schreibt die Philosophie der Lebenskunst für unsere Zeit? Und dann zeigte irgendwo aus dem schwarzen Dunkel ein Finger auf mich und ich habe es akzeptiert.

Meine Eltern haben mir auf diesem ganzen Weg nie dreingeredet. Nach der Schriftsetzerlehre haben sie keine weitere Vorgabe gemacht. Da gab es von meinem Vater ein vollständiges Vertrauen, dass ich das Richtige machen werde. Vollständig! Da staune ich noch heute darüber, weil mein Ausbildungsweg exzessiv lang war und lange Zeit nicht klar war, was wird definitiv herauskommen? Aber die Familie ist nicht nervös geworden. Am allerwenigsten nervös ist mein Vater geworden, der mich immer nur stumm und manchmal auch ausdrücklich einfach bestärkt hat, meinen Weg so zu gehen, wie ich das für richtig halte. Das ist etwas, was ich von zu Hause mitbekommen habe: ein großes, großes Zutrauen. In mich selber, in die Welt, ins Leben! Das weiß ich erst in heutiger Zeit zu schätzen, was das für ein ungeheurer Schatz ist, ein solches Zutrauen ins Leben zu haben. Ein geradezu absolutes Gottvertrauen, wie man es auf dem Land nennt. Ob das was mit Gott zu tun hat oder nicht, das sei dahingestellt. Aber ein vollständiges Vertrauen! Ich komme heute mit so vielen Menschen zusammen, die genau dies nicht haben. Weil sie nicht das Privileg hatten, in solchen Verhältnissen groß geworden zu sein – in schwieriger Zeit mit äußerst begrenzten materiellen Mitteln, die teilweise nicht einmal dazu gereicht haben, dass alle satt wurden, und trotzdem dieses vollständige Zutrauen ins Leben. Oder vielleicht gerade deswegen! Gerade Menschen, die zu viel haben, haben oft gar kein Vertrauen ins Leben, weil sie zu jeder Zeit Angst haben, ihr Zuviel zu verlieren. Das geht nämlich schneller, etwas zu verlieren als etwas zu gewinnen.

Ich hätte den Weg nicht gehen können ohne die Ausstattung, die ich von zu Hause mitbekommen habe – die Fähigkeit, Dinge durchzustehen, die viele jungen Leute heute nicht mehr mitbekommen von zu Hause und die mir so wichtig erscheint im Leben. Dinge manchmal einfach stur durchzustehen, auch wenn man den Sinn augenblicklich nicht sehen kann. Die Kräfte, die dazu notwendig sind, die verdanke ich meinem Elternhaus und der ländlichen Welt, aus der ich komme. Ländliche Welt bringt immer mehr Kraft mit sich, habe ich den Eindruck, als städtische Welt. Und auch die Hochschätzung von Religion, von der ich überzeugt bin, das werden die modernen Menschen erst wieder entdecken müssen. Dies ist in vielen Fällen hilfreich, weil sinnstiftend! Das ist ja das, was viele moderne Menschen suchen: Sinn! Und sie verstehen es nicht, den Sinn sich selber zu schaffen. Das ist nämlich nicht so leicht. In der Religion steht Sinn in Hülle und Fülle zur Verfügung. Und auch die Tradition heute wieder zu entdecken. Das werden alles Dinge sein, die in den nächsten Jahrzehnten ganz stark zurückkommen werden und doch nicht mehr dieselben sein werden. Denn etwas, was man aus freien Stücken sich wieder ins Leben holt, ist nicht dasselbe, wie wenn das einem als selbstverständlich erscheint oder gar aufoktroyiert wird, ohne dass man sich das ausgesucht hat. Eine Religion, die man selbst wählt, ist eine andere Religion als die, der man einfach blind folgt, weil man nichts anderes kennt. Es ist ein Unterschied, ob ich eine Tradition befolge, sagen wir, bestimmte Feste traditionell feiere, Weihnachten traditionell feiere, weil ich das möchte, oder es tue, weil das einfach nicht anders geht, weil man es so macht.

In dieser Kultur auf dem Land gab es kein Defizit. Sondern alle Menschen wussten, wie sie zu leben hatten. Aber nicht aus eigener Überlegung, sondern weil sie der Religion gefolgt sind, der Tradition gefolgt sind, der Konvention gefolgt sind. Sie lebten, so wie man eben zu leben hat. Das geht so lange gut, solange keine Modernisierung in diese Welt einbricht. Ich bin damals in die Stadt gezogen und in der Stadt war Modernisierung: keine Religion mehr, keine Tradition mehr, keine Konvention mehr. Anfangs in Augsburg war das noch eine milde Erfahrung. In Berlin und in Paris waren das dann brutale Erfahrungen. Moderne, in der es nicht mehr die geringste Orientierung gab. Daher auch die neue Herausforderung von Lebenskunst. Es muss eine Lebenskunst sein, die auf die moderne Zeit antworten konnte und die nicht einfach wieder Zuflucht nimmt bei Religion, bei Tradition und Konvention. So lieb und teuer mir die selber sind. Aber sie können für das moderne Leben in vielen Punkten keine Wegweiser sein. Das war erst mal mein persönliches Problem. Aber umso mehr ich damit in die Öffentlichkeit gegangen bin, umso mehr habe ich bemerkt, dass das ein Problem von vielen ist. Damit hat das natürlich noch eine andere Bedeutung gewonnen. Und das hat sich im Laufe der Jahre nur noch verstärkt. Heute hat die Ratlosigkeit der modernen Menschen Ausmaße angenommen – das ist epidemisch.

Solche Lebenskunst hat etwas mit Glück zu tun. Glück ist ein schwieriger Begriff, weil er unterschiedlich definiert werden kann. Ich für mich persönlich definiere ihn als Glück der Fülle. Und Fülle heißt, die ganze Fülle des Lebens zwischen den positiven und den negativen Erfahrungen. Beides gehört zum Glück. Wer versucht, nur auf die Weise glücklich zu sein, dass er die positiven Erfahrungen für sich behält und die negativen ausschließt, macht sich zutiefst unglücklich. Denn die negativen Seiten des Lebens lassen sich nicht ausschließen. Es ist nur die Frage, ob man sie mit hereinnimmt, bewusst mit hereinnimmt und bejaht oder ob man dagegen ankämpft und sich dabei ganz sicher verkämpfen wird.

Zufriedenheit ist ein relativer Begriff. Ich verdanke etliches in meinem Leben dem Umstand, dass ich nicht zufrieden war mit meinem Leben, und von daher weiß ich um den Wert des Unzufriedenseins. Das soll nicht heißen, dass das Zufriedensein gar keine Bedeutung hat – das darf ab und zu schon mal vorkommen. Aber man soll's nicht übertreiben mit dem Zufriedensein, sonst schläft man ein.

Wenn ich jemals glückliche und zufriedene Menschen kennen gelernt habe, dann waren es meine Eltern. Aber: nach dem Maßstab des Glücks der Fülle. Die haben unendlich schwere Zeiten erlebt. Meine Mutter kam aus noch ärmeren Verhältnissen als bei uns zu Hause. Sie erzählt mir heute noch, dass sie, als sich mein Vater um sie beworben hat, zu ihm gesagt hat: Was willst du denn von mir? Ich bin doch ein ganz armes Mädchen. Und dass mein Vater dann zu ihr gesagt habe: Habe ich dich gefragt, was du hast oder nicht hast? Ich habe nur gefragt, ob du meine Frau werden willst. Es war ein Paar, das sich geliebt hat das ganze Leben hindurch, bis mein Vater gestorben ist. Und sie liebt ihn darüber hinaus und ist auch sehr sicher, dass sie nach ihrem Tod wieder mit ihm vereint sein wird. Das ist für sie so sicher wie das Amen in der Kirche. Und ich ziehe den Hut davor und ich staune und ich glaube, ich werde davon einiges übernehmen. Weil das sehr überzeugend ist. So kam sie auf den Hof und sie musste hart arbeiten. Es mussten alle hart arbeiten, aber meine Mutter musste überhart arbeiten. Familienmutter zu sein von sechs Kindern und – das war die traditionelle Rollenverteilung – zuständig zu sein für den ganzen Stall. Natürlich haben sie immer alles zusammen gemacht. Mein Vater hat sich abseits der traditionellen Rollenverteilung viel stärker um die Kindererziehung gekümmert, als das sonst im Dorf üblich war. Er stand meiner Mutter zur Seite, wo immer er nur konnte, und rannte von früh bis spät. Anders kenne ich meinen Vater nicht. Und zwar freudig. Arbeit war keine Qual für ihn.

Mein Vater war im Zweiten Weltkrieg, das einzige Mal, dass er vom Dorf weg war, vielen lebensbedrohlichen Situationen ausgeliefert. Auch in den Jahren nach dem Krieg gab es ungeheuer schwere Zeiten, von denen mir meine Mutter noch immer viel erzählt. Hungerzeiten – schon mit ein paar Kindern und den alten Leuten im Haus und Schwierigkeiten, das Vieh zu ernähren, weil es nicht genügend Futter gab. Wenn ich angesichts dessen messe, wie meine Mutter hochbetagt mit 87 Jahren heute im Leben steht, dann kann ich nur sagen: Das scheint der richtige Weg zum Glück zu sein. Große Schwierigkeiten durchzustehen und aus diesem Durchstehen so viel Erfüllung und Freude zu beziehen. Ich kenne keinen Menschen, der so freudig lebt wie meine Mutter mit 87 Jahren.

Mein Vater war für mich immer eine Art Naturphilosoph. Er hatte keine höhere Schulbildung und war doch ein sehr kluger Mensch. Für ihn war es selbstverständlich, die Natur zu achten und zu respektieren. Überhaupt den Wert von Natur anzuerkennen und nicht zu glauben, dass Menschen technisch alles für sich selber schaffen können. Es war für ihn normal über sich hinauszuarbeiten. Ich erinnere mich an den Spruch: „Unsere Kinder sollen es mal besser haben." Das heißt, dass er niemals nur die momentane Zeit im Blick hatte, sondern immer auch die Zukunft seiner Kinder. Das ist in der modernen Zeit restlos verloren gegangen. Das ist auch ein Grund dafür, dass wir heute ein ökologisches Problem haben, weil Menschen nur noch für die Gegenwart da waren, nach dem Motto: Nach mir die Sintflut! Heute leben wir so, dass es unsere Kinder ganz sicher schlechter haben werden, weil sie nicht mehr dieselben Ressourcen zur Verfügung haben werden wie wir. Und dass da so viele Menschen nicht daran gedacht haben, sondern blank egoistisch für sich gerafft haben, das nehme ich dieser modernen Welt etwas übel. Da bin ich (noch) von einer anderen Welt geprägt!

Und ich denke, dass wir, wenn es um die Ökologisierung geht, dieses bäuerliche Verhältnis zur Welt wieder entdecken müssen. Ich bin nicht nur dazu da, im Moment zu leben und im Moment Ressourcen zu gebrauchen, sondern auch mir Gedanken zu machen: Wovon leben denn meine Kinder? Meine Kinder sollen es mal besser haben!

Gregor Brand

Grünes Bauernland von vulkanischer Stille

Peter Brand, den Vater meines Vaters, habe ich leider nie kennen gelernt. Der verwitwete hagere Schreinermeister und Bauer starb drei Monate vor meiner Geburt in Bettenfeld. Das Bauernhaus aus Sandstein und Basalt, in dem er den letzten – und ich meinen ersten – Atemzug tat, war von ihm 1925 als typisches Trierer Einhaus erbaut worden: Scheune, zwei Ställe sowie das Wohnhaus waren unter einem Dach vereint. Eine Besonderheit war lediglich die im Erdgeschoss liegende Schreinerwerkstatt. Das hölzerne Scheunentor konnte als zweiter Hauseingang genutzt werden und musste bei der Lieblingsaktivität meiner Kinderzeit häufig als Fußballtor herhalten. Der Krieg ist der Vater von allem, besagt ein berühmter Aphorismus des altgriechischen Denkers Heraklit. Ohne den Ersten Weltkrieg wäre unser Haus nicht errichtet und ich nicht als Bauernsohn geboren worden. Mein aus der Eifel ins industriell aufstrebende Saargebiet abgewanderter Großvater hatte zu Kriegsbeginn in Saarbrücken gewohnt, war aber nach vier Jahren als Weltkriegssoldat nicht mehr dorthin zurückgekehrt. Er folgte vielmehr seiner Frau Eva und den zwei Kindern, die nach der Bombardierung ihrer Saarbrücker Wohnung im abgelegenen Bettenfeld, dem Heimatdorf der Großmutter, Zuflucht gesucht hatten. So war die Familie meines Vaters gewissermaßen von den Franzosen aufs Land zurückgebombt worden.

Bei der mir von Kindheit an eigenen Neigung zur Erforschung meiner Herkunft und Wurzeln hat mich dieser Großvater schon früh beschäftigt. Auf unserem Speicher lagerten abseits von Mausefallen und Getreide Kartons mit Fragmenten seiner Lekturen: Zeitungen aus der Zeit der Weimarer Republik, Ausgaben der berühmten Satirezeitschriften „Der Wahre Jakob" und „Simplicissimus", Romane sowie zwei von mir schon als Kind bestaunte Alben mit Hunderten von Postkarten aus der Kaiserzeit, darunter vielen Feldpostkarten. Solche Relikte in Verbindung mit elterlichen Auskünften zeichnen das Bild eines intellektuell aufgeschlossenen, erstaunlich belesenen und für Witz und Schlagfertigkeit bekannten Mannes. Meinen Großvater mütterlicherseits, den rotbärtigen Schmiedemeister Nikolaus Pütz aus Bettenfeld, habe ich gleichfalls nie kennengelernt. Nur zwei Jahre jünger als das Kaiserreich, starb er zwei Jahre nach Gründung der Bundesrepublik. Er heiratete als Dreiundvierzigjähriger und zeugte anschließend mit seiner wesentlich jüngeren Frau Maria in sechs Jahren fünf wohlgeratene Kinder. Seine Frau überlebte ihn um 13 Jahre. Ich kann mich aber kaum an sie erinnern und so bin ich im Grunde ohne Großeltern aufgewachsen.

Ich hätte mich vermutlich nicht so intensiv mit meinen Großeltern und auch deren Vorfahren befasst, wenn ich nicht davon überzeugt wäre, dass der erbliche Einfluss auf die Entwicklung des eigenen Lebens der entscheidende ist. Dagegen kommen Erziehung und Umwelt, so wichtig sie durchaus auch sind, letztlich nicht an. „Wenn auch ein Huhn die Gans erzieht, sie geht doch ins Wasser", heißt es dazu in einem alten Bauernspruch. Dessen inhaltliche Aussage wird, jenseits aller Metaphorik, täglich von neuen genetischen Veröffentlichungen in – über das Internet erfreulicherweise leicht zugänglichen – Fachzeitschriften bestätigt. Diese im Widerspruch zum intellektuellen Zeitgeist stehende Überzeugung ist bei mir durch die Erziehung noch gefördert worden. In meinem Elternhaus spielten, wohl nicht untypisch für bäuerlich-ländliche Verhältnisse, Verwandtschaftsbeziehungen jedenfalls eine Rolle. Zwischen Frühstück mit Spiegeleiern und Schinken und Abendessen mit Bratkartoffeln und Apfelmus wurde oft darüber gesprochen, wer mit welchem Lebenden oder Toten des Dorfes wie verwandt ist. Aber auch hier zeigt sich, dass Erziehung nicht das allein Entscheidende ist: Meine beiden älteren Brüder haben die gleichen häuslichen Gespräche gehört wie ich, aber beileibe nicht ein solches Interesse an Fragen der Herkunft und Vererbung entwickelt, wie es für mich kennzeichnend ist.

Ich entstamme dem deutschen Grenzland nach Westen; mein Geburtsort gehörte bis 1815 zum Herzogtum Luxemburg. Aber wenn jemand einen fotografischen Eindruck vom Leben in meinen jungen Jahren gewinnen will, könnte er sich durchaus auch die beiden Bildbände „Landwirtschaft in Schleswig-Holstein" von Horst Schübeler ansehen. Zahlreiche der dort dokumentierten Tätigkeiten habe ich in jungen Jahren in genau gleicher Weise ausgeführt – mag es sich um das Ernten von Runkel- und Steckrüben handeln, Umschaufeln des Getreides auf dem Kornspeicher, Einsammeln und Sägen von Stangenholz, Spalten von Buchenkloben mit Eisenkeilen, Säen und Düngerstreuen mit Hand, Aufstellen der Getreidegarben zu Rundhocken und vieles mehr. Bei anderem war ich immer nur Zeuge: beim Melken etwa oder bei Hausschlachtungen.

Gregor Brand

1957 wird er in Bettenfeld/Eifel als jüngster von drei Bauernsöhnen geboren, wechselt nach drei Jahren Volksschule an das Regino-Gymnasium Prüm, welches er 1975 als Siebzehnjähriger mit dem Abitur abschließt. Anschließend studiert er von 1975 bis 1979 Rechtswissenschaft in Trier. Nach Referendariat und rechtstheoretischem Vertiefungsstudium wird er mit 25 Jahren Rechtsassessor und Volljurist.
Von 1983 bis 1985 arbeitet er als Wissenschaftlicher Mitarbeiter an der Universität Trier am Lehrstuhl für Internationales Privatrecht, danach als Lehrbeauftragter.
1985 gründet er den Gregor Brand Verlag und veröffentlicht mehrere Gedichtbände.
Nach Heirat und Geburt seiner zwei Töchter (1987 und 1991) arbeitet Gregor Brand als Hausmann. Seit 1994 lebt er mit seiner Familie in Schleswig-Holstein. 2002 wird die Ehe geschieden.
Von 1994 bis 2001 führt er als Vorsitzender den Regionalverband Schleswig-Holstein der Deutschen Gesellschaft für das hochbegabte Kind.
Von 2000 bis 2002 gehört er der Redaktion der Hochbegabungszeitschrift „Labyrinth" an.
Neben zahlreichen wissenschaftlichen Aufsätzen und Aphorismen hat Gregor Brand mehrere Gedichtbände veröffentlicht. Darunter u. a.:
Ausschaltversuche (1985)
Der schwarze Drachen stürzt ins Meer (1987)
Spätes Zweites Jahrtausend (1998)
Sefer Pralnik (2001).

Die Ähnlichkeit altbäuerlichen Lebens in Holstein und in der Eifel findet deswegen meine besondere Aufmerksamkeit, weil ich selbst nun schon seit beinahe einem Jahrzehnt in einem mittelholsteinischen Bauerndorf lebe. Durch Menschen und Landschaft werde ich hier jeden Tag an meine Heimat erinnert. Die mittelgebirgige Waldlandschaft der Vulkaneifel empfinde ich dabei als gar nicht so unterschiedlich zu den Wäldern und Weiden zwischen Rendsburg und Itzehoe. Das im Norden so überreich gedeihende Grün war schon die vorherrschende Farbe der Vulkaneifel, wenn auch gemischt mit dem Weiß des Schnees und dem faszinierenden Grau dichter Nebelschwaden. Dabei weiß ich natürlich, dass die Eifel nur manchmal ein feuchtes Nebelwaldgebiet ist. Die heißen Sommer vergesse ich nicht und schon gar nicht die frische Farbigkeit heidnisch schöner Herbste. Als ich 1974, bei meiner ersten Reise ins Ausland, als Repräsentant meines Gymnasiums nach Israel fliegen durfte, lernte ich in der Hitze Judäas die Septemberkühle der Bettenfelder Hochebene dauerhaft schätzen. Am Toten Meer dankte ich Gott, dass meine Heimat nicht in dieser überhitzten Weltgegend liegt, sondern in einem grünen Bauernland von vulkanischer Stille. Wenn es überhaupt für mich ein „Heiliges Land" gibt, dann ist dies nicht ein ferner Landstrich im Nahen Osten, sondern das Land, in dem ich aufgewachsen bin – oder seine holsteinische nordische Widerspiegelung.

Zu meiner Identität gehört auch die meiner Eltern. Viele von deren Erfahrungen sind Bestandteil meines eigenen Lebens geworden. Oft war in den vergangenen Jahrzehnten zu lesen, die Kriegsgeneration habe nach dem Krieg geschwiegen und verdrängt. Abgesehen davon, dass ich das als pauschalen Vorwurf für unberechtigt und ungerecht halte, haben meine Eltern jedenfalls nicht zu den Schweigenden gehört. Sie waren diskutierfreudige Menschen, die auch ihre Kinder stets als gleichberechtigte Gesprächspartner behandelten. Ich kann mich weder erinnern, jemals Redeverbot erhalten zu haben noch mit Bemerkungen wie „Das verstehst du ja doch nicht" zum Schweigen aufgefordert worden zu sein. Auf Fragen gab es Antworten. Dass manche intime Fragen zeittypisch auch bei uns erst gar nicht gestellt wurden, kann ich meinen Eltern nicht zum Vorwurf machen. In meinem Elternhaus wurde gern und viel geredet, sei es in der holzofengeheizten Küche, dem Lieblingsraum unserer Familie, oder in der Stube mit den hölzernen Fensterläden zur lange Zeit noch unbefestigten Straße hin. In dieser guten Stube stand seit meinem 8. Lebensjahr ein Fernseher, wodurch der Raum abends zur Konkurrenz für die Küche wurde.

Die Gespräche drehten sich nicht nur um den bäuerlichen Alltag. Immer wieder wurde Familiäres mit Politischem und Historischem verbunden. Fernsehen, regionale Tageszeitung, aber auch das Bistumsblatt „Paulinus" sowie die Bauernzeitung boten in Verbindung mit den stündlich gehörten Radionachrichten stets neuen Stoff für Gespräche über Weltthemen. Meine Mutter (1921–1994) war daran nicht weniger interessiert als mein Vater (1911–1992), mit zunehmendem Alter vermutlich sogar mehr. Beide betrachteten fast alle Dinge immer von der jeweils anderen Seite und lebten insofern in beständigem – zum Glück friedlichem – Widerspruch. Ihre Un-

Gregor mit Schubkarre 1961

terhaltungen gestalteten sich munter und geradezu dialektisch in These und Antithese, wobei ich schon als kleiner Junge versuchte, für ihre Gegensätze eine Synthese zu finden, die erstens beiden Eltern gerecht wurde und zweitens natürlich auch meiner Überzeugung entsprach.

Unsere Familiensprache war moselfränkisch. Auch wenn das Moselfränkische als Dialekt gilt, so betrachte ich es doch eher als eine eigenständige Sprache, die vom Hochdeutschen bedeutsame vielfache Abweichungen zeigt. Wie dem auch sei: Ich bin überzeugt davon, dass es sinnvoll ist, bei mir von einem zweisprachigen Aufwachsen zu sprechen und halte diese Erweiterung der Sprachkompetenz für einen wichtigen Faktor meiner schriftstellerischen Kreativität. Sie erlaubt Sprachspiele und Denkverbindungen, die mir andernfalls nicht möglich wären.

In diesem Moselfränkisch wurden nach dem Mittagessen mindestens eine halbe Stunde lang die Tischgespräche fortgeführt. Mit ritueller Regelmäßigkeit begann dann vor allem Vater aus seinem Leben zu erzählen, wobei er dem Inhalt durch seine ruhige Art und seinen Sinn für Humor die ansonsten vielleicht unerträgliche Härte nahm. Nicht nur nach dem Eindruck dieser Geschichten waren die wichtigsten Jahre in seinem Leben diejenigen als Infanterist im Weltkrieg und die in russischer Kriegsgefangenschaft; Vorkriegszeit oder Gegenwart kamen erst auf den nächsten Plätzen. Mein Vater verhehlte nicht, dass er früher Nationalsozialist gewesen war. Als Zwanzigjähriger war er Mitglied der NSDAP geworden, später vertrat er auf dörflicher Ebene die Deutsche Arbeitsfront. Ich erlebte ihn als christlich-konservativen, jedem Fanatismus abholden Menschen, der seine recht unerschütterlichen Überzeugungen beharrlich, aber nicht autoritär vertrat. Er besaß eine gewinnende Freundlichkeit, die ihn im Dorf und darüber hinaus sehr beliebt machte. Dies war nicht zuletzt an der überaus großen Zahl der Trauernden zu erkennen, die zu seiner Beerdigung kam. Vom Temperament her anders, von den Grundeinstellungen her ähnlich war meine Mutter. Beiden Elternteilen gegenüber empfand ich es nie als Problem, zu gesellschaftlichen und kulturellen Entwicklungen – etwa in Musik oder Mode – eine andere Meinung zu vertreten.

Dass mein Vater überhaupt Bauer war, war insofern nicht selbstverständlich, als er bei seinem Vater das Schreinerhandwerk erlernt hatte. Da für den Betrieb meines Großvaters offenbar eine männliche Arbeitskraft meistens ausreichte, verdiente mein Vater in der Vorkriegszeit auch andernorts seinen Lebensunterhalt, meist als Schreiner, zeitweise auch als Vermessungsgehilfe. Einen Zusatzverdienst erspielte er sich als Geiger und Trompeter in einer Tanzkapelle. Ich selbst erlebte die weitere Entfaltung seiner Vielseitigkeit. Mein Vater war, nachdem er Ende 1949 als Letzter des Dorfes aus Kriegsgefangenschaft zurückgekehrt war, in erster Linie Landwirt, aber dann auch Gemeindediener, Kaufmann, Zeitungszusteller, Musiker. Seine weit über die Schreinerei hinausreichenden handwerklichen Fähigkeiten setzte er mit erstaunlicher Rüstigkeit bis zu seinem Tod nur noch für den Privatgebrauch ein. Jede seiner Tätigkeiten lässt sich weiter auffächern. Musiker zu sein, hieß beispielsweise nicht nur, 1925 die Feuerwehrkapelle mitgegründet zu haben und darin als Tenorhornist 65 Jahre lang aktiv gewesen zu sein, sondern es bedeutete auch, als Schlagzeuger jahrzehntelang in einer Musikkapelle bei Feiern und Festen aufzutreten. Die Arbeit als Gemeindediener verlangte – und das ist keine auch nur annähernd abschließende Tätigkeitsbeschreibung! –, sich um die Wasserversorgung des Dorfes zu kümmern. Zwei zwar dorfeigene, aber auch dorfabgelegene Pumpstationen mussten täglich beaufsichtigt werden und die Maschinen darin von Hand an- und abgestellt werden; oft begleitete ich ihn dabei. Als Gemeindediener hatte er ferner amtliche Bekanntmachungen öffentlich auszuschellen und auszurufen, Steuer- und Statistikbögen zu verteilen und die Dorfbevölkerung beim Ausfüllen solcher Unterlagen zu beraten. Im Winter mussten die Hydranten eisfrei gehalten werden, dazu kamen Fahrten zum Amt, Beratungen mit den Ortsbürgermeistern Nikolaus Bracht und Adolf Foegen und vieles mehr. Vater war zudem Sammelbesteller für alle großen Versandhäuser. An den meis-

Vor dem Brand'schen Haus 1970

ten Abenden der Woche kamen Frauen für neue Bestellungen oder zur Warenabholung in unser Haus. Jeder dieser Besuche war mit einem mehr oder weniger ausgiebigen Gespräch mit meinen Eltern verbunden. Viele Jahre lang führten meine Eltern zudem eine Getränkeverkaufsstelle. In der Kühle des Kellers stapelten sich Bierflaschen sowie Limonaden- und Sprudelkästen aus den nahe gelegenen Kleinstädten Bitburg und Gerolstein. Die weitaus meiste Arbeitszeit beanspruchte jedoch trotz allem unser landwirtschaftlicher Betrieb. Die Bewirtschaftung von mehreren kleinparzellierten Hektar und das Halten von einigen Kühen, Rindern, Schweinen und Hühnern entsprachen den üblichen Verhältnissen in der Eifel, wo es infolge jahrhundertelanger Realteilung kaum große Höfe gab. Auch als Schüler war mir dabei klar, dass sowohl die Tätigkeit meines Vaters als auch das unermüdliche Arbeiten meiner Mutter nicht der Selbstverwirklichung dienten, sondern primär der Not geschuldet waren. Unter ökonomisch schwierigen Rahmenbedingungen galt es nicht nur den Familienunterhalt zu bestreiten, sondern zudem noch zwei Kindern eine höhere Bildung zu ermöglichen. Das hier angedeutete arbeitsgefüllte Leben meiner Eltern habe ich nicht nur am Rande mitbekommen. Ich war bis zur Internatszeit mit Leib und mit Seele jeden Tag in diesem Leben mittendrin.

Danach wurde der Abstand nur äußerlich größer. Bei den meisten bäuerlichen Tätigkeiten habe ich gern mitgeholfen und sie überhaupt nicht als Arbeit empfunden.

Mein Vater war – man mag es angesichts der Vielzahl von Arbeiten kaum glauben – durch zehn Jahre Krieg und Gefangenschaft gesundheitlich erheblich beeinträchtigt. Dabei will ich gar nicht von den geistig-seelischen Verwundungen reden, die die Kriegserlebnisse in diesem friedliebenden Mann hinterlassen hatten. Krieg und Lagerhaft blieben lebenslang Hauptthemen seiner Träume. Oder sie verhinderten durch Schlaflosigkeit, dass es überhaupt zum Träumen kam. Auch wenn Vater sich alle Mühe gab, sich möglichst wenig anmerken zu lassen, waren zumindest für die Familie die körperlichen Kriegsfolgen deutlich erkennbar. Erst betrüblich spät wurde durch medizinische Gutachten versorgungsrechtlich anerkannt, dass mein Vater durch Unterernährung in der Gefangenschaft Dystrophieschäden davongetragen hatte und dass ferner ein nicht zu beseitigender Granatsplitter in Herznähe sowie andere Kriegsverletzungen ihn seiner vollen Arbeitskraft beraubten. Das Wissen um seine gesundheitliche Angeschlagenheit ließ mich stets in latenter Sorge um ihn sein.

Was hat mich nun aus der bäuerlichen Welt des Heimatdorfes weggeführt? Es war keineswegs der gezielte Entschluss, nicht Landwirt zu werden. Zwei Umstände erscheinen mir hier erwähnenswert: Als jüngster Sohn war ich ohnehin nicht als Erbe des elterlichen Betriebs vorgesehen. Dies sollte mein ältester Bruder werden, der deswegen trotz hoher Begabung leider nicht aufs Gymnasium geschickt wurde. Aufgrund des erst in den siebziger Jahren in der Eifel massiv einsetzenden Strukturwandels führte ihn der Weg erst zum Nebenerwerbslandwirt und schließlich zur völligen Abkehr von der nun völlig unrentabel gewordenen Landwirtschaft. Letztlich entscheidend für meinen Weggang vom Dorf wurde mein Bildungsweg, der mich wie selbstverständlich in unbäuerliche Bahnen lenkte. Dieser Weg begann, als ich 1964 in die Volksschule kam; einen Kindergarten habe ich nie besucht, weil es damals bei uns keinen gab. An den dreijährigen Volksschulunterricht kann ich mich kaum mehr erinnern. Ich ging gern zur Schule und war ein guter Schüler; um meine Hausaufgaben mussten sich meine Eltern nicht kümmern.

Markanter Einschnitt war 1967 der Wechsel zum Gymnasium in die etwa 50 km entfernte Kleinstadt Prüm und der damit verbundene Umzug in ein Bischöfliches Konvikt. Dieses Jungeninternat – organisatorisch unabhängig vom staatlichen Gymnasium – bildete nun für acht Jahre den Mittelpunkt meines Lebens. Die Eltern sah ich nur noch alle paar Wochen oder in den Ferien. Wie bei anderen wichtigen Gabelungen der Lebensspur erscheint mir auch hier mein Lebensweg von beinahe fragloser Selbstverständlichkeit. Jedenfalls habe ich nie daran zweifeln müssen, dass die Entscheidung meiner Eltern richtig war. Welche Alternative hätten sie auch gehabt bei einem Sohn, der als Zehnjähriger Nietzsche und Marx las oder zu Hause die „Mein Kampf"-Ausgabe, die meine Eltern 1943 zu ihrer Kriegshochzeit als Geschenk erhalten hatten? Die Tatsache, dass ich die zehnte Klasse übersprang und 1975 einer der jüngsten und besten Abiturienten im Land wurde, mag sie noch einmal in ihrer Entscheidung bestätigt haben. Während der Internatszeit gefiel mir neben den Freundschaften mit anderen Konviktoristen vor allem auch die ausgezeichnete Bibliothek, von deren Möglichkeiten ich mehr als alle anderen Schüler Gebrauch machte.

Dass ich ein Studium begann, gehört erstaunlicherweise auch zu den Selbstverständlichkeiten meines Lebens. Erst nach dem Studium ist mir bewusst geworden, wie ungewöhnlich meine bäuerliche Herkunft in akademischer Umgebung eigentlich war. Nur etwa zwei Prozent der deutschen Studierenden waren Bauernkinder. Weit mehr Fragen als die Entscheidung zum Studieren rief die Wahl des Studienfachs hervor. Mein Interesse für ganz unterschiedliche Wissens- und Lebensbereiche war am Ende der Schulzeit nicht geringer als jetzt. Leichter als die positive fiel die negative Auswahl des Studienfachs: Ich wollte nicht Lehrer werden; die begehrten Fächer Biochemie oder Medizin kamen wegen der dafür erforderlichen Tierversuche und Obduktionen für mich nicht in Betracht. Meine Neigung ging eher in Richtung so genannter exotischer Fächer wie Religionswissenschaft, Anthropologie, Ägyptologie. In diesem Fall hätte ich mich von vornherein auf eine wissenschaftliche Laufbahn einstellen müssen. Damals erschien mir jedoch das Ziel einer solchen Karriere viel zu vermessen: Dass für den Sohn einer bescheidenen Kleinbauernfamilie Promotion oder gar Habilitation realistische Möglichkeiten sein könnten, war mir kaum vorstellbar. Besser zu meiner Herkunft hätte da schon ein Studium der Forstwissenschaft gepasst. Immerhin war Bettenfeld jahrhundertelang Waldbauerndorf und meine Freude am Wald ist groß und ausgeprägt; zudem hatten mich wald- und wildbiologische Themen schon in der Schulzeit fasziniert. Aber für dieses Studium hätte ich nach Göttingen oder Freiburg ziehen und mich damit weit von der Familie entfernen müssen – das wollte ich nicht. Ein weiterer Interessenschwerpunkt waren die Bereiche Politik, Geschichte, Gesellschaft. Mir war schon früh klar, dass zum besseren Verständnis der Vorgänge auf diesen Feldern gründliche Kenntnisse des Rechts nur nützlich sein konnten. Dazu kam, dass ein Jurastudium noch keine Festlegung für den späteren Beruf bedeutete, sondern eine Vielzahl von Karrierefeldern eröffnete. Schließlich ließ sich dieses Studium auch mit dem Wunsch nach Heimatnähe ausgezeichnet vereinbaren. Im Jahr meines Abiturs wurde an der jungen Universität Trier der Fachbereich Rechtswissenschaft eingerichtet: Ich gehöre zur allerersten Trierer Juristengeneration. Obwohl ich motivierte junge Professoren hatte, die sich später in ihren Gebieten bedeutende Namen erwarben, empfand ich das Jurastudium letztlich nur zum kleineren Teil als interessant. Meine nichtjuristische wissenschaftliche Lektüre überwog die eigentliche Fachlektüre stets bei Weitem.

Als Student verfolgte ich die politische und gesellschaftliche Entwicklung der späten siebziger Jahre aufmerksam, schloss mich aber nie einer politischen Vereinigung an. An den selbst im konservativen Trier häufigen – meist marxistisch geprägten – studentisch-politischen Aktivitäten beteiligte ich mich kaum. Von den Aktionen der Roten Armee Fraktion hielt ich weniger als mein Vater von der Roten Armee und die von vielen Trierer Studenten propagierte Benennung der Universität nach dem Lokalheros Karl Marx missfiel mir zutiefst. Schon als junger Gymnasiast um 1968 konnte ich den populären marxistischen Idolen wenig abgewinnen, wohingegen ich Persönlichkeiten wie Nietzsche, Wilhelm Reich oder Konrad Lorenz entschieden faszinierender fand.

Während Studium und Referendariat blieb die Verbindung zu meinem Heimatdorf nicht bloß erhalten, sondern wurde sogar noch größer. Jedes Wochenende fuhr ich nach Hause. In den Semesterferien half ich, wenn nicht juristische Hausarbeiten zu schreiben waren, in Feld und Flur mit. Dabei ergab sich vor allem bei den noch nicht mechanisierten Arbeiten Gelegenheit zu ausgiebigen Gesprächen mit meinem Vater, wobei ich jetzt bewusster zuhören und gezielter fragen konnte als in Kinderjahren. Während wir auf dem Rübenacker Ackermelde, Kletten-Labkraut oder andere Beikräuter ausdauernd mit der Handhacke beseitigten, sprachen wir über Gott und die Welt. Mir war hier wie bei anderen Gelegenheiten Handarbeit lieber als der Einsatz von Maschinen und Chemie. Beim Brennholzsammeln im Gemeindewald bearbeitete ich Stämme und Äste lieber auf anstrengendere Art mit der Axt und mied möglichst den Einsatz der Motorsäge. Die zunehmende Mechanisierung und Industrialisierung der Landwirtschaft habe ich bei allem Verständnis für ökonomische Notwendigkeiten immer als ästhetische, wenn nicht sogar spirituelle Verarmung bäuerlichen Lebens angesehen.

Trotz Studium lernte ich in diesen Jahren die Menschen meines Heimatorts besser kennen als je zuvor. Nach zurückhaltendem und schüchternem Beginn nahm ich allmählich intensiver am Dorfleben teil und wurde auch auf Vereinsebene vielfältiger Mitgestalter dieses Lebens. Neben der Nähe zur Familie bildeten eindeutig einige hübsche Bettenfelderinnen den Hauptgrund für die Anziehungskraft der ländlichen Heimat.

In religiöser Hinsicht entfernte ich mich dagegen von meiner Herkunft. Meine katholischen Erinnerungen sind teilweise mit eindrucksvollen Bildern verbunden: mit feierlichen Messen als schönen Gemeinschaftsfeiern des Dorfes, mit dem Gang zu werktäglichen Frühmessen, ängstlich an im Morgengrauen herumstreifenden Schäferhunden vorbei, mit Rosenkranz- und Heiligenlitaneien, mit Flurumzügen in blühender Mailandschaft. Andererseits wuchs der Widerspruch gegenüber dem, was sowohl in der Dorfkirche als auch in der Weltkirche gepredigt und verkündet wurde. Dass ich schließlich 1994 auch formal aus der Kirche austrat, beruhte letztlich nicht auf schlechten persönlichen Erfahrungen, sondern auf einer sowohl durchdachten als auch gefühlsmäßigen Ablehnung christlich-jüdischer Vorstellungen.

Erst in den frühen achtziger Jahren begann ich, Gedichte zu schreiben. Spuren meines ländlichen Lebens sind darin gewiss unverkennbar. Doch schon das erste Gedicht in meinem Debütband „Ausschaltversuche“ (1985) signalisiert mit seinem Titel „Buddhas Body“ die Überschreitung der Welt meiner Herkunft. Bei Schriftstellern ist bekanntlich der Zusammenhang zwischen biografischer Lebenswelt und dichterischem Werk eine vielschichtige Angelegenheit. Auch in meinem Fall wäre es problematisch, zwischen der biografischen Situation und dem literarischen Werk allzu voreilig einfache Verbindungen herstellen zu wollen.

Meine Mitte der achtziger Jahre erfolgende – nach dem Übergang aufs Gymnasium nun zweite – Ablösung von Bettenfeld beruhte darauf, dass ich mich in eine Jurastudentin verliebte, die zum Dorfleben keinen Bezug hatte. Zwar halbeifeler Abstammung, war sie doch in Duisburg geboren und in Koblenz aufgewachsen. Erst durch sie verlagerte sich mein Lebensmittelpunkt endgültig von meinem Heimatort weg. 1987 heirateten wir und wurden Eltern einer Tochter. Wie vorher geplant, begann für mich damit die Tätigkeit eines Hausmanns, die sich vier Jahre später mit der Geburt einer weiteren Tochter intensivierte. Diese Entscheidung habe ich nie bereut, auch wenn sie aufgrund weiterer Umstände dazu führte, dass eine schon weit fortgeschrittene Dissertation nicht zu Ende geschrieben werden konnte. Ich bin schon damals der Überzeugung gewesen, dass ein

Kind ungleich wertvoller ist als jede Doktorarbeit und – falls man sich vor diese Alternative gestellt sieht – jede Abweichung vom konventionellen Karriereweg rechtfertigt. Bei dieser Einstellung hat, wie ich glaube, das Vorbild meines familiär so präsenten Vaters eine wichtige Rolle gespielt. Ich hatte keinen fernen Vater, der morgens aus dem Haus ging und erst abends von der Arbeit zurückkam. Eigentliche Hausarbeit war für mich bis dahin zwar etwas Ungewohntes, aber männliches Arbeiten zu Hause nichts Ungewöhnliches. Insofern sah ich in der Hausmanntätigkeit keine Bedrohung meines männlichen Selbstverständnisses. Befremdlicher wäre es mir vorgekommen, die Entwicklung der Kinder nicht so miterleben und mitgestalten zu können, wie es noch den meisten freiberuflichen Bauern und Handwerkern vorangegangener Generationen vergönnt war. Dass das von mir praktizierte Familienmodell genauso wenig wie andere verbreitetere Formen eine Garantie für Dauerhaftigkeit besitzt, war mir übrigens schon klar, ehe unsere Ehe nach 15 Jahren geschieden wurde.

In den vergangenen Jahren hat sich meine literarische Arbeit zusehends auf den aphoristischen Bereich konzentriert. Wenn als Frucht dieser Tätigkeit in absehbarer Zeit rund zweitausend Aphorismen in Buchform veröffentlicht werden, so haben die wenigsten davon unmittelbar etwas mit meiner erdnahen Herkunft zu tun. Ich halte es aber nicht für ausgeschlossen, dass die aphoristische Vorliebe für prägnantes Denken zumindest bei mir auch die Widerspiegelung einer Herkunft ist, die zwar Gespräche immer geschätzt, aber überflüssige Worte auch immer gemieden hat.

Renate Neumann-Schäfer

Ohne Wachstum geht es nicht

Tochter eines Landwirts, geboren in Hannover, heißt es im Lebenslauf auf der letzten Seite der Dissertation zur Prognose von künftigen Erträgen eines Industriebetriebes. Das war an der Georg-August-Universität in Göttingen im Jahr 1985. Obwohl eigentlich immer mit Zukunft befasst, blicke ich manchmal gerne auf meine erlebnisreichen Jahre in den landwirtschaftlichen Betrieben unserer Familie zurück. Ich bin kein Stadtkind – wie oft angenommen. Ich bin ein Mädchen vom Land – geprägt von den jahrhundertealten Traditionen. Der Name unserer Familie steht über der Kanzel in der Dorfkirche, in der wir seit Jahrhunderten für Sonne, Regen und fruchtbare Jahre beten. Hier wurde ich konfirmiert – habe vor den kritischen Ohren der Gemeinde und insbesondere meiner Großmutter die Prüfung, den Katechismus, Psalmen und Kirchenlieder ohne Fehler auswendig vortragen zu können, abgelegt. Das war das erste umfassende Training meines Gedächtnisses, neben den Pflichten in Feld, Haus und Garten, die ich als kleines Mädchen schon hatte. Dazu gehörten besonders die Pünktlichkeit im Stall und die Zuverlässigkeit, eine Aufgabe auszuführen, sowie der außerordentliche Einsatz, wenn die Zeit aufgrund von nahenden Unwettern oder Regen für die zu erledigenden Aufgaben knapp wurde. Zeit ist ein sehr kostbares Gut, dieses lernte ich schon früh in meiner Jugend.

Bis zum 13. Jahrhundert waren wir Leibeigene eines Klosters und Marie Christin aus unserer Familie mütterlicherseits hat uns „freigekauft". Dafür mussten noch Generationen hart arbeiten und haben diese Pflicht weitergegeben. Nach dem bestehenden Anerbenrecht wurde immer das ganze Gehöft an den ältesten Sohn vererbt. Er hatte im Gegenzug die Pflicht, einerseits seinen Geschwistern eine Abfindung möglichst in Geld auszuzahlen, die z. B. Lehrer oder Pastor wurden oder die Mitgift für die Einheirat in eine andere Landwirtschaft benötigten, und andererseits die eigenen Eltern bis an ihr Lebensende gut zu versorgen. Es war nicht immer leicht, so viele Erträge zu erwirtschaften und dabei eine eigene Familie zu gründen. Insbesondere die „eingeheiratete Schwiegertochter“ als neue „Herrin“ hatte dabei keinen leichten Stand und wenig „zu lachen“, wie es bildlich in unserem Dorf umschrieben wurde. Der Gedanke, dass ich wohl kaum in ein anderes Gehöft einheiraten würde, hat mein Selbstbewusstsein als kleines Mädchen deutlich geprägt. Ich würde mich wahrscheinlich nicht den Regeln auf einem fremden Gehöft beugen müssen, dafür aber die Verantwortung für das elterliche Erbe tragen. Dieser kleine Unterschied hatte großen Einfluss auf mein Verhalten, was nie „ergeben“ war, sondern immer kreativ mit eigenem Willen und stark vorgetragenen eigenen Ansichten.

Wachstum durch Heirat – meine Großmutter: Es kamen die Generationen der Frauen, meine Großmutter, meine Mutter, meine Schwester und ich. Meine Großmutter Lina, als einzige Tochter, heiratete den einzigen Sohn, Friedrich, des größten Gehöftes im Nachbardorf. Sie meisterte die Rolle der Hausherrin mit einigen Bediensteten gut und hatte zwei Töchter – meine Mutter war die Älteste. Durch die Heirat war der Betrieb mehr als doppelt so groß geworden. In heutiger Sprache war dies eine Fusion, die Wohlstand generierte und zunächst ein sorgenfreies Leben gestattete. Man war auf ein höheres Niveau „gewachsen“ und konnte sich einen ersten Daimler leisten. Einkäufe und Opernbesuche in der Landeshauptstadt Hannover gehörten zu dieser „erheirateten Lebensqualität“. Meine Mutter, als älteste Tochter, ging im 15 km entfernt gelegenen Kurort zur Schule und lebte unter der Woche bei einer Tante mit Gästepension. Das Leben war höchst angenehm und unterhaltsam. So sollte es aber nicht bleiben!

Als im Zweiten Weltkrieg mein Großvater in Polen im Kriegsgefangenenlager verhungerte – meine Großmutter war 37 Jahre alt –, musste sie den Betrieb, der alle Pferde an die Kriegsfront abgegeben hatte, übernehmen und führen. Mit Kriegsgefangenen aus Frankreich und Polen bildete sie – in heutiger Sprache – ein erfolgreiches Team. Offiziell wurden alle Ernten und das Schlachtvieh für die Soldaten an die Kriegsfront abgeliefert. Inoffiziell schlachtete man nachts heimlich für die eigene Familie, die Flüchtlinge im Haus, die Landarbeiter und den abgestürzten, im Feld gefundenen und auf dem Heuboden versteckten amerikanischen Piloten. Der Dorfpolizist wurde mit Mettwürsten zum Schweigen verpflichtet. „Renate, sorge immer dafür, dass diejenigen, die hart arbeiten, auch genug zum Essen haben; mache keinen Unterschied zwischen Nationen und teile die Mahlzeiten mit den Landarbeitern am selben Tisch“, das hat sie so vorgelebt und oft darüber spannende Geschichten erzählt.

Es gab aber noch etwas Wichtiges in den großmütterlichen „Vorträgen“:

Renate Neumann-Schäfer

1954 wird sie im niedersächsischen Hannover als älteste von zwei Töchtern geboren. Sie wächst auf dem Bauernhof auf und besucht die Realschule in der ländlichen Region. Danach geht sie auf das Gymnasium in Hameln. An der Georg-August-Universität in Göttingen studiert sie Wirtschaftswissenschaften. Nach einem Auslands-Master-Studium an der Queen's University Kingston/Ontario in Kanada arbeitet sie als wissenschaftliche Mitarbeiterin am Lehrstuhl für Industriebetriebslehre und Rechnungswesen und wird in Göttingen promoviert.
1985 startet sie ihre Karriere in der internationalen Unternehmensplanung und dem Konzernberichtswesen in der zur amerikanischen Gillette Corporation gehörenden Braun-Gruppe in der Konsumgüterindustrie in Kronberg bei Frankfurt. Nach fünf Jahren wechselt sie in das Manufacturing und später in das Management der europäischen und amerikanischen Vertriebsgesellschaften des Gillette-Konzerns (heute Procter & Gamble).
1998 übernimmt sie in dem schweizerischen Alusuisse-Konzern die Position des Finanz- und IT-Direktors in einem der aluminiumverarbeitenden Werke in Singen in der Bodenseeregion. Dort wird sie 2000 kaufmännische Geschäftsführerin der Aluminiumfolienwalzwerke und Verpackungsmaterial herstellenden Gesellschaft, die ihre Geschäftstätigkeit im Zuge von drei internationalen Fusionen in der Aluminiumbranche mehrmals neu ordnet.
Seit 2003 ist sie alleinige Geschäftsführerin der Alcan Packaging Singen GmbH, die zum kanadischen Aluminium-Konzern Alcan Inc./Montreal gehört und ist verantwortlich für 1.100 Mitarbeiter und einen Umsatz von etwa 375 Millionen Euro.
Zu ihren Freizeitaktivitäten gehören die Arbeit in ihrem Rosengarten, die Aktivitäten mit den Rosenfreunden der Bodenseeregion, Rotary Club, Ski- und Fahrradfahren; sie ist Präsidentin des International Packaging Institute (IPI) Schaffhausen/Neuhausen in der Schweiz, Hochschulrätin der Hochschule für Technik, Wirtschaft und Gestaltung in Konstanz und Mitglied der IHK-Vollversammlung Bodensee/Hochrhein.

die Schule, die Ausbildung. Die Zeugnisse meines Großvaters mit den hervorragenden Noten der Landwirtschaftsschule im Harz zeigte sie mir immer wieder während meiner Schulzeit. Ich habe diese Zeugnisse auch geerbt. Gute Schulnoten, wie die deines Großvaters, sind neben all der Arbeit im Garten und auf dem Feld das Wichtigste im Leben. „Renate, das Land, was du einmal erben kannst, kann eine komfortable Situation sein, die aber nicht garantiert ist. Den Reichtum trägt man besser im Kopf und im Herzen. Heirate nicht, bevor du nicht selbstständig bist. Als so genannte gute Partie (ich hatte keine Brüder) kannst du dir damit Zeit lassen und erst eigene Erfahrungen sammeln und eine Ausbildung abschließen." Warum sagte sie das so oft? Was war passiert?

Wachstum durch harte Arbeit und Engagement – meine Eltern: Die Nachkriegsjahre waren hart und ohne flüssige Geldmittel. Die beiden Höfe meiner Großmutter blieben nicht zusammen; jeder Tochter vererbte sie einen Hof als „Startvermögen". Meine Mutter – obwohl die Älteste – erbte den weniger attraktiven, was das tägliche Alltagsleben betraf. Die Hofstelle hatte zum Teil sehr verfallene Gebäude und war ohne gemütliches oder komfortables Wohnhaus. Sie fühlte sich als älteste Tochter zunächst sehr betrogen. Ein altes Gehöft, Wände verfallen, ein kleines Schlafzimmer unter dem Dach und zu versorgende, kranke Großeltern ohne Krankenkasse. Sie hatte nach dem Abitur Studienrätin für Englisch, Latein und Mathematik werden wollen. Mit den Kühen, Schweinen und Zuckerrüben kann man sich nicht unterhalten und beibringen kann man ihnen auch nichts. Meine Mutter war manchmal sehr traurig über die auferlegte Pflicht und den nicht zu verwirklichenden Lebenstraum einer Studienrätin. Objektiv hatte sie keinen Grund dazu. Sie war glücklich verheiratet mit unserem Vater, der ohne eigenen Hof, aber mit großen Talenten ausgestattet war. Als Flüchtling hatte er in Schlesien Haus und Hof einfach stehen lassen und vor dem einrückenden russischen Militär flüchten müssen. Daher war er hoch motiviert, den mütterlichen Betrieb zu modernisieren und wieder nach vorne zu bringen. Bargeld hatte er keines, dafür aber hohe Einsatzbereitschaft, körperliche Fitness, Umsichtigkeit, kaufmännisches und technisches Geschick sowie eine sehr glückliche Hand für Veränderungen. Die Dinge, die er anging, waren fast immer erfolgreich. Die Feldfrüchte standen in der Regel gut. Die Milchwirtschaft und die Schweinezucht brachte er auf ein hohes Leistungsniveau. Wer nicht engagiert seinen Aufgaben nachging, der erntete seine herbe Kritik. Hausaufgaben wurden gemacht, nachdem auf dem Feld und Hof alles erledigt war. Dieses war eigentlich immer nach der gemeinsamen Abendmahlzeit. Dazu wurden Bratkartof-

Der Hof im Aquarell 1936

feln als Rest der Salzkartoffeln vom Mittagessen zubereitet. Zudem gab es noch die Leber- und Blutwurst aus der eigenen Schlachtung. Diese reichhaltige Kost wurde schon damals von mir auf ein Minimum reduziert. Ich aß lieber Obst aus dem eigenen Garten bei den Hausaufgaben, die ich zumeist abwechslungsreich bis interessant fand.

Meine Mutter – heute würde man sie eine Biobäuerin nennen – achtete mit großer Aufmerksamkeit auf Anbauweise und Qualität von Gemüse, Früchten aus unserem Nutzgarten und von tierischen Produkten. Am liebsten verrichtete sie die Gartenarbeit selbst und versorgte ihre wenigen – von uns als „Luxusgeschöpfe" bezeichneten Hühner – im Extragarten mit großer Sorgfalt. Fertigfutter war für diese Lebewesen undenkbar. Weizen erster Qualität war angesagt. Mein Vater liebte die Hühner nicht. Er nannte sie kurz die „TBC-Überträger". Sie hatten striktes Ausgehverbot auf dem Hof und in den Stallungen. Blaukorn, Schneckenkorn oder Unkrautvernichtungsmittel hingegen waren die Feinde des Gemüsegartens meiner Mutter. Gedüngt wurde nur mit abgelagertem Stallmist aus dem Vorjahr. Den unbewussten, aber sehr ausgeprägten Sinn meiner Mutter für Input-Output-Beziehungen konkretisierte sie markant mit ihren Worten: Wer nicht regelmäßig in mäßigen Mahlzeiten frisches, vitaminreiches Obst und Gemüse sowie eiweißreiche, frische Produkte isst, wird hässlich, dick und schließlich krank. So folgten die Arbeits- und Essenszeiten – unabhängig vom Wochentag – einem stabilen Zeitplan mit erstem Frühstück um 7 Uhr, zweitem Frühstück zwischen 9 und 10 Uhr, Mittagessen stets um 12 Uhr, Kaffeepause um 16 Uhr vor der Stallarbeit und Abendessen um 19 Uhr. Von diesen – damals von meiner Schwester und mir als „Gesundheitspredigten" deklarierten – Lebensweisen habe ich dennoch viel mitgenommen. Im anstrengenden Berufsleben haben heute das Selbstkochen und das Einkaufen auf den Bauernhöfen oder Märkten in unserer Region für mich eine hohe Priorität, um Balance zwischen Körper und Seele zu halten.

Wachstum für langfristigen Wohlstand in der Zeit der zunehmenden Industrialisierung – ich selbst: Die Zuckerrüben mussten im Mai in langen Reihen mit der Hacke per Hand „vereinzelt bzw. versetzt" werden, bevor Maschinen dies übernahmen. Die Arbeit wurde im Tagelohn an erfahrene Frauen aus dem Dorf vergeben, die sich ein Zubrot verdienten. Die Familienmitglieder übernahmen diese Arbeit auch selbst, soweit sie Zeit hatten. Ich erinnere mich gerne, wie wir in der Gruppe diese Arbeit im Gleichtakt verrichtet haben. Dabei waren natürlich auch die Neuigkeiten aus dem Dorf ein Thema. In der Kaffeepause gab es immer frisch gebackene Kuchen. So habe ich über Jahre mehrere Hektar Zuckerrüben gehackt, während meine Mitschüler Tennis spielten. Es machte nichts – im Kopf machte ich Hausaufgaben, den Rest schrieb ich im Schulbus von der Freundin ab. Im Nachgang wurden Ende Mai/Anfang Juni nochmals Disteln und Unkraut gehackt, damit eine Unkrautspritzung gespart werden konnte. Das machten wir oft nach dem Abendessen in schöner Abendluft, wenn die Sonne nicht mehr heiß war. Mein Vater war sehr bedacht, nur dort Kosten entstehen zu lassen, wo es unbedingt notwendig war, und die Natur mit Unkrautvernichtungsmitteln nicht zu sehr zu strapazieren. Jede Art von unnötigen Aktionen oder Geldausgaben waren ihm ein Dorn im Auge. Schelte erntete jeder, der z. B. das Licht in Scheunen, auf dem Hof oder in Fluren ohne Bedarf eingeschaltet oder den Wassereimer achtlos überlaufen ließ. Ich lernte schnell, was Ressourcenverschwendung wirklich bedeutete. Nach getaner Arbeit am Abend gab es oft noch selbst gebackenen Kuchen oder Eiskrem und Gespräche über die Tagesereignisse. Erschöpft vom vielen Bücken oder Muskelkater im Rücken, setzte ich mich oft erst am späten Abend an den Schreibtisch, um die Schulaufgaben zu machen.

Dann kam die Heuernte im Juni. Oft war es meine Aufgabe, gleich nach dem Unterricht das noch nicht trockene Gras vom Wassergraben abzuharken. Mittags war ich gerne an der frischen Luft in der Sonne. Ebenso waren die Gespräche in der Wiesenlandschaft mit den Bauern der Nachbargehöfte immer höchst interessant – ich kommunizierte gerne in dieser Gemeinschaft. Man war nie unbeobachtet oder allein. Jeder schaute, was der Nachbar machte. Die Bauernfamilien verständigten sich in einem großen Netzwerk. Man gehörte einer fest etablierten traditionellen Gemeinschaft an und kannte sich sehr gut.

In die Zeit ab Ende Juli und in den August, in die Sommerferien, während die Mitschüler in Urlaub fuhren, fiel die Getreideernte. Dazu brauchte ich den Führerschein. Traktor fahren war für mich angesagt, was anfangs nicht einfach war. Etwas ängstlich bestieg ich immer diese Traktoren mit den Feld- und den Straßengängen. Meine Aufgabe war es, das gedroschene Korn vom Feld mit dem Traktor und einem Hänger von drei oder fünf Tonnen vom Feld abzufahren: entweder nach Hause in die Scheune oder, wenn es direkt verkauft wurde, zur Bezugs- und Absatzgenossenschaft. Den größten Teil unseres Getreides trockneten wir in eigenen Silos in der Scheune und verkauften es im Winter zu höheren Preisen – ein deutlicher Preisvorteil, wie ich schnell begriff. Bei diesen Arbeiten lernte ich den Staub in den Getreidesilos unter dem Scheunendach bei 30–40 °C kennen. Dort musste das mit dem Gebläse ankommende Getreide verteilt werden. Zudem war darauf zu achten, dass nichts über die Ränder des Silos überlief. Meine Freundinnen waren während dieser Zeit mit ihren Eltern im Urlaub oder in der Badeanstalt. Zeit für Schwimmbad war nur, wenn die Erntearbeit abgeschlossen war. Als Ersatz hatte ich meine Kommunikation in der Absatzgenossenschaft mit den Burschen aus den Nachbardörfern. Die waren sehr nett, manchmal auch sehr, sehr frech. Als Mädchen lernte ich, mich dort zu behaupten. Manchmal redeten wir dort auch über Schulaufgaben. Ich war für Mathematik zuständig und ließ die Jungs in der Klassenarbeit abschreiben. Das war Ehrensache. Dafür haben sie mir dann auch geholfen, das Getreide vom Hänger mit der Hydraulik abzukippen. Das Getreide meines Vaters stand meistens sehr gut. Die Stimmung war getrübt, wenn es große Hagelschäden gab oder das reife Getreide bei Regenperioden auf dem Feldboden lag und nicht mehr gut trocknete und zum Teil auskeimte. Ich lernte, was Qualität, Extraarbeit und Extrakosten bedeuten. Die Qualität von minderem Getreide konnte man riechen; muffig roch es – ich rieche es heute noch.

Wenn die Erntearbeit die Maschinen äußerst strapazierte, war es meine Aufgabe, defekte Teile des Mähdreschers und anderer Maschinen, die gleich auf dem Feld ausgebaut wurden, mit meinem R4 in die Reparaturwerkstatt zu fahren und für eine zügige Reparatur zu sorgen. Dem charmanten, jungen Mädchen wurde gerne geholfen. Mit den Mechanikern in den Werkstätten habe ich mich gerne unterhalten und auch einiges gelernt; so weiß ich bis heute, was ein „Engländer“ ist. Berührungsängste gegenüber der Technik konnte ich so nicht entwickeln. Ich musste nur gut erklären, was zu reparieren war, und durchsetzen, dass das Teil schnell repariert wurde. Druck auf Zeitplanungen auszuüben war schon in meiner Jugend notwendig und gehört heute zu meinem Beruf („Wer, was, wann?“ – wie heute die Standardfrage in meinem Beruf lautet).

Nach gutem Wachstumswetter im Mai waren die Ernten gut. Mein Vater investierte in Maschinen und Gebäude. Der einst so heruntergekommene Betrieb nahm Aufschwung. Jedes Jahr pachtete er mehr Land dazu, schließlich sogar den ganzen Betrieb meiner Tante. Da waren die beiden Höfe meiner Großmutter wieder unter einer Leitung. So kam es zu Wachstum auf dem Feld und wieder zu zunehmendem Wohlstand in unserer Familie. Meine Mutter erfüllte es mit Stolz, weil das zusammenkam, was sie schon immer als ihr ganzes Erbe als älteste Tochter angesehen hatte. Ich fühlte, wie es ihr leicht ums Herz wurde, wenn wir gemeinsam mit dem Fahrrad oder Auto durch die Felder fuhren – und war es nur, um das Mittagessen für meinen Vater um 12 Uhr aufs Feld zu bringen. Trotz des zunehmenden Wohlstandes wurden weder meine Schwester noch ich verwöhnt. Nein, da gab es schon damals feste Summen, für die auf dem Hof eine Gegenleistung erbracht werden musste. Meine Schwester liebte die Tiere, ich dagegen war eher für Feld- und Gartenarbeit zu begeistern – Haustiere mag ich bis heute nicht sehr. Einen romantischen Hausgarten mit Rosen habe ich nach selbst entworfenem Plan am Bodensee angelegt. Wie bei meiner Urgroßmutter ist es ein geordneter Rosengarten mit einer Buchsbaumbegrenzung der Beete. Die Erde, den schwarzen Mutterboden trage ich im Herzen. Kühe habe ich nie gemolken. Da weigerte ich mich. Diese Fähigkeit, „Nein“ zu sagen, habe ich also früh erprobt und sie hilft mir heute gelegentlich in der Geschäftsführung.

Ich konnte mich aber nicht davor drücken, Geburtshilfe bei kalbenden Kühen oder ferkelnden Mutterschweinen zu leisten. Da gab es kein Pardon. Besonders nicht, wenn meine Eltern nicht zu Hause waren. Ich habe anfangs „Blut und Wasser geschwitzt“, wenn die Wehen bei den Muttertieren einsetzten. Darauf musste ich mich konzentrieren und die Verantwortung für das neue Leben übernehmen: faszinierend und außerordentlich anstrengend.

Schon sehr früh in meiner Kindheit habe ich geübt, mehrere Dinge fast zeitgleich zu verfolgen, zu verarbeiten und sehr unterschiedliche Sachverhalte im Kopf präsent zu haben: das Geschehen auf dem Hof in seinen Einzelheiten neben Schule bzw. Universität mit den vielseitigen Themen, etwas sehr Konkretes wie Wachstum und Ernte neben etwas sehr Abstraktem und Logischem mit ganz anderen Erfolgserlebnissen: eigentlich eine wunderbare Konstellation! Ich baute meine Netzwerke der Kommunikation in der ländlichen und auch in der etwas abstrakteren Welt der Schule auf, ohne den Begriff „Netzwerk" zu kennen. Der Eintritt in die Schule öffnete mir eine nicht unmittelbar greifbare, direkt zu beobachtende Welt, die ich begierig annahm. Neugierde und Freude auf die Zukunft, auf die vier Jahreszeiten eines neuen Jahres haben mich immer genauso erfüllt wie die auf ein neues Schuljahr, Semester oder heute auf ein neues Geschäftsjahr in der Industrie.

Der Wunsch meines Vaters war es, dass ich den landwirtschaftlichen Betrieb übernehmen und einen Landwirt heiraten sollte. Der Vorschlag meines Doktorvaters an der Universität zielte darauf, eine Dissertation zu schreiben und einer Lehr- und Forschungstätigkeit am Lehrstuhl für Industriebetriebslehre und Betriebswirtschaftliches Rechnungswesen nachzugehen. Druck auf meine Entscheidung haben beide nicht ausgeübt. „Was du tust, musst du aus vollem Herzen tun und dieses dann ein Arbeitsleben lang", so die Worte meines Vaters und darin lag die Aufforderung, wenn ich etwas anderes als den Bauernhof wählen würde, dann auch mit vollem Einsatz. Ich fühlte damals eine Art Erfolgsdruck, wenn ich mich anders als meine Mutter viele Jahre zuvor entscheiden würde. Belastend war das Gefühl, dass ich meine Eltern mit meiner Entscheidung nicht glücklich machte. Aber ich selbst würde langfristig mit den Konsequenzen meiner Entscheidung glücklich werden müssen. Gleichzeitig schien so etwas wie ein doppelter Boden zu existieren: der Betrieb meiner Eltern, auf den ich zurückkehren könnte, wenn die akademische Arbeit nicht erfolgreich sein sollte. Aber ich habe damals gespürt, dass dies eine Situation war, in der keine Möglichkeit zum Kompromiss oder zu einer so genannten kleinen Lösung besteht – wie dies auch häufig im Geschäftsleben ist. Der Zwang war nicht, das zu tun, was der Vater sich wünschte, der Zwang war, Eigenverantwortung zu übernehmen. Über 20 Jahre später kam ich mit dem Präsidenten unseres Konzerns wieder auf dieses Thema und er machte eine für mich sehr wertvolle Aussage zu vermeintlichen Entscheidungskonflikten: „Renate, glücklich sind wir in Situationen, in denen wir Optionen haben. Tatkräftige, aktive Menschen haben immer viele Optionen; man muss immer sein ganzes Talent einsetzen, um möglichst die beste Alternative auszuwählen."

Ich entschied mich für die Universität und die Assistententätigkeit, promovierte mit Begeisterung und diskutierte gerne mit den Studenten – ähnlich wie früher bei der Arbeit auf dem Land. Die Urproduktion kannte ich als Familienbetrieb. Die Themen der verarbeitenden Industrie waren Neuland. Volkswirtschaftslehre als übergeordnetes Ganzes fand ich faszinierend – ein großes, komplexes System wie die Landwirtschaft. Ich fühlte mich glücklich, als mir die Promotion angeboten wurde. Ein komplexes Thema eigenständig zu bearbeiten, das war der Traum. Die Auseinandersetzung mit Lehrplänen und Forschungsrahmen an der Universität waren nicht immer leicht. Heute sehe ich es gelassener. Die verabschiedeten Geschäftsstrategien und Business-Modelle der Industrie stecken einen ähnlichen festen Rahmen für das Berufsleben. In Unternehmen müssen die Ziele realisiert werden, was z. B. Produkte, Umsatz oder Finanzergebnisse angeht – ähnlich wie früher die reifen Ernten erfolgreich einzubringen waren. Die Forschung und Entwicklung in der Industrie vergleiche ich mit der Saat, die in die Erde eingebracht wird. Immer erst das Risiko, dann die Entwicklungsphasen und hoffentlich am Ende der Erfolg oder die gute Ernte. Die festgelegten Strategien der Unternehmen verpflichten und das operative Geschäft hat seinen Rhythmus mit Monatsabschluss und hoffentlich den erwarteten Ergebnissen. Hier gibt es wenig Unterschiede zwischen landwirtschaftlichen und industriellen Unternehmen. Was zählt, ist der Einsatz, die Leistung aus Leidenschaft!

Jahre später wiederholte sich die Notwendigkeit zu einer strategischen Entscheidung für den Lebensweg noch einmal. Wieder auf einer Gabelung für zwei denkbare Wege angekommen! Mein Doktorvater hatte mich zur Habilitation vorgeschlagen. Die Stelle eines akademischen Rates an der Universität stand zur Verfügung. Eine Laufbahn in Forschung und Lehre lockte oder der Wechsel in das praktische Management in der Wirtschaft. Es war wohl die auf dem Bauernhof auf Produktion, Entwicklungsprozesse und Unternehmensverantwortung eingestellte innere Uhr, die das Pendel in dieser Entscheidungssituation zugunsten der freien Wirtschaft ausschlagen ließ. In meinem Berufsleben habe ich viele Funktionen und Prozesse der Industrie kennen gelernt und verantwortet und mich für Wachstum mit starken Marktpositionen begeistert und eingesetzt. Es sind die Wachstumsprozesse in Verbindung mit den engagierten Menschen, die mich schon auf dem Bauernhof in ihrer ganz konkreten Ausprägung fasziniert haben. Eigentlich habe ich mich nicht so weit entfernt von den Strukturen, die mich in meiner Kindheit prägten.

In meinem Herzen trage ich noch heute die traditionelle Denkweise „Auf

Regen folgt Sonne; nach einem Gewitter ist die Luft wieder klar." Es gibt immer ein neues Jahr mit neuen Wetterbedingungen und Ernten. Die Zukunft ist spannend und fordert uns zur Veränderung auf. Das haben mir die Generationen, die ich erlebte, gut vorgelebt. Die Bereitschaft zu Neuerungen und Veränderungen, von meiner Großmutter und Mutter vorgelebt, hilft mir, wenn es heute im Unternehmen heißt: „Change to win." Mit kontinuierlicher Verbesserung müssen wir uns den Herausforderungen der Zeit und der Weltmärkte stellen. Es ist nicht wirklich etwas ganz Neues, und Generationen auf dem Bauernhof vor mir haben es in der guten alten Zeit im Rahmen ihrer Möglichkeiten und dem jeweiligen technischen Stand ihrer Zeit bewiesen. Das Wachstum im konkreten wie im abstrakten Sinne ist die notwendige Vorraussetzung – es ist die Verpflichtung für uns alle. Dabei müssen wir mit Herzblut bei der Sache sein – sonst wird sie nicht erfolgreich. So ist es für mich selbstverständlich, die Umwelt zu bewahren und zu schonen und dabei für Wohlstand zu sorgen, den wir immer teilen müssen. Das Leben im Rhythmus der Natur in der Landwirtschaft hat mir diesen Gedanken sehr früh sehr nahe gebracht. Dieses ist vielleicht mein „größtes Vermögen", das ich „geerbt und auch früh gelebt" habe.

Die bäuerlichen Wurzeln prägen stark meine Lebensweise. Sie geben mir viel Kraft und Standvermögen, die ständig neuen Herausforderungen einer hoch technisierten, globalen Industrie positiv anzunehmen.

Michael Succow

Die Landschaft meiner Kindheit war voller Leben

Die Landschaft meiner Kindheit liegt in Ostbrandenburg, im damaligen Kreis Oberbarnim am Rande des Oderbruchs. Die flachwelligen, mäßig fruchtbaren Böden der Grundmoränenplatte wurden im 13. Jahrhundert von deutschen Siedlern in Nutzung genommen. Ein Lokator (Dorfgründer) namens Lüder hatte seinerzeit in Ost-Elbien vier Dörfer, die alle den Namen Lüdersdorf tragen, begründet. Anfangs siedelten hier freie Bauern, später entstanden Gutsherrschaften mit wechselnden Besitzern. 1932, im Zuge der Weltwirtschaftskrise, wurde auch das Gut Lüdersdorf aufgesiedelt. Meine Eltern erwarben damals 65 Hektar, außerhalb des ehemaligen Gutes gegenüber dem Park wurde der Bauernhof errichtet. Sie wollten hier, jung verheiratet, ihr Leben als freie Bauern selbst gestalten. Mein Vater war zuvor sehr erfolgreich als Inspektor und schließlich Oberinspektor bei verschiedenen Großgrundbesitzern in der Uckermark tätig gewesen. Meine Mutter, von Beruf Geflügelzüchterin, hatte nach ihrer Ausbildung als junge Frau vier Jahre im südlichen Afrika (1926–1930) Geflügelfarmen aufgebaut. Ein Heimaturlaub führte meine Eltern zusammen, ließ den Wunsch reifen, nicht mehr anderen dienen zu müssen, sondern auf eigener Scholle selbst das Schicksal in die Hand zu nehmen. In üblicher Rollenverteilung war Vater Wilhelm für Äcker und Tiere verantwortlich, meine Mutter Käthe für Haus und Gärten, die Beköstigung der oft vielen Arbeiter, die „Aufzucht" der drei Kinder: Eberhard, Maren und Michael – ich war der Jüngste.

1941 geboren, erfasste ich die Schrecken des Krieges noch nicht. Unser Bauernhof, schon zu Kriegsbeginn ohne Schulden, war der größte im Dorf. Kurz vor dem „Zusammenbruch" Anfang April 1945 zog meine Mutter mit uns Kindern auf zwei Treckwagen, begleitet von Polen, bis nach Todesfelde in Schleswig-Holstein. Mein Vater, für die Evakuierung des Dorfes, den Abtrieb der Viehherden verantwortlich, folgte in buchstäblich letzter Minute nach. Mit den sechs Pferden baute er in Schleswig-Holstein ein Fuhrunternehmen auf, meine Mutter arbeitete als Dolmetscherin bei den Eng-

Michael Succow

Er wird 1941 in Lüdersdorf bei Bad Freienwalde geboren. Von 1960 bis 1965 studiert er in Greifswald Biologie, bevor er als wissenschaftlicher Assistent am Botanischen Institut dieser Hochschule arbeitet.
1969 muss er seine universitäre Laufbahn aufgrund politischer Ereignisse aufgeben. Er arbeitet als Standorterkunder und später als Brigadeleiter eines Meliorationskombinats.
1970 promoviert er mit einem moorvegetationskundlichen Thema, arbeitet als Wissenschaftlicher Mitarbeiter an der Akademie der Landwirtschaftswissenschaften der DDR, wird dort 1987 zum Professor ernannt.
1990 ist Succow als kurzzeitiger Stellvertreter des Ministers für Natur-, Umweltschutz und Wasserwirtschaft der DDR für Ressourcenschutz und Landnutzungsplanung verantwortlich. Noch im September 1990 wird in der letzten Sitzung des Ministerrats der DDR das von Succow und seinen Mitstreitern vorbereitete Nationalpark-Programm beschlossen. 5 % der Fläche der DDR werden als Nationalparke oder Biosphärenreservate gesichert.
Seit 1992 ist Michael Succow Professor für Geobotanik und Landschaftsökologie und Direktor des Botanischen Instituts und Gartens der Universität Greifswald und bekleidet zahlreiche Ehrenämter und wissenschaftliche Beiratsfunktionen.
Daneben arbeitet Succow seit 1990 in den Transformationsländern des Ostens, insbesondere in Zentral- und Ostasien, um dort Naturschutzgroßprojekte zu initiieren.
Mit der „Michael-Succow-Stiftung zum Schutz der Natur", die mit dem Preisgeld für den alternativen Nobelpreis aufgebaut wurde, unterstützt er vor allem die Republik Aserbaidschan bei der Umsetzung eines Nationalparkprogramms.Für sein Engagement für den Naturschutz erhält er zahlreiche Auszeichnungen.
Darunter u. a.:
1997 Alternativer Nobelpreis Stockholm
2001 Verdienstkreuz 1. Klasse des Verdienstordens der Bundesrepublik Deutschland
2005 Verdienstorden des Landes Brandenburg
2006 Rubenow-Medaille der Stadt Greifswald.

ländern. Wir wohnten als Flüchtlinge in einem Zimmer im Pfarrhaus. Die Gemeinde beschloss, dass wir dort bleiben sollten, um einen frei gewordenen Bauernhof zu übernehmen. Meine Eltern wollten aber unter allen Umständen auf ihren Hof zurück. Lüdersdorf lag in der Hauptkampfzone, Stall und Scheune brannten Ende April nieder; während der erbitterten Kampfhandlungen fungierte unser Haus als Hauptverbandsplatz, wie ein Wunder blieb es stehen. Der Soldatenfriedhof in meinem Heimatdorf mit über 150 gefallenen jungen Deutschen ist Zeugnis dieses Geschehens am Ende eines sinnlosen, schon längst verlorenen Krieges!

Anfang April 1946 traten meine Eltern mit uns Kindern und den sechs Pferden die Heimreise auf den verwüsteten Hof an. Meine ersten Kindheitserinnerungen stammten aus dieser Zeit. Aus dem geplünderten Wohnhaus konnte man weit auf die brach liegenden Felder schauen bis zum fernen Wald, denn die sichtverbauende große Scheune gab es ja nicht mehr. In den Ruinen des Stallgebäudes wuchs im Schutt üppig die Melde, hier wurden einige Kaninchen und Hühner gehalten, die man uns in Schleswig-Holstein auf die Reise mitgab. Im Pferdestall Gerippe verbrannter Haustiere, überall zerschossene Panzer, Kriegsgerät, auch direkt vor unserem Haus. Wo nur möglich, galt es, die armseligen Flüchtlinge aus den Ostgebieten unterzubringen. Sie bewohnten auf engstem Raum in unserm Haus Keller und Boden. Meine Eltern waren von einem ungeheuren Aufbauwillen beseelt, der Hof sollte wieder entstehen. Wir Kinder waren dabei eingebunden. Als Erstes wurde der Pferde-, Kuh- und Schweinestall wieder aufgebaut. Die damalige „Bauernhilfe" teilte meinem Vater einige Ferkel, einige Schafe und eine Kuh zu. Mit Langholzwagen, natürlich von Pferden gezogen, wurden aus dem Wald Kiefernstämme herangebracht, um die große Scheune zu zimmern. Die Zimmerleute arbeiteten mit einfachsten Werkzeugen – Axt und Sägen –, und bauten die große Scheune rasch wieder auf. Auf dem Hof und auf den Feldern fanden viele Menschen Arbeit.

Mein Vater kaufte alle verfügbaren Schafe der Umgebung auf, die irgendwie den Krieg überlebt hatten. So entstand eine zusammengewürfelte Herde von 24 Tieren. Der Leithammel war ein ostfriesisches Milchschaf, mein Reittier. Mit 10 Jahren wurde mir die Aufgabe der Sorge um diese Schafherde übertragen. Gleich nach dem Schulunterricht zog ich täglich mit meiner Herde, die schon bald auf 100 Schafe anwuchs, auf die Felder, an Wegsäume, auf Wiesenstücke. Und diese Schafherde wurde schon nach wenigen Jahren als beste bäuerliche Schafherde Brandenburgs ausgezeichnet. Allein mit Herde und Hund in weiter Landschaft – noch ohne Motorenlärm, aber dem Hufgetrappel der Pferde, entwickelten sich in mir eine

Verantwortung und Naturbegegnung – beim Schafehüten 1953

tiefe Naturliebe, Achtung und Ehrfurcht vor dem Leben, Freude am Schauen der Landschaft, am Beobachten der Vögel, Blumen, Insekten ... In mir erwachte eine große Neugier nach Wissen um die Natur. Ich erlebte den langen Arbeitstag, die Schwere der bäuerlichen Arbeit, die Sorge um Saaten, Vieh und Witterung. Ich erlebte aber auch Beglückung über das Erarbeitete. Ich erlebte Verantwortung in freier Entfaltung der täglichen Arbeit, ich erlebte Achtung vor der Natur und ihren Produkten. Ich erlebte Hilfsbereitschaft und Bescheidenheit, Zuwendung und Zufriedenheit. Bis zu 20 Arbeitskräfte waren in unserem Betrieb tätig. Die Landschaft meiner Kindheit war voller Leben, arbeitender Menschen, Haustiere, mannigfaltiger Natur. Die Vielzahl der Ackerwildkräuter, die ich beim Schafehüten sammelte und später zu bestimmen versuchte, die Insektenfülle, insbesondere an Erdaufschlüssen und Hohlwegen, und natürlich die große Zahl an Vogelarten, die ich im Park, auf den Feldern, an den alten Alleen, den Feldteichen fand, faszinierten. Im Herbst 1953, mit 12 Jahren, fing ich an, meine Vogelbeobachtungen im Tagebuch festzuhalten. Alles wurde aufgeschrieben, die gefundenen Nester der Rebhühner und Neuntöter, die Erstankunft der Nachtigall, der vorüberfliegende Greifvogel ... Viele Tagebücher sind damals voll geschrieben worden, warten auf Auswertung. Ich bekam 1953 mein erstes Vogelbuch, konnte so Arten bestimmen. Zum Abschluss der Grundschule (8. Klasse) handelten meine Eltern für mich ein erstes Fernglas ein. Welch ein Wunder der Technik! Meine sehr naturverbundene und religiöse Mutter beförderte so weit wie möglich meine Leidenschaft. Die ständige Auslastung auf dem Bauernhof ließ nur sehr selten Zeit für gemeinsame kleine Wanderungen: durch den Gutspark, der gleich hinter unserm Hof begann, zu den so spannenden Feldteichen auf unseren Äckern oder entlang dem Frankenfelder Weg, einer alten Lindenallee zum Nachbardorf. Hier beeindruckten die höhlenreichen gewaltigen Bäume, die seinerzeit noch geschneitelt wurden. Sie erzählte uns Kindern von Zwergen und Elfen, zeigte uns Glühwürmchen und Fledermäuse. All das prägte sich tief bei mir ein, ist unauslöschlich in meinem Gedächtnis verankert. Manchmal brauchte ich sonntags keine Schafe zu hüten, meine Mutter setzte sich durch, so konnte ich an diesen Tagen Ganztageswanderungen in die weitere Umgebung unternehmen; zur Erkundung der umliegenden Wälder, Bachtäler, Seen. Unser großer schwarzer Hofhund Stoffel begleitete mich, öfter auch meine Schwester Maren, manchmal auch Kinder aus unserem Dorf. Es waren schon richtige naturkundliche Exkursionen. Ich zeichnete die Route auf selbst entwickelten Karten, alles wurde notiert, zunehmend auch Blumen, Kräuter. Im Winter – in der Erinnerung waren sie wesentlich kälter als heute – zog ich oft auf Skiern durch die verschneite weite Feldflur. Neben der Beschäftigung mit den Hunden, von denen es auf unserem Hof stets mehrere gab, den Schafen, für die ich die Verantwortung trug, war es mein sehnlichster Wunsch, auch Tauben zu züchten. So baute mir mein Bruder einen großen Taubenschlag, auch ein wunderschönes Vogelfutterhaus zur Winterfütterung auf der Eselwiese. In einer leer stehenden Dachkammer wurden in der Natur gefundene, geschwächte Vögel gehalten, die so in meiner Obhut den Winter überlebten, ein Mäusebussard, ein Stockentenerpel ... Besonders gern erinnere ich mich auch an unseren großen Gemüsegarten, wo ich mit Freude meiner Mutter beim Säen und Ernten, beim Unkrautzupfen, beim Wässern half. Das Leben im krümeligen Boden, Regenwurm, Knoblauchkröte und Maulwurfsgrille ließen innehalten, intensiv beobachten, die Wunder der Natur erahnen.

Die Dorfschule nahm ich nicht allzu ernst. Ein Spielen mit den Dorfkindern gab es selten, eher im Winter: Schlittschuh laufen mit gefundenen ungleichen Schlittschuhen, Eishockey spielen auf dem Dorfteich oder auch Schlitten fahren. Gegen das Fußballspielen, die Haupttätigkeit des obligatorischen Schulsportes, hatte ich eine tiefe Abneigung, war nicht bereit, auf genormter Fläche hinter einem Ball her zu rennen. Auch verlor in der Regel die Mannschaft, in der ich mitzuspielen hatte. So erteilte mir der Sportlehrer schon bald das „Privileg", während der zwei bis drei Sportstunden eine Wanderung machen zu dürfen, zu Feldern, Teichen und Hecken im

Die Familie Succow: Eltern und Geschwister im Herbst 1951

weiteren Umfeld des Sportplatzes. Nur zu den Sportprüfungen hatte ich anzutreten: Weit- und Hochsprung, Rennen – und da war ich recht gut durch mein Training beim Schafehüten. Diese glückliche Grundschulzeit endete zum Sommer 1955. Es folgten fünf Jahre erweiterte Oberschule in Bad Freienwalde. Durch einen schweren Unfall musste ich die 10. Klasse wiederholen: Beim Jauchefahren am Silvestertag gingen die Pferde durch, die ich führte. Der glücklicherweise schon leere Jauchewagen rollte über mein Becken, eine sowjetische Militärkolonne hatte die Pferde in Panik versetzt. 1960 machte ich das Abitur. An diese Oberschulzeit in Bad Freienwalde habe ich überwiegend negative Erinnerungen. Die Einlieferung in ein Internat, zusammengepfercht mit bis zu sechs Schülern in einem Zimmer, die streng reglementierten Arbeitszeiten nach dem Unterricht, die keinerlei Möglichkeit gaben, eine mehrstündige Wanderung in die so reizvolle Umgebung zu unternehmen. Die ständigen Parolen vom Klassenkampf und Klassenfeind, der Widerspruch zwischen der verkündeten sozialistisch-marxistischen Ideologie und der erlebten Wirklichkeit in meinem Dorf, auch das strikte Verbot des Hörens westlicher Radio-Sender sind mir in Erinnerung. Manchmal klingt mir noch die Ironie eines Liedverses im Ohr: „Der Klassenfeind, der Klassenfeind, ist einer, der es böse meint – und wenn er's auch nicht böse meint, so bleibt er doch der Klassenfeind."

Sonnabendmittag erfolgte dann die Heimfahrt zu meinen Eltern in meine geliebte Heimat. Mehrfach wollte ich diese Schule aufgeben, wieder Schäfer werden und nebenher die „Vogelwelt Brandenburgs" bearbeiten. Hinzu kamen die enormen Wissenslücken, die die Dorfschule mit sich gebracht hatte. Meine Neigungen und Interessen wurden kaum wahrgenommen, oft erhielt ich in Biologie, meinem Lieblingsfach, nur die Note „Drei", die Lehrerin konnte mein Wissen offenbar nicht ertragen. Insbesondere meine Mutter litt mit mir, versuchte mich aufzumuntern, ermöglichte Verbindungen zu Naturschützern, Wissenschaftlern, die mir Stützung gaben, mich bewogen, doch weiterzumachen. Besonders bedeutsam war in dieser Zeit das Zusammentreffen mit Erna und Kurt Kretschmann, den Pionieren des ostdeutschen Naturschutzes. Sie wohnten und arbeiteten in Bad Freienwalde in ihrem „Sonnenhaus“, einem selbst gezimmerten Blockhaus. Ihre Ideale wurden zu den meinigen, ihr Denken und ihr Handeln bestimmten fortan mein Leben. Ihre tiefe Naturliebe und ihr beispielloser Einsatz zum Schutz der Natur prägten mich. Sie wurden meine Vorbilder. Ihnen habe ich insbesondere in dieser Zeit der Unfreiheit, Bedrängnis und Bevormundung sehr viel zu verdanken.

Im Frühjahr 1960, ich machte gerade das Abitur, erlebte ich die volle Kollektivierung der Landwirtschaft der DDR, den so genannten „sozialistischen Frühling auf dem Dorfe“. Meine Eltern wurden nun als letzte Bauern des Dorfes Mitglied der LPG. Damit war das Dorf „vollsozialistisch“. Ich erinnere mich noch, wie unsere beiden Arbeiter in diesen Tagen meinen Vater beschworen, doch nicht in die „Kolchose“ zu gehen, sie wollten auch doppelt so viel arbeiten, aber weiter als „Freie“ auf dem bäuerlichen Hof meines Vaters. Aber die Lautsprecherwagen auf der Dorfstraße, die „Beschleuniger“, die meinem Vater mit Gefängnis drohten, ließen keine andere Wahl. Mein Vater arbeitete nun bis zur Rente in „unserem“ Kuhstall als Viehpfleger! Den LPG-Vorsitz zu übernehmen, lehnte er ab. Der zweimalige Aufbau des Hofes, die ständigen Drangsalierungen und Demütigungen hatten seine Kraft gebrochen, ließen ihn resignieren. In schmerzlicher Erinnerung ist mir das Weinen meiner Mutter, als unsere Pferde aus dem Stall geholt wurden, die Schafe vom Hof getrieben wurden.

Bislang als Großbauernsohn – ein „Überbleibsel des Kapitalismus“ – zur „Ausbeuterklasse“ gehörend, wurde ich nun über Nacht einer progressiven Klasse zugeordnet, der Klasse der werktätigen Genossenschaftsbauern. Verleumdungen und Anschuldigungen hörten auf, ich konnte nun, im Gegensatz zu meinen älteren Geschwistern, denen die Oberschule verwehrt wurde, sofort nach dem Abitur an der Ernst-Moritz-Arndt-Universität in Greifswald mein Traumstudium der Biologie aufnehmen. Ein Herzenswunsch ging in Erfüllung. Ich wollte biologisches Wissen erwerben, dem Schutz der Natur dienen. Meine Diplomarbeit widmete ich der vegetationskundlichen Untersuchung einer damals noch in voller Schönheit und auch Produktivität vorhandenen Wiesen-Niederung bei Greifswald. Mit Abschluss des Studiums heiratete ich meine Frau Ulla, wir hatten fünf Jahre gemeinsam in einer Seminargruppe Biologie studiert. Sie hatte sich in Mikrobiologie spezialisiert, ich in Geobotanik. Sie arbeitete zeitweilig am Ins-

Unser wiederaufgebauter Hof in Lüdersdorf 1951

titut für Mikrobiologie der Universität Greifswald und unterstützte mich, wo immer es ging, bei meiner wissenschaftlichen und zunehmend auch gesellschaftlichen Arbeit. Zwei Töchter wurden geboren, Kathrin (1965) und Juliane (1967). Es waren glückliche Jahre in bescheidener Lebensführung. Ich erhielt eine Stelle als Wissenschaftlicher Mitarbeiter am Botanischen Institut und begann meine Dissertation über Genese, Vegetation und anthropogene Umwandlung der Flusstalmoore Nordostdeutschlands. Im Bewusstsein, dass ich der Letzte war, der diese eigenständigen Landschaftsräume noch in naturnahen „vorindustriellen" Nutzungen sah, bemühte ich mich, möglichst viel zu erfassen, zu dokumentieren. Denn die „Komplexmelioration" dieser Niederungen hatte eingesetzt. Buchstäblich vor riesigen lärmenden Baggern, die große tiefe Kanäle in die Wiesenniederungen gruben, um sie, wie es damals hieß, „ausbluten" zu lassen, machte ich meine Vegetationsaufnahmen und Moorbohrungen. Rodungen, Grünland-Umbrüche, Neuansaaten und neuerliche Entwässerungen in rascher Folge ließen diese Niedermoore nach kurzzeitig hoher Produktivität schon in wenigen Jahren zu Problemstandorten werden, mit degradierten Böden, enormem Torfschwund, gestörtem Wasserhaushalt, verminderter Wuchsleistung, Verlust der Lebensfülle.

Ertragsarmes, von Quecken geprägtes Grasland, z. T. im Wechsel mit Maiskulturen, kennzeichnet heute weitgehend die großräumig „homogenisierten" Niederungslandschaften. Von der Vielzahl der hier einst brütenden Vögel hat nur die Feldlerche überlebt. Aus historisch gewachsenen Wiesenlandschaften, die nützlich und schön zugleich waren, wurden alleinige Produktionslandschaften mit einseitiger Ertragsmaximierung, mit dem Verlust ihrer Funktionen im Naturhaushalt, dem Verlust ihrer Lebensfülle, aber auch dem Verlust der Landschaft als Arbeitsplatz.

1968 kam dann der „Prager Frühling“. Hoffnung wurde genährt für einen demokratischen Sozialismus und damit auch mehr Vernunft im Umgang mit der Natur. Wir, die jungen Assistenten, standen hinter diesen neuen Entwicklungen, waren begeistert. Dann der Einmarsch der Truppen der Länder des Warschauer Vertrages in die Tschechoslowakei – eine tiefe Erschütterung! Alle Wissenschaftler der Universität hatten ein von der Parteileitung gefertigtes Schreiben zu unterzeichnen, dass dieser Einmarsch zu begrüßen sei, denn der Sozialismus sei so gerettet worden. Dem konnte ich – meinem Gewissen folgend – nicht zustimmen, ich unterschrieb nicht. An der ganzen Universität taten nur wenige ein Gleiches. Mein Fachgebietsleiter, Prof. Fukarek, meinte, das sei so kurz vor Abschluss der Dissertation unklug, es sei ja nur ein Lippenbekenntnis gefordert, retten könnte ich damit sowieso nichts. Und im Übrigen gelte es, in dieser Zeit die Hochschulreform zu überdauern, in der Hoffnung auf bessere Zeiten, die irgendwann kommen müssten. In einem darauf erfolgten Kadergespräch teilte man mir mit, dass ich keine Wohnung, auf die wir schon so lange warteten, bekäme, meine vegetationskundliche Forschung aufzuhören habe und ich auf mikrobiologischem Gebiet, dem neuen Forschungsschwerpunkt der Universität zu forschen hätte. Unter diesen Bedingungen war es nicht weiter möglich, meine Tätigkeit an der Universität, in der geliebten Wissenschaft, fortzusetzen. Arbeitsmöglichkeiten boten Vegetationskundlern nur die in enormem Ausbau befindlichen volkseigenen Meliorationskombinate.

So trat ich im Sommer 1969 meine neue Tätigkeit als Standortserkunder im Betriebsteil Projektierung des Volkseigenen Meliorationskombinates in Bad Freienwalde an. Ich war damit wieder in meiner Heimat. Meine Familie wohnte zunächst in Lüdersdorf bei meinen Eltern. Meine Aufgabe war es, großflächige Entwässerungen und Flurbereinigungen aus standortskundlicher Sicht vorzubereiten. Es war harte körperliche Arbeit, aber auch eine schwere Zeit für unsere Landschaft. Als ein im ökologischen Denken Ausgebildeter, sich für das Leben Einsetzender galt es nun, Lebensräume zu vernichten, Landschaften zu „homogenisieren“. Der durch das für Landwirtschaftsfragen zuständige Politbüromitglied Gerhard Grüneberg angewiesene Weg zum Aufbau einer „industriemäßig produzierenden Landwirtschaft“ führte zu einem Höhepunkt der Landschaftszerstörung. Gigantomanie setzte sich durch. Die Ackerschläge hatten 100 Hektar und größer zu sein, die landwirtschaftlichen Betriebe mehr als 1000 Hektar zu umfassen. Mit gewaltigen industriemäßigen Massentierhaltungen sollte rasch ein Lebensmittelexport zur Devisenerwirtschaftung erreicht werden. Die in je-

Die Geschwister Succow: Maren, Eberhard und der kleine Michel (von rechts)

dem Bezirk aufgebauten Meliorationskombinate wurden zu Erfüllungsgehilfen bei der „sozialistischen Neugestaltung" der Agrarlandschaft. Sicher wurde zunächst die Produktivität gewaltig gesteigert und damit der materielle Wohlstand des Volkes gehoben.

Aber wie oft erlebte ich Bauern, die die damaligen Entwicklungen mit Sorge verfolgten. Ihre Meinung war ebenso wenig gefragt wie die der noch zur Kritik bereiten und fähigen Wissenschaftler. Als es darum ging, Flächen auszuwählen für die Ausbringung von Gülle des geplanten größten Schweinezucht- und Mastkombinates der DDR bei Eberswalde mit einer jährlichen Produktion von 200.000 Schweinen, wurden wir vom Leiter der Kommission zum Aufbau derartiger Produktionsstätten unter Druck gesetzt: Wer dagegen Bedenken habe, sei gegen den Fortschritt. Wer das in Frage stelle, sei für die geplanten Aufgaben nicht befähigt. Er würde bei der nächsten Beratung nicht mehr dabei sein. Ich war bei der nächsten Beratung nicht mehr dabei.

Nach vier Jahren Tätigkeit am Meliorationskombinat wollte ich wieder wissenschaftlich arbeiten. An eine Einstellung an einer Universität oder gar als Ökologe war nicht zu denken. Ich hatte mich aber, wie man mir sagte, in der Praxis bewährt und wurde so als Bodenkundler im damaligen Institut für Bodenkunde der Akademie der Landwirtschaftswissenschaften der DDR in Eberswalde eingestellt. Ich hatte mich mit dem Wasserhaushalt von Ackerstandorten zu beschäftigen. Besonders bewegte mich das Schicksal der Sölle, dieser kleinen wassergefüllten, seit der Eiszeit vorhandenen Hohlformen, den „Augen" der Landschaft. Damals war aber die offizielle Bezeichnung dieser Lebensräume – in staatlichen Richtlinien festgeschrieben – „Störelemente", die es möglichst zu liquidieren galt, denn sie behinderten die industriemäßige Pflanzenproduktion. Die Beseitigung dieser Sölle kostete das Land Millionen, ökonomisch wie ökologisch unverantwortlich. Ein von mir 1987 verfasster wissenschaftlicher Beitrag, der ihre Funktionen in der Agrarlandschaft und den Verlust dieser Funktionen aufzeigte, wurde vom Direktor zur Veröffentlichung nicht freigegeben. Die Begründung war, diese Veröffentlichung berücksichtige nicht ausreichend die Erfolge der sozialistischen Agrarpolitik.

Und dann überschlugen sich die Ereignisse. In der Endphase der sich auflösenden DDR, Ende November, forderten Umweltbewegungen vom Staat ein eigenes Ministerium für Naturschutz und dafür mich als Minister. Bis dahin waren in der DDR im Landwirtschaftsministerium, innerhalb der Hauptabteilung Forstwirtschaft, lediglich zwei Mitarbeiter nachgeordnet für den Naturschutz zuständig. Und so kam es Anfang Dezember 1989 zu einem persönlichen Gespräch mit Minister Hans Reichelt, der mir im Auftrag der Modrow-Regierung und mit Unterstützung des Kulturbundes der DDR antrug, als Stellvertretender Minister für Naturschutz in sein Ministerium für Umweltschutz und Wasserwirtschaft zu kommen. Ein eigenes Ministerium könne nicht geschaffen werden, aber als Stellvertreter in seinem Ministerium sei ich dringend erforderlich. Denn es gelte, Fehler der Vergangenheit wiedergutzumachen, auch glaubwürdiger zu werden, so Minister Reichelt.

Um den 12./13. Dezember 1989 lud mich Bundesumweltminister Klaus Töpfer zu einem ersten Treffen mit westdeutschen Umweltverbänden in sein Ministerium nach Bonn ein. Nach diesem Gespräch wurde mir klar, ich muss in die Politik gehen. Am 14. Januar 1990 nahm ich meine Arbeit als Stellvertreter des Ministers für Ressourcenschutz und Landnutzungsplanung im Ministerium für Naturschutz, Umweltschutz und Wasserwirtschaft der Deutschen Demokratischen Republik auf. Vier Monate wirkte ich in diesem Amt, erlebte in dieser Zeit drei Minister und hatte zunächst bis Anfang April ungewöhnliche Freiräume. Es galt, den Schutz der Naturressourcen voranzubringen und eine längst überfällige Landnutzungsplanung aufzubauen. Ich durfte ohne Probleme u. a. meine Weggefährten und Mitstreiter wie Dr. Lebrecht Jeschke, Dr. Hans Dieter Knapp, Dr. Matthias Freude einstellen. Seit Jahren hatten wir uns auf diese Aufgaben eingeschworen. Schon am 30. Januar 1990 konnte der erste Entwurf zu einem Nationalparkprogramm der DDR vorgelegt werden, der Anfang Februar dem „Zentralen Runden Tisch" im Schloss Niederschönhausen in Berlin vorgestellt wurde und von allen Seiten Zustimmung fand. Am 13. Februar gab es ein erstes offizielles Treffen mit der Naturschutzabteilung des Bundesumweltministeriums hier in Ostberlin. Mitte Februar erließ der Ministerrat der DDR eine Verfügung zur wesentlichen Erweiterung des Naturschutzes auf Bezirks- und Kreisebene. Bis dahin gab es auf dieser Ebene nur eine bzw. eine halbe Planstelle, eingegliedert in die Forstabteilung und in der Regel gekoppelt mit Jagdaufgaben. Nun entstanden auf Bezirksebene Abteilungen mit je acht und auf Kreisebene je drei bis fünf Mitarbeitern! Am 16. März erfolgte dann in der letzten Ministerratssitzung der Modrow-Übergangsregierung der Beschluss zur einstweiligen Sicherung von fast 10 % der Landesfläche der DDR in Form von 24 Großschutzgebieten (Nationalparke, Biosphärenreservate, Naturschutzparke), die überwiegend aus Staatsjagdgebieten, Grenzsicherungsräumen und auch schon einem ersten frei werdenden Truppenübungsplatz „umgewidmet" wurden. Mitte April 1990 fasste der Ministerrat einen Beschluss zur Schließung aller Massentierhaltungsanlagen für Rinder und Schweine. Auch erfolgte der Aufbau erster ökologischer Betriebe in Nachfolge von landwirtschaftlichen Produktionsgenossenschaften, so das Ökodorf Brodowin in der Uckermark im heutigen Biosphärenreservat Schorfheide-Chorin.

Vieles gäbe es aus dieser turbulenten Zeit noch zu berichten, manche meiner Träume wurden Wirklichkeit, manches zerschellte an neuen Einzelinteressen, Egoismen, an persönlicher Gier nach Geld und Macht.

Inzwischen weiß ich, dass dieser Prozess hin zu einer hochintensiven, industriemäßigen Agrarnutzung in den Ländern mit marktwirtschaftlichen Systemen in ähnlicher Weise wie im „real existierenden Sozialismus" ablief, dabei aber wesentlich effektiver war. Die Gesellschaft hat auch dort Milliarden in die „Homogenisierung" der Landschaft investiert. Wo es sich lohnte, wurde die Landschaft zum reinen Wirtschaftsobjekt, zur alleinigen Produktionslandschaft. Grenzertragsböden fielen zunehmend aus der landwirtschaftlichen Nutzung heraus.

Während nur einer Generation wurden so die meisten der historisch gewachsenen, „harmonischen" Kulturlandschaften weiträumig zu Produktionslandschaften umgestaltet. Dies führte oft schon nach kurzer Zeit zu nachhaltig geschädigten Ökosystemen, deren Regeneration lange Zeiträume in Anspruch nehmen wird. Agrarindustrielle Produktionslandschaften mit ihren wildkrautfreien Monokulturen, ihrem zerstörten tierischen Bodenleben, ihren extrem reduzierten Fruchtfolgen, ihren „eingesparten" Menschen sind vielerorts bereits zum „Sanierungsfall Landschaft" geworden. Diese Landnutzung hat somit einerseits den „Leistungsfall Landschaft" und andererseits den „Sozialfall Mensch" hervorgebracht. Landbewirtschafter, die mit ihrem Boden, ihrem Naturraum verbunden sind, mit ihm menschlich umgehen, sind dem Wettbewerb nicht mehr gewachsen, sie werden nicht mehr gebraucht. Ihre Aufgaben übernehmen Maschinen. Andererseits müssen immer mehr Steuergelder für so genannte Renaturierungsprojekte eingesetzt werden, zur Reparatur eingetretener Schäden!

Träger der Kulturlandschaft ist ein bäuerliches, vorsorgliches und fürsorgliches Denken und Handeln. Bäuerlicher Erfahrungsschatz, in den „modernen" Produktionslandschaften kaum noch gefragt, muss jedoch wieder seinen Platz finden.

Industrielle Produktionsmethoden dürfen nicht auf Landschaften übertragen werden. Eine Maschine, eine Fabrik, die ausgedient hat, die verschlissen ist, kann man abschreiben, zu Schrott erklären. Landschaften darf man aber nicht abschreiben, sie bleiben auch in Zukunft unsere unabdingbare Lebensgrundlage. Landschaft ist im Gegensatz zu Kapital nicht vermehrbar.

Ökologisch ausgeglichene Kulturlandschaften sind in Hochzivilisationen ein zunehmend knapper werdendes Gut! Ihr Erhalt und ihre Pflege sind eine unabdingbare Aufgabe für die ganze Gesellschaft. Wann endlich begreifen wir den „Kultur-Natur-Zusammenhang" einer Landschaft? Wann endlich begreifen wir die Ganzheitlichkeit einer den menschlichen Bedürfnissen gerecht werdenden Landschaft? Landnutzungskultur schließt den Schutz der Natur mit ein! Landnutzungskultur ist ein Teil der Kultur einer Gesellschaft und wird eine der wichtigsten Sozialleistungen für die Zukunft sein. Die Marktwirtschaft lehrt: Reichlich Vorhandenes sinkt, Knappes steigt im Wert. Hüten wir also das Gut „Kulturlandschaft", sein Wert wird weiter steigen!

Gesunde Kulturlandschaften halten die Balance zwischen Wandel und Bewahrung. Ihr Erhalt bzw. ihre Wiederherstellung erfordern das Zusammenwirken vieler Partner, wie Landwirte, Forstwirte und Naturschützer, aber ebenso Unternehmer und Vertreter der Verkehrs- und Tourismusbranche, Architekten und Denkmalpfleger, aber auch von Kirchen und des kulturellen Lebens. Intakte Kulturlandschaften können als alternative Modelle zur urbanisierten Welt betrachtet werden, denn es sind Gebiete, in denen der Mensch seine Kultur so entfaltet hat, dass die Natur trotz der Nutzung einen großen Reichtum entwickeln konnte. In diesen Räumen finden Menschen in einer zunehmend durch Orientierungslosigkeit und Entwurzelung gekennzeichneten Zeit geistig-seelisches Wohlbefinden, künstlerische Inspiration, Gestaltungskraft und Hoffnung. Sie finden aber auch zurück zu Religiosität, zu Ehrfurcht vor der Natur, zu mehr Bescheidenheit. Kulturlandschaften sind Ausdruck einer Wechselwirkung von Mensch und Natur, von kultureller und biologischer Evolution. Sie haben eine herausragende Bedeutung für die Umsetzung des Konzeptes einer dauerhaft umweltgerechten Entwicklung, dem einzig zukunftsfähigen Pfad der menschlichen Zivilisation!

Ich bin nun am Schluss meines Rückblickes auf meine Wurzeln. Ich gehöre zu einer Generation, die in ihrer Kindheit bäuerliches Wirtschaften erlebte, davon geprägt wurde. Es folgte die Phase des „Ausprobierens einer so genannten sozialistischen Gesellschaftsordnung" mit all ihren Verwerfungen im ländlichen Raum im Osten Deutschlands. Nun in der neuen (eigentlich alten) Gesellschaft angekommen, gilt es, wieder mitzugestalten, zu verändern. Neue Ängste tun sich auf. Der ländliche Raum ist nach wie vor von schwerwiegenden Deformationen betroffen. Natürlich gibt es auch Hoffnungen, die Mut machen, für die es sich einzusetzen lohnt: bäuerliches Denken und Wirtschaften, meist in Form ökologisch orientierter Betriebe. Auf den Feldern wieder Wachtel und Hase, Kornblume und Zottelwicke, auch ist hier die Landschaft wieder zum „Arbeitsplatz" geworden. Ich sehe wieder „glückliche" Kühe und Schweine, Kulturlandschaften, in denen die Städter gern verweilen, Familien mit ihren Kindern Erlebnis, Freude, Glück finden. Hier vollzieht sich Regionalentwicklung im besten Sinne des Wortes. Auf der anderen Seite, insbesondere auf den so genannten Gunststandorten, erlebe ich ein Weitermachen wie bisher, aber inzwischen noch rationeller, noch scheinbar effizienter!

Wie wahr erscheint mir heute die Weisheit mongolischer Hirten, sinngemäß niedergeschrieben von der Malerin Waltraut Fischer in ihrem Buch „Mongolia – Land der Gräser": „Die Natur gibt mit vollen Händen, wenn wir sie achten, aber sie nimmt Schaden – wir nehmen Schaden –, wenn wir sie missachten, verletzen. Wir können von der Natur nur das fordern, was sie zu geben vermag."

Reimar Gilsenbach (1925–2001), Freund, Naturschützer, Pazifist, fasst das Dilemma unserer Zeit in drei Sätzen zusammen. Dem ist nichts hinzuzufügen:

„Lassen wir die Natur unverändert, können wir nicht existieren. Zerstören wir sie, gehen wir zugrunde. Der schmale, sich verengende Gratweg zwischen Verändern und Zerstören wird auf Dauer nur einer Gesellschaft gelingen, die ökologische Prinzipien akzeptiert und deren Ethik sich im Teilsein mit der Natur empfindet."

Peter Harry Carstensen

„Kein Herr über mir, kein Knecht unter mir"

Als Kind durfte ich natürlich frische Milch trinken! Wie habe ich trotzdem die Flüchtlingskinder beneidet, die Trockenmilchpulver aus den Care-Paketen der Amerikaner bekamen. Süße Milch – wie gerne hätte ich auch solches Milchpulver gehabt! Aber bei uns gab es nur die Milch von den eigenen Kühen. Mir war gar nicht bewusst, wie gut es mir ging. Dies gehört zu meinen ersten Erinnerungen aus meiner Kindheit. Wie bei so vielem anderem habe ich erst später begriffen, was dies eigentlich bedeutete!

Ich bin 1947 geboren, das ist ein Jahrgang, der sich glücklich schätzen konnte, wenn er auf einem Bauernhof groß wurde. Wir sind doch behütet worden. Uns ging es so was von gut, wir hatten immer zu essen und zu trinken. Der Hof meiner Eltern auf Nordstrand in Nordfriesland war ein Vollerwerbsbetrieb mit 30 ha Fläche in der Marsch auf gesegneten Böden. Dort bin ich aufgewachsen, das ist mein elterliches Zuhause. Ich kann noch auf 50 Zentimeter genau zeigen, wo ich geboren bin. In diesem Haus wohne ich nämlich heute noch.

Mein Bruder Harry, 1920 geboren, ist 1944 am 22. Oktober bei Riga gefallen. So war ich derjenige, der hinterherkam und der auch von meinem Vater immer herumgeschleppt wurde. Mein Vater war schon 50 Jahre alt, als ich geboren wurde. Als Kind war das Leben auf dem Hof für mich etwas Selbstverständliches. Ich kannte nichts anderes. Mit was hätte ich es denn vergleichen sollen? Das, woran ich mich noch erinnere, war die Aufteilung der Hofgebäude in die unterschiedlichen Arbeitsbereiche. Wir hatten eine große Scheune mit einer großen Durchfahrt. Dort in der Durchfahrt stand die Dreschmaschine und im Winter arbeiteten 20 Leute dort. Das ganze Getreide, was in Garben dort lagerte, wurde gedroschen. Diese Arbeit zog sich meist über eine ganze Woche. Im Flur wurde gegessen, da hat meine Mutter für die ganze Mannschaft das Essen gekocht. Solch eine Dreschmaschine war für Kinder natürlich ein Erlebnis.

Im Sommer das Getreide zu Garben binden war eine Arbeit, bei der ich häufig und gerne geholfen habe. Mein Vater hat damals Schleswiger

Peter Harry Carstensen

Er wird 1947 auf Nordstrand geboren. Nach dem Abitur in Husum macht er eine landwirtschaftliche Lehre und studiert anschließend von 1968 bis 1973 Agrarwissenschaften in Kiel. Nach dem zweiten Staatsexamen 1976 lehrt er bis 1983 als Oberlandwirtschaftsrat an der Landwirtschaftsschule Bredstedt und ist als Berater bei der Wirtschaftsberatungsstelle Bredstedt tätig.

Peter Harry Carstensen ist seit 1971 Mitglied der CDU, von 1986 bis 1992 Vorsitzender des CDU-Kreisverbandes Nordfriesland und seit 2002 Landesvorsitzender der CDU in Schleswig-Holstein.

Von 1983 bis 2005 ist er Mitglied des Deutschen Bundestages. Von 1994 bis 2002 ist er Vorsitzender des Ausschusses für Ernährung, Landwirtschaft und Forsten des Deutschen Bundestages.

Seit 2005 ist er Ministerpräsident von Schleswig-Holstein.

2005/2006 ist er zugleich Präsident des Bundesrates in Berlin.

1996 wird ihm das Bundesverdienstkreuz am Bande verliehen.

Der Text wurde aufgezeichnet nach einem Gespräch am 29. Mai 2007 in der Staatskanzlei in Kiel.

Hengste gezüchtet. Von unseren Pferden wurde der Selbstbinder gezogen. Mein Vater saß auf dem Selbstbinder und hat damit das Korn gemäht und zu Garben gebunden. Ich musste dabei hinten die Gaffel hoch- und runtersetzen.

Vor Augen habe ich auch die vielen Flüchtlinge, die bei uns wohnten. Wir waren rund 1,5 Mio. Einwohner in Schleswig-Holstein und hatten über eine Million Flüchtlinge aufgenommen, sodass auf jedem Bauernhof Flüchtlinge waren. Es war Leben auf dem Hof. Wir hatten Knechte, wir hatten Mägde und dazu noch die vielen Flüchtlinge. Auch haben wir eine intensive Nachbarschaft gepflegt. Zu den Alten genauso wie zu den Jungen. Für mich als Kind war dies schön – es waren immer viele Leute da. Im Stall, wo die Kühe standen, war es warm und gemütlich. Das sind Grundgefühle meiner Kindheit, an die ich mich heute noch erinnere.

Bei den landwirtschaftlichen Tätigkeiten, wo ich nicht unbedingt selbst mithelfen musste, war ich immer dabei: ob im Sommer beim Melken draußen auf der Weide oder im Winter beim Dreschen mit der Dreschmaschine in der Scheune. Es war für mich faszinierend, im Stroh zu spielen oder auf den Balken zu rennen. Wenn meine Enkel das heute machen würden, was wir damals alles gemacht haben – ich weiß nicht, wie ich da reagieren würde.

Mir ist es gut gegangen. Mit vier Jahren war ich häufig in der Schule. Da es keinen Kindergarten gab und die Kinder, auch die Flüchtlingskinder, mit denen ich nachmittags spielte, in die Volksschule gingen, ging ich auch dahin. Und dann saß ich dort als „Butje" mit weiteren 40 Kindern in der einklassigen Dorfschule. Da gab es nur Arbeiterkinder und Bauernkinder. Es gab in dem Koog unserer Gemeinde elf oder zwölf Bauernhöfe, und es gab arme Arbeiter mit einer ganz eigenen Struktur. Die Bauern wohnten in den Kögen auf ihrem Land, auf ihren Höfen. Sie hatten eine befestigte Straße. Die Arbeiter hatten ihre Schlickstraßen, wohnten auf den Deichen. Aber mein Vater hatte immer ein ausgesprochen gutes Verhältnis zu unseren Arbeitern. Als Dreijährigen haben mich meine Eltern jeden Morgen – das erzählten sie mir; ich kann mich selbst nicht daran erinnern – mit einem rohen Ei losgeschickt zu der Arbeiterfrau, die für unsere Familie genäht hat. Sie hat mir immer das Ei gekocht und nach dem Frühstück bin ich dann den zweistündigen Weg wieder zurückgegangen. Eine soziale Trennung habe ich für mich als Kind nie erlebt.

„Kein Herr über mir – kein Knecht unter mir" war ein Motto meines Elternhauses. Meine Mutter kommt aus Dithmarschen und dort wurde danach gelebt. Ich habe als Kind keinen sozialen Unterschied wahrgenommen zwischen unseren Knechten und Tagelöhnern und meinem Vater. Er offensichtlich auch nicht. Wenn da gefeiert wurde, hat er mit ihnen gefeiert. Auch ich bin oft mit ihnen unterwegs gewesen. Gesellschaftliche Schichten habe ich nicht erlebt, wenngleich die Unterschiede, die sozialen Unterschiede, groß gewesen sind. Das weiß ich aber erst jetzt, das kann ich jetzt aus Erwachsenensicht nachvollziehen: in welchen Verhältnissen die Arbeiter gelebt haben, wie sie auch z. T. schlecht behandelt wurden auf den Höfen. Nicht alle Bauern sind gut mit ihren Arbeitern umgegangen. Was auch sicherlich bei uns auf Nordstrand zu einer sehr starken Polarisierung zwischen Arbeitern und Bauern, zwischen SPD und CDU geführt hat. Es gab sogar zwei Feuerwehren. Ich habe es selbst nicht erlebt. Das hat aber mit meinem Elternhaus zu tun und nicht mit meiner landwirtschaftlichen Herkunft. Aber mein älterer Bruder – er ist aus der ersten Ehe meiner Mutter und 16 Jahre älter als ich – erzählt, dass er, als er Bauer wurde, von einer Feuerwehr nicht aufgenommen wurde, da dies eine

Arbeiterfeuerwehr war, die keine Bauern aufnahmen. Da wurde damals strikt getrennt. Aber das habe ich persönlich nicht mehr erlebt, nie erfahren müssen.

Mein Bruder hat Landwirtschaft gelernt und ist immer Landwirt geblieben. Er hat damals den Hof von unserem Onkel übernommen und später meinen Hof dazugepachtet. Heute wird alles von meinem Neffen, der auch Landwirtschaftsmeister ist, bewirtschaftet. Ich habe zwar unseren elterlichen Hof geerbt, aber nie selbst bewirtschaftet. Das ist eine der vorausschauendsten und klügsten Entscheidungen meiner Eltern gewesen, zu sehen, dass von diesem Hof in Zukunft keine zwei Familien leben können und dann zu sagen: Ich verzichte darauf, dass mein Sohn Bauer wird und den Betrieb übernimmt. Das muss ich meinen Eltern hoch anrechnen. Das war 1953 schon eine außergewöhnliche Entscheidung. Vermutlich hat mein Volksschullehrer dazu beigetragen, der sagte: „Der kann was, den schickt ihr mal auf die Schule nach Husum.“ Das ist natürlich was Besonderes, wo man plötzlich ausbricht aus solchen Strukturen und vor allem dann natürlich, wenn man auf einer Insel wohnt.

Nach dem Abitur wollte ich eigentlich zur See fahren. Das war eine Tradition an der Westküste. Auf den Halligen fuhren alle Söhne zur See bis auf denjenigen, der auf dem Hof blieb. Wenn man auf einer Insel aufgewachsen ist, ist das nichts Besonderes. Ich bin auf Nordstrand aufgewachsen, war jeden Tag draußen am Watt, am Wasser und habe später in Kiel auf der Schleuse am Nord-Ostsee-Kanal täglich Schiffe gesehen. Meine Verbundenheit zum Wasser ist angeboren. Irgendwo, wo es nur trocken ist, könnte ich nicht leben. Ich wollte zur Bundesmarine und dann zur Handelsmarine. Und dann kam alles anders.

Beim Handballspielen habe ich mir leider früh meine Knie kaputt gemacht, kurz nach dem Abitur kam schon die erste Operation. Damit nahm mich die Bundesmarine nicht mehr und ich musste mir was anderes einfallen lassen. Dann habe ich studiert, Chemie und Jura im ersten Semester. Chemie habe ich studiert, weil es mich interessierte, Jura, weil ich nicht den ganzen Tag im Labor stehen mochte.

Meine Rolle als Hoferbe hat diese Zeit dann beendet. Ich sollte Betriebsfähigkeit nachweisen und musste dazu eine landwirtschaftliche Lehre machen. Dazu bin ich auf den Lehrbetrieb Meyer nach Beschendorf gegangen. Mir hat das Arbeiten in der Landwirtschaft Spaß gemacht. Mein Lehrjahr ist eines meiner schönsten Jahre gewesen. Danach habe ich Landwirtschaft studiert, weil das ein Studiengang war, der mich sehr interessierte. Ich war immer begeistert von den Fragen der Naturwissenschaften. Physik, Chemie, Mathematik – das konnte ich alles in der Landwirtschaft und im Bereich des Landwirtschaftsstudiums anwenden. Da habe ich Biologie, Phytopathologie, da habe ich meine Physik- und Chemiescheine gemacht, anschließend Betriebswirtschaft und Volkswirtschaft. Insofern ist das Landwirtschaftsstudium ein außerordentlich vielschichtiges und spannendes Studium – das hat mich begeistert.

Mittlerweile bin ich seit vielen Jahren in der Politik. Von 1983 bis 2005 war ich Bundestagsabgeordneter in Bonn und in Berlin, 2005 wurde ich zum Ministerpräsidenten des Landes Schleswig-Holstein gewählt.

In der ganzen politischen Arbeit habe ich von dem profitiert, was ich damals gelernt habe. Noch heute – wenn wir über die Zusammenarbeit mit Hamburg reden – verweise ich auf die Thün'schen Kreise. Dann wird immer vermutet, dass ich ein Volkswirt bin, der noch weiß, wer Thünen war. Wer landwirtschaftliche Betriebslehre oder Volkwirtschaftslehre gemacht hat, weiß: Die Produktion geht kreisförmig um einen Markt herum. Vorne wird Gemüse angebaut, weil es empfindlich ist und hohe Transportkosten hat. Das Vieh, die Viehmästerei wird ganz weit weg gemacht, weil das Vieh notfalls alleine zum Schlachthof laufen kann. Das sind die Thün'schen Kreise.

Ich mache Politik für die Menschen. Ich habe einen Dienstleistungsauftrag. Ich mache nicht Politik für irgendeine Institution, sondern ich besuche die Menschen draußen und spreche mit ihnen. Ich bin nicht abgehoben. Natürlich macht jeder Politiker seine Politik aus seiner eigenen Erfahrungswelt heraus. Weil die persönlichen politischen Vorstellungen immer aus dem eigenen Umfeld kommen, daraus, wo man geboren wurde.

Mein Umfeld war die Landwirtschaft und das Arbeiten auf dem Hof. Natürlich hat mich mein Elternhaus geprägt. Aber es waren meine Eltern, die mich mit einer christlichen, einer ethischen Einstellung erzogen haben. Das hat mit der landwirtschaftlichen Herkunft nichts zu tun. Leute mit einer solchen Einstellung hat es schon immer gegeben und wird es immer geben – diese müssen nicht von einem landwirtschaftlichen Betrieb kommen. Im Gegenteil – ich warne davor, bäuerliches Denken und bäuerliches Handeln als ethisch höherwertiger zu betrachten. Wir können doch nicht so tun, als ob die bäuerliche, ländliche Bevölkerung ohne Fehl und Tadel wäre. Wie ist man auf vielen landwirtschaftlichen Betrieben mit Fremden umgegangen? Mit den Knechten und Mägden? Wie wurden uneheliche Mütter von den Höfen gejagt? Da können wir doch nicht so tun, als ob die bäuerlichen Tugenden diejenigen wären, die die Welt retten könnten!

Die Landwirtschaft hat sich geändert. Wie standen denn die Tiere bei uns im Anbindestall herum und wurden gefüttert? Wenn der Vater mal wieder mit einer Mütze voll Eier rein kam, sieben Eier drinnen – habe ich gesagt, da hast du ja mal wieder ein Nest gefunden, die wird doch wohl noch nicht gebrütet haben? Wir sind anders mit Tieren aufgewachsen. Es war selbstverständlich, dass Tiere geschlachtet wurden. Da waren wir als Kinder mit dabei. Wo jetzt meine Terrasse ist, hing früher beim Schlachten das Schwein am Haken. Hühnersuppe gab es bei uns bei zwei Gelegenheiten: Entweder mein Vater war krank oder das Huhn war krank.

Oder das Thema Verbraucherschutz: Früher hingen die Schinken bei uns den ganzen Winter über auf dem Boden. Da wurde nicht auf irgendein Haltbarkeitsdatum geguckt – die haben gerochen und dann wurde im Frühjahr noch Erbsensuppe draus gekocht.

Das war so! Da komme ich her, dort lebe ich heute noch. Ich bin kein „feiner“ Mensch, ich bin in keinem Internat gewesen, ich bin kein Intellektueller, aber ich bin gut erzogen! Dort, wo ich herkomme, fühle ich mich immer noch wohl. Wenn ich zu Hause bin, ziehe ich mir erst die Puschen an, dann kommt mein Nachbar rüber in seiner alten Arbeitshose und mit seinem Hund und wir sitzen dann bei mir am Küchentisch – ohne Überdeckchen und ähnlichem Geschnicke. Wir sitzen immer in der Küche. Ich brauche das Arbeitszimmer mit dem Schreibtisch kaum, weil ich zu Hause selten am Schreibtisch sitze. Ich lese meine Akten und meine Post in aller Ruhe in der Küche Wir saßen früher immer in der Küche. Da gab es die besten Stühle und Bänke. Nur abends gingen wir ins Wohnzimmer und zu Weihnachten wurde die beste Stube aufgemacht.

In meinem Garten auf Nordstrand habe ich heute Himbeeren, Kürbisse, Tomaten und Gurken. Alles vorgezogen in meinem eigenen Treibhaus. Wenn ich dort arbeite, habe ich ein Gefühl von Heimat, das ist Bodenständigkeit im wahrsten Sinne des Wortes. Dieses Gefühl bringe ich auch in die Politik rein, stolz auf das zu sein, was man hat, wo man herkommt, aber gleichzeitig den Respekt vor anderen zu behalten, die woanders herkommen, heimatverbunden und weltoffen zugleich zu sein. Gerade in einer globalisierten Welt ist es wichtig zu begreifen, dass man etwas unter den Füßen braucht. Zu begreifen, dass man, auch wenn man zu den Globalisierungsgewinnern gehört, ordentlich und anständig mit der Dritten Welt, mit den anderen Ländern und mit den anderen Menschen umgeht – „Kein Knecht unter mir, kein Herr über mir!“ –, und zu begreifen, dass Menschen dafür heimatliche Bindungen brauchen – also Boden unter den Füßen!

Gerta Keller

Die Mäusekönigin

Im Frühjahr 1945, als die letzten Bomben auf Feldkirch fielen und mein Vater sein Pferd einspannte und seine hochschwangere Frau und fünf Kinder auf den Wagen lud, um die Reise von Liechtenstein zum Bauernhof auf der anderen Rheinseite in der Schweiz anzutreten, entschied ich mich, mein bäuerliches Leben anzutreten. Meine eilige, frühe Ankunft verzögerte die Reise den Rhein entlang für drei Wochen, bis ich in den Armen meiner Mutter auf dem Pferdewagen reisefähig war. Es war ein kleiner Bauernhof, einer von vier kleinen Bauernhöfen die als das Gartis bekannt waren, außerhalb des kleinen Dorfes Salez. Im Laufe der Jahre sollte das Dutzend Kinder unserer Familie die Bevölkerung von Salez um 5 % erhöhen.

Vater träumte schon lange von seinem eigenen Bauernhof, schon seit er nach acht Jahren auf einer großen Farm in Alberta, Kanada, zurückgekommen war. Er träumte von der Freiheit, sein eigener Chef zu sein, vom Kühemelken, vom Ferkelzüchten, von eigenen Pferden, Schafen, Hühnern und Enten.

„Sein" Bauernhof in Kanada reichte weiter, als man sehen konnte, das Land eben wie die Pfannkuchen, die es zum Frühstück gab, keine Nachbarn in Sichtweite, nur du selbst und das Rauschen des Windes durch die Getreidefelder. Sie flogen ein kleines Getreidebestäubungsflugzeug vom einen Ende der Farm zum anderen, so groß war sie. Ein Ford-T-Modell wartete auf ihn in der Scheune, wo er es vor seiner hastigen Rückkehr in die Schweiz abgestellt hatte. „Er gehört dir, wenn du erwachsen bist", würde er sagen, 25 Jahren nach seiner Heimkehr, als ob der verlassene Ford noch immer auf ihn in Kanada wartete. Wir fragten ihn immer wieder, warum er zu den Schweizer Bergen und einem kleinen Bauernhof zurückkehrte. Warum hatte er all das zurückgelassen?

Wegen der Liebe. Er kam zurück, um seine sterbende Mutter ein letztes Mal zu sehen. Er blieb, weil er sich in ein Liechtensteiner Mädchen verliebte, die keine Erfahrung mit Bauernleben hatte und keinen Bauern heiraten wollte. Sie heirateten trotzdem. Er wurde Vorarbeiter in einer Zementfabrik.

Gerta Keller

1945 wird sie als sechstes von zwölf Kindern in Schaan/Liechtenstein geboren. Aufgewachsen im schweizerischen Salez, Kanton St. Gallen, erlernt sie nach der Sekundarschule den Beruf der Damenschneiderin. Nach Au-pair-Aufenthalten mit Sprachkursen in England und Spanien geht sie auf Weltreisen und kommt 1968 in San Francisco, Kalifornien, an. Dort wird Gerta Keller nach einer Aufnahmeprüfung zum Studium am City College zugelassen. 1971 beginnt sie das Studium in Anthropologie und Geologie an der State University von San Francisco. 1974 schließt sie dieses mit dem Bachelor of Science in Geologie ab und beginnt das Studium an der Universität Stanford, Kalifornien, wo sie 1978 zur Dr. phil. der Geowissenschaften promoviert.

Danach arbeitet sie zwei Jahre für den US Geologischen Service in Menlo Park, California. Von 1980 bis 1984 ist sie an der Universität Stanford sowie als Wissenschaftlerin bei dem US Geologischen Service tätig. 1984 nimmt sie den Lehrstuhl als außerordentliche Professorin für Geologie und Paläontologie an der Universität Princeton, New Jersey, an, wo sie noch heute lehrt. Ihre Forschungswissenschaft spezialisiert sich auf erdgeschichtliche Katastrophen und die Umweltauswirkungen von Asteroideneinschlägen und Vulkanismus.

Gerta Keller ist verheiratet mit Andrew J. Majda, Professor der Mathematik, Courant Institut, an der New York University, und lebt in Princeton im US-Bundesstaat New Jersey.

Der Text wurde aus dem Amerikanischen übersetzt von Christa Bowen.

Sie bauten ihr Traumhaus. Aber seine Liebe zum Land war stärker und zum Zeitpunkt meiner Geburt tauschten sie die Gewissheit eines Einkommens mit der Ungewissheit eines Lebens auf einem kleinen Bauernhof. Es war Mutters Liebe für Vater, die sie niemals sich beklagen ließ. Das Bauernleben war nie ihre Stärke und würde es niemals sein.

Aber der Bauernhof im Gartis war weit entfernt von seinen Kanada-Träumen. Anstelle eines Ford-T-Modells hatten wir ein Pferd und einen Wagen. Anstelle eines Bestäubungsflugzeugs hatten wir ein Pferd und einen Pflug. Anstelle von Getreideerntemaschinen hatten wir Kinder zum Ernten von

Bohnen, Erbsen, Kartoffeln, Äpfeln, Birnen, Pflaumen, Aprikosen, Kirschen, Erdbeeren, Himbeeren, Johannisbeeren und Stachelbeeren. Die Kühe wurden nicht auf der Weide gelassen, sondern zurück in den Stall zum Saubermachen, Melken und Schlafen gebracht. Jede Kuh hatte ihren eigenen Platz, ihren eigenen Namen, ihren eigenen Charakter. Die Kühe formten ihre eigene Familie, friedvoller und liebenswürdiger als die wachsende menschliche Familie, die ihr Leben beherrschte.

In meinen frühesten Erinnerungen vom Bauernhof streifte ich als Vierjährige durch die Wälder und Wiesen vom Rheintal bis zu den Berghängen auf der Schweizer und Liechtensteiner Seite, bewunderte die wilden Blumen und pflückte Sträuße für jedes Zimmer im Bauernhof. Ich wusste, wo die Felder mit blauer Iris waren, die Wiesen mit Bubenrollen, die Veilchen am Waldesrand, die Leberblümchen im Waldesmoos und die „Bettseichele", eine schöne kleine Anemone, von der die Leute sagen: Wenn man sie pflückt, nässt man sein Bett. Stimmt aber nicht. Ich habe sie gepflückt und nie in mein Bett gepinkelt. Ich wusste, wo die ersten Schneeglöckchen ihre Köpfe durch den Schnee steckten, und kannte die Wiesen mit den größten Schlüsselblumen und Glockenblumen, die Bäche mit Bachbummele. Dies waren meine geheimen Plätze, geschätzt, geschützt und bewacht. Ich liebte Blumen, besuchte sie täglich und unterhielt mich mit ihnen. Ich wollte Bäuerin werden, all die besonderen Blumenlebensräume beschützen und mehr Blumen anpflanzen.

In jenem Jahr, an meinem vierten Geburtstag, gab mir Mama mein erstes Stück Garten, 2 x 2 m in der Ecke des Gemüsegartens. Ich pflückte meine Lieblingsblumen und pflanzte sie in mein Beet. Es sah wunderschön aus! Mein eigener Garten mit all meinen Lieblingsblumen. Innerhalb weniger Stunden ließen sie ihre Köpfe hängen und verwelkten, während ich voller Schrecken zuschaute. Was hatte ich falsch gemacht? Ich lernte meine erste botanische Lektion. Eine Pflanze ist nicht nur eine Blüte, sie hat Wurzeln, die Nahrung aus der Erde aufnehmen und Blätter und Blumen wachsen lassen. Um die Blumen zu verpflanzen, müssen die Wurzeln zusammen mit der Erde gut bewahrt werden. Also nahm ich meinen Spaten, um die Blumen mit den Wurzeln auszugraben. Und diesmal ging alles gut. Mein kleiner Garten gedieh prächtig. Ich hatte das Geheimnis gefunden, meinen eigenen Paradiesgarten anzulegen.

Diese erste Liebe für das Leben auf dem Land, die Liebe zu Blumen, für das Bearbeiten der Erde, für die sich ringelnden Würmer, den Geruch der frisch gegrabenen Erde, das Schaffen von Lebensräumen für besondere Pflanzen ist in mir geblieben. Sie ist in meiner Seele, meinen Knochen, mei-

Die Familie Keller im Gartis auf dem Weg zur Feldarbeit, ca. 1952

nen Händen. Sie gibt mir Stärke und innere Ruhe. Sie gibt mir Freude und mindert Stress. Sie bindet mich zur Erde, wurzelt mich in der Wirklichkeit des Lebens, dem Zyklus der Jahreszeiten. Man sagt, dass ich im Innersten meines Herzens Bäuerin bin. Man kann aus einem Bauern einen Wissenschaftler machen, aber man kann aus einem Wissenschaftler den Bauern nicht herausnehmen.

Im Leben auf unserem Hof war kein Thema wichtiger als das Wetter. Würde das Wetter sonnig genug sein, um Heu zu machen? Unvorhergesehene Stürme waren unvermeidbar. Dunkle Wolken sammelten sich über dem Kreuzberg, Staubern und Hohen Kasten und kamen ins Tal mit Donner und Blitz, peitschendem Regen und manchmal auch Hagel. Alle Hände waren nötig, um das halbverwelkte Gras in Reihen zu rechen und auf die Heinzen zu häufen, wie Wäsche auf der Leine, damit der Regen ablaufen konnte und das Heu nicht verderben würde. Kam die Sonne heraus, wurde das Heu zum Trocken wieder ausgebreitet. Dies musste mehrere Male wiederholt werden, bis das Gras zu Heu wurde für die Kühe zum Fressen im Winter. So viel extra Arbeit – nur wegen schlechten Wetters.

Der Jahrhundert-Sturm traf unseren Bauernhof, als ich ungefähr sechs war. Wind in Orkanstärke zog über die Region und sintflutartiger Regen ließ den Rhein anschwellen, der drohte, über die Ufer zu laufen. Alle erwachsenen Männer und Jungen füllten Sandsäcke und versuchten, die Dämme zu stützen, die das Dorf bedrohten. Es war eine lange Nacht gefüllt mit Angst und Warten, ob evakuiert werden müsste, wenn der Damm brechen sollte. Er brach nicht!

Der Bauernhof wurde von der Überschwemmung verschont, aber nicht von dem Sturm, der Dächer abdeckte und Bäume entwurzelte. In unserem Obstgarten wurden 106 Obstbäume entwurzelt oder brachen ab wie Streichhölzer, nur ein Dutzend konnte gerettet werden. Weg war unsere Apfel-, Birnen-, Pflaumen- und Kirschenernte und damit auch unser Einkommen. Weg war unser Vergnügen beim Pflücken von Äpfeln und Birnen, beim Klettern auf den Kirschbaum, um die größten Kirschen zu finden. Weg war der süße Geruch von Frühling, wenn Apfel- und Kirschbäume blühten.

Wie konnte solch ein Unheil an einem Tag geschehen? Was hätte man tun können, um es zu verhindern? Nichts! Es war höhere Gewalt. Zweite Lektion meines Bauernhoflebens: Du bist immer den Wettergöttern preisgegeben. Es kann nichts dagegen getan werden. Man macht einfach weiter. Man hält aus. Man hofft aufs Beste, gutes Wetter und eine gute Ernte. Aber was, wenn Insekten und Krankheit die Ernte schlecht ausfallen lassen, das Wetter zu nass oder zu trocken ist? Selbst wenn es eine Rekordernte in einem Jahr gibt, die den Verlust der vorhergehenden Jahre ausgleichen könnte, senkt der Überfluss die Preise. Es ist schwierig, einen Verlust auszugleichen. Man macht weiter und streckt sich nach der Decke.

Ein Jahr mit schlechtem Wetter folgte dem anderen. „Pech", nannten sie es. Rechnungen und Hypotheken wurden nicht bezahlt. Der Bauernhof sollte versteigert werden. Der Samstag kam und mit ihm auch der Auktionär und die Bauern vom Tal. Aber sie lehnten es ab, an der Versteigerung teilzunehmen, sie lehnten es ab, uns die Maschinen und das Vieh wegzunehmen, die jeder Bauer zum Überleben brauchte. Und so wurden wir ein erstes Mal gerettet, ein zweites Mal und immer wieder, als die Auktionäre versuchten, den Hof zu verkaufen. Es gab Zusammenhalt unter den Bauern. Sie taten, was sie konnten, um zu helfen, indem sie ablehnten, an der Versteigerung teilzunehmen, und passten auf, dass niemand vom Unglück von einem der Ihren profitieren würde.

Die Versteigerung machte meinem Verstand als Sechsjähriger schwer zu schaffen. Was könnte ich tun, um etwas Geld zu verdienen? Ich war nur ein kleines Mädchen, mit dem Spitznamen „Schimmel" wegen meines weißen Haares. Zu klein, um ernst genommen zu werden, zu klein, um für Geld zu arbeiten, fing ich mein eigenes Geschäft mit Schnecken und Mäusen an. Alle drei Wochen kam ein Mann nach Salez, um Schnecken für den französischen Markt zu kaufen. Diese waren die großen, schönen Waldschnecken mit weißen Häusern. Man sagte, dass die Franzosen gutes Geld bezahlten, um sie zu essen. Sie nannten sie „Escargots", ein Wort, das fast zu gut zum Essen klang. Der Schneckenkäufer zahlte drei Franken pro Kilo, was

Das Anwesen der Großfamilie Keller um ca. 1951 im Gartis, Salez im schweizerischen Rheintal

viel Geld für ein kleines Mädchen war. Ich rechnete aus, dass, wenn ich genügend Schnecken finden könnte, ich die Bauernhofschulden abzahlen könnte.

Jeden Morgen ging ich mit zwei großen Eimern auf die Suche nach Escargots. Regnerische Tage waren am erfolgreichsten, an denen die weißen Waldschnecken sich über die Wege auf der Suche nach Nahrung streckten. Ich durchsuchte die Wälder und meine Eimer füllten sich, die Escargots versuchten über den Rand zu klettern. Sie blieben nicht im Eimer. Man musste sie immer wieder abziehen und in die Mitte zurücklegen und es war ein ewiger Kampf auf dem Heimweg mit den schweren Eimern. Vater half mir mit einer Schneckeneinzäunung auf der Wiese, wo die Escargots bis zur Ankunft des Schneckenkäufers gemästet werden konnten. Eines Tages kam der Schneckenkäufer nicht mehr. Hatten die Franzosen ihre Lust auf Escargots aufgegeben? Wochen und Wochen gingen vorbei und meine Escargots vermehrten sich. Ich trug sie zurück in den Wald und ließ sie weiter leben. Mein erstes Geschäftsabenteuer war gescheitert

Das Fangen von Feldmäusen war mein nächstes Geldgeschäft. Es brachte etwas weniger, nur 25 Rappen pro Maus, aber eine Regierungsagentur machte es zuverlässiger. Nur die schwarzen Maulwürfe würden gekauft werden, die die Hügel machten und die Felder für die Bauern verwüsteten. Alle drei älteren Brüder waren Mäusefänger – sie fingen Maulwürfe und verdienten sich ihr Taschengeld. Es war Arbeit für Jungens. Ich lief ihnen hinterher und beobachtete sie. Sie lachten, als ich sie fragte, ob sie mir einen Satz Mäusefallen leihen würden. Ich machte mir nichts daraus. Ich würde ihnen zeigen, dass ich so gut wie ein Junge war – oder besser. Ich nahm einen Spaten, hängte eine Drahtkette mit den Mäusefallen um meinen Hals und zog los.

Die Fallen wurden morgens in die ausgegrabenen Maulwurfshügel gestellt und nachmittags wurde nachgeschaut, die Beute entnommen und stolz zum Heimgang um den Hals gehängt, um dann mit den toten Maulwürfen um meine Brüder zu tanzen. Bald fing ich mehr Maulwürfe als meine viel älteren Brüder. Sie gaben ihre Maulwurffängerei auf und verkauften ihre Fallen an mich zum halben Preis. Ich war jetzt die Mäusekönigin, die bis zu 50 Maulwürfe je Woche fing. Es war ein gutes Geschäft. Ich wurde reich und konnte mir mein erstes Paar neue Schuhe leisten. Es waren niedliche, samtrote Aschenputtel-Slipper, die 31 Maulwürfe kosteten und nach einer Woche auseinanderfielen.

Mein wachsender Reichtum war genug, um einige Lebensmittel zu kaufen, aber nur ein Tropfen auf den heißen Stein bei den Hofschulden. Ich lernte dabei, dass egal, wie viel man arbeitet, es immer noch nicht zum Leben reicht. Mama und Papa und all die älteren Geschwister arbeiteten tagein und tagaus auf dem Bauernhof und es war nicht genug, um die Schulden der Schlechtwetterjahre abzuzahlen. Obwohl ich das Landleben liebte, würde es nicht meine Arbeitswelt werden. Ich würde ein Wochenendlandwirt werden, niemals abhängig von einem Bauernhof. Meine fünf Schwestern und sechs Brüder fassten den gleichen Entschluss.

Wenn man auf einem Bauernhof lebt, hat man die Kontrolle über sein eigenes Universum, man steht mit der Sonne auf und geht mit dem Mond schlafen, man wählt seine Arbeit, wählt den Anbau, welche Felder bewirtschaftet werden, wählt sein Vieh. Alles hängt von dir selbst ab. Ohne dich werden die Kühe nicht gefüttert oder gemolken und haben keine Nachkommen. Das Gleiche mit dem Anbau, du pflügst, pflanzt, jätest Unkraut, bewässerst und erntest. Im Frühling werden die Wiesen und Felder mit Kuh- und Schweinemist gedüngt, der das ganze Jahr zusammengespart wurde. Die Gülle wurde in Zisternen gesammelt. Ein himmlischer Geruch von Kuhmist und Gülle liegt über dem Tal. Ein Aroma, das nur ein Bauer lieben kann.

Es ist eine Illusion des Bauern, sein Universum unter Kontrolle zu haben. In Wirklichkeit ist er Sklave seiner Felder, des Getreides, das er pflanzt, des Heus, das er im Winter für die Kühe braucht, des Obstes, das zu einer bestimmten Zeit gepflückt werden muss. Es gibt keine Ferien, nicht mal einen ganzen freien Tag im gesamten Jahr. Wann kann ein Bauer seine Kühe eingesperrt und ungefüttert und ungemolken lassen? Milchkühe benötigen tägliche Arbeit, sie sind wie kleine Kinder und der Bauer ist der Babysitter. Ich war der Babysitter meiner kleinen Brüder und Schwestern, aber sie waren bald selbstständig. Kühe werden nie selbstständig, sie lernen nie, sich selbst zu versorgen. Vaters freie Zeit war der Sonntagnachmittag, wenn er das Pferd an den Wagen spannte und uns alle auf eine Fahrt mitnahm, um die Felder zu besichtigen und zu notieren, was am nächsten Tag und in der nächsten Woche zu tun war. Seine Kosten für die Freiheit, sein eigener Chef zu sein, war eine dauerhafte Knechtschaft in Abhängigkeit zum Land – und er liebte es.

Für uns Dutzend Kinder war es ganz natürlich, nach der Schule und am Wochenende auf dem Hof zu helfen, und es hatte auch seine Belohnung. Wir lasen gerne Kartoffeln auf und füllten damit Sack um Sack. Am Abend, wenn der Acker gelesen war, machten wir ein Feuer mit dem Kartoffelkraut, rösteten Kartoffeln, sangen Lieder, erzählten Geschichten und lachten. Niemals schmeckten Kartoffeln besser als die auf dem Feld in der salzigen Asche gerösteten.

Uns allen gefiel die Herbsternte am besten. Jeder Bauer hatte sein eigenes Erntedankfest und jeder war eingeladen. Mais konnte nicht von einer Familie allein geschält werden. Die Erntefeier war eine Zeit, um die Arbeit zu teilen, die Jahreszeit zu feiern, alte Freunde zu treffen und neue Freundschaften zu schließen und einfach Spaß zu haben.

Am Festtag wurden die unteren zwei großen Zimmer in unserem Bauernhof ausgeräumt. Die Fenster wurden geöffnet und Wagen nach Wagen voll mit Mais wurde entleert, bis ein großer Berg fast an die hohe Decke reichte. Bänke wurden vor den Berg gestellt, um zu sitzen und den Mais zu schälen. Ein Raum war für die Älteren – dazu gehörten die Verheirateten, die Eltern und Großeltern. Der andere Raum war für die Jüngeren. Kinder blieben zu Hause, außer uns, da wir nicht woanders untergebracht werden konnten. Für uns war es die Feier, auf die wir das ganze Jahr warteten. Wir durften die ganze Nacht aufbleiben, essen, trinken, mit Jungen und Mädchen flirten und die gelegentlichen romantischen Treffen beobachten. Es war der Treffpunkt und Heiratsmarkt für die Bauernjugend.

Mama und die Mädchen kochten und backten die ganze Woche, um die vielen Helfer zu verköstigen. An dem großen Tag kamen die Leute frühabends und fingen an den Mais zu schälen. Bei jedem Maiskolben wurden alle Blätter bis auf die zwei oder drei stärksten abgerissen. Die Blätter von je vier Maiskolben wurden so zusammengeknotet, dass der Mais auf dem Dachboden an einem Draht für den Winter aufgehängt werden konnte. Es war eine Arbeitskette, angefangen mit der Gruppe, die die Kolben schälte, bis zu der Gruppe, die die weggeworfenen Blätter entfernte, der Gruppe, die den Mais auf den Dachboden trug, und der Gruppe, die ihn auf den Draht hängte. Die Frauen teilten „Moscht" aus – süß, sauer oder verheiratet (halb süß, halb sauer). Das Maisschälen machte Spaßvögel aus den Bauern und brachte uns viel Gelächter. Wenigstens an diesem Abend hatten wir keine Sorgen.

Je nach Zahl der Gäste war die Arbeit in etwa drei Stunden vorüber. Die Räume wurden sauber gefegt und für eine Riesenmahlzeit hergerichtet. Dazu gehörte ein geschlachtetes Schwein mit frisch geernteten Kartoffeln und Gemüse sowie eine endlose Anzahl von Kuchen, Gebäck und Torten, für die unsere Mutter bekannt war. Die Älteren blieben nach der Mahlzeit sitzen, genossen und lobten sie. Die Jüngeren konnten kaum abwarten, bis die Feier mit der Musik und dem Tanzen weiterging. Im zweiten Raum fingen die Musikanten, angeführt von Bruder Mathis und seiner Handorgel, mit ihrer Musik an. Ab und zu wurden einige Volksmelodien für die Älteren gespielt. Bei den modernen 50er- und 60er-Jahre-Melodien mit ihren wilden Tänzen schauten die Älteren mit Verwunderung in den Raum und schüttelten ihre Köpfe. Das Maiserntefest war unsere Einführung ins gesellschaftliche Leben und eine Möglichkeit, Menschen zu treffen und das Bauernleben zu feiern.

Zur Schule zu gehen war mein Traum, und jedes Jahr sagte man mir: „Noch nicht, warte noch ein Jahr." Ich bat meine älteren Geschwister, mir das Lesen beizubringen, aber sie weigerten sich mit der Begründung, dass ich mich in der Schule langweilen würde. Die allgemeine Weisheit zu dieser Zeit gab vor, dass man Kinder unwissend lassen sollte, damit sie eifrig lernten, wenn sie in die erste Klasse kamen. Ich versuchte, mir das Lesen mit Micky-Maus-Heften selbst beizubringen. An meinem siebten Geburtstag kam endlich der erste Schultag. Ich war so aufgeregt. Mit meinem neuen Tornister auf dem Rücken, gefüllt mit Tafel, Kreide, Lineal, Papier und Buntstiften, einer neuen Schürze über meinem alten Kleid und einer roten Schleife in meinem weißen Haar ging ich wie immer barfuß durch das Dorf zum weißen Schulhaus. Das Schulhaus hatte zwei Stockwerke. Ein großer Raum im unteren Stock war für die erste bis dritte Klasse, im oberen Stock waren die vierte bis sechste Klasse. Herr Beglinger war der Lehrer für die erste bis dritte Klasse; ein siebzigjähriger Mann, schon lange im Ruhestandsalter. Die Erstklässler saßen in den vorderen Reihen, die Zweitklässler und die Drittklässler hinten. Jeden Tag unterrichtete Herr Beglinger erst die Erstklässler und gab ihnen Aufgaben, dann den anderen.

Endlich lernte ich das Alphabet. Mit Hilfe von meinem Bruder Mathis und seinen Fingerknöcheln auf meinem Kopf – jedes Mal, wenn ich stotterte oder etwas falsch aussprach – lernte ich innerhalb von drei Monaten fließend lesen. Die Aufgaben, die Herr Beglinger gab, waren zu leicht und ich fing an, den Zweitklässlern zuzuhören und deren Aufgaben zu machen und dann den Drittklässlern. Ich las jedes Buch in der Schulbibliothek für Erstklässler und bot an, Bücher für die Zweit- und Drittklässler zu lesen, was manche ganz gerne für einen mündlichen Buchbericht zuließen. So brauchten sie die Bücher nicht selbst zu lesen und konnten dennoch eine kurze Zusammenfassung des Inhalts geben. Zu Hause las ich Mamas Bücher und bald hatte ich Lieblingsautoren, Tolstoi und Dostojewski. Es war verboten, im Bett zu lesen, aber ich las oft mit einer Taschenlampe bis in die frühen Morgenstunden. Am Wochenende las ich lieber, als mit den anderen Kindern zu spielen. Bei schönem Wetter kletterte ich aufs Dach des Bauernhofes, um ungestört lesen zu können. Einmal schlief ich dabei ein und wachte auf, als ich auf dem Dach herunterrutschte. Nur die Dachrinne bewahrte mich vor einem Fall über zwei Stockwerke. Es war ein furchterregendes Wecken.

In der sechsten Klasse und gerade zwölf Jahre alt, wird jedem Kind in der Schweiz die große Frage gestellt: „Was willst du werden, wenn du erwachsen bist?“ Ich hatte mir diese Frage schon lange gestellt und mich entschieden. Ich wollte Ärztin werden. Ich würde wie Albert Schweitzer sein und armen Leuten in der ganzen Welt helfen. Das war aber die falsche Antwort. „Nein, das geht nicht. Du kannst nicht Ärztin werden, weil deine Familie arm ist und ein Dutzend Kinder hat. Es gibt kein Geld, um deine Ausbildung zu bezahlen. Du musst realistisch sein“, sagte mir die Berufsberaterin. „Welche Wahl habe ich dann?“ „Du kannst Magd, Schneiderin oder Verkäuferin werden“, sagte sie. „Das sind alles gute Berufe für ein Bauernmädchen.“ „Nein, diese Berufe sind nichts für mich. Sie müssen mit meiner Mutter gesprochen haben, sie möchte, dass ich Schneiderin werde, damit ich die Kleider für die Familie nähen kann. Das ist nichts für mich.“ Mein Traum war zunichte gemacht. Ich würde nicht Ärztin werden. Ich wusste, dass wir kein Geld für die Ausbildung hatten. Was konnte ich sonst werden? Ich wollte keine Magd sein, ich hasste Putzen und Hausarbeit. Ich wollte nicht Verkäuferin sein. Es war zu langweilig. Ich wollte nicht Schneiderin sein und Tag für Tag an eine Nähmaschine gefesselt sein. Aber ich zeichnete gerne. Ich schaute die strenge Berufsberaterin an und sagte: „Wenn ich schon kein Doktor werden kann, werde ich Modezeichnerin werden.“ „Ja“, sagte sie, „das ist eine gute Wahl. Aber wenn du Modezeichnerin werden willst, musst du erst lernen, wie man Kleider anfertigt und das bedeutet, dass du erst eine Schneiderlehre machen musst.“ Was sie sagte, machte einer Zwölfjährigen Sinn. Ich würde lernen müssen, wie man Kleider macht, bevor ich sie entwerfen konnte. Aber erst musste ich zwei weitere Schuljahre auf der Sekundarschule beenden.

Und so fing ich mit vierzehn eine Damenschneiderinnenlehre in Buchs an. Für die nächsten drei Jahre arbeitete ich 56 Stunden die Woche für 25 SFr. Es war nicht einmal genug für die Bahnfahrkarte von Salez nach Buchs. An den Sonntagen arbeitete ich in einem Restaurant, wo meine ältere Schwester Rosa Serviertochter war, machte Tische sauber und bediente, damit ich genug Geld für meine Ausgaben hatte und etwas für meine spätere Ausbildung sparen konnte. Abends nähte ich Kleider, Röcke und Mäntel für meine fünf Geschwister und Mutter. Aus mir war geworden, was sich Mama immer gewünscht hatte: die Schneiderin für die Familie. Aber nicht für lange. Mit 17 beendete ich die Lehre mit Auszeichnung. Jetzt war ich für den nächsten Schritt gewappnet, Modezeichnerinnenschule in Zürich. Aber mein erspartes Geld war nicht mehr auf meinem Konto – Mama hatte es für unsere Familie benötigt, aber es mir nie gesagt.

Was nun? Ich würde versuchen, in der Modewelt von unten anzufangen, indem ich eine Stelle als Damenschneiderin bei Rose Bertin, einer Züricher Filiale des Pariser Designers Pierre Cardin, annahm. Das Gehalt war mies. Für 75 Rappen die Stunde nähte ich Kleider, die für über 1000 Franken verkauft wurden. Es war nicht genug für mein Zimmer und Essen. Meine Gesundheit litt unter meiner sechswöchigen Diät von Brot und Suppe und ich sah keinen Weg, meinen Traum zu verwirklichen. Die Schweiz verweigerte mir jegliche Möglichkeit, dem vorgezeichneten Weg für ein armes Bauernmädchen zu entrinnen. Was konnte ich tun?

Wie Tausende vor mir würde ich die Schweiz verlassen und ein Leben anderswo suchen. Wenn nichts sonst, würde ich durch die Welt reisen, Länder und Leute kennen lernen und die größten Wunder unserer Welt besuchen. Ich war fast achtzehn und nahm an, dass ich bis dreiundzwanzig leben würde. Älter zu werden, konnte ich mir nicht vorstellen. Ich hatte nichts zu verlieren und alles zu gewinnen. Die Uhr lief ab.

Um durch die Welt zu reisen, müsste ich Englisch und Spanisch lernen.

Und ich musste ganz dringend Geld sparen. Für ein paar Monate arbeitete ich 18 Stunden am Tag als Kellnerin, genug, um als Au-pair in London fünf Monate lang eine erstklassige englische Sprachschule zu besuchen. Ich bestand das Cambridge Sprachexamen. Pleite ging ich zurück in die Schweiz und arbeitete nochmals ein paar Monate als Kellnerin. Dann ging ich nach Spanien, um Spanisch zu lernen. Dort begann meine Weltreise. Mit meinem Freund Heimo trampte ich durch Spanien und Nordafrika nach Ägypten. Dann ging Heimo nach Deutschland zurück um weiterzustudieren, und ich setzte meine Reise um die Welt fort.

Ich hatte vor, durch den Mittleren Osten – Libanon, Syrien, Jordanien, Israel –, dann durch Griechenland, Osteuropa, Russland, mit der transsibirischen Eisenbahn nach Wladiswostok und weiter nach Japan und Asien zu reisen. Ich kam bis Budapest, bekam eine schwere Hepatitis, landete im Wiener Universitätskrankenhaus und von dort in einem Krankenhaus in Horgen in der Schweiz. Nach zwei Monaten verließ ich das Krankenhaus. Schwach, krank und spindeldürr, aber noch nicht bereit aufzugeben, fing ich an wieder zu arbeiten und Geld für mein nächstes Abenteuer zu verdienen. Ich würde nach Australien auswandern, dort einige Zeit arbeiten, um Geld zu sparen, und dann weiter nach Asien reisen.

Ich war zwanzig Jahre alt und stand auf der Marconi, einem der größten Schiffe, mit fast 3000 Auswanderern im Hafen von Genua, und war bereit zu meinem nächsten Abenteuer in das Unbekannte. Meine Mutter und meine jüngste Schwester Helen standen inmitten der Menschenmenge im Hafen und winkten zum Abschied. Ich hatte sie auf einen Abschiedsurlaub in Venedig eingeladen und sie waren glücklich. Als der Hafen von Genua langsam verschwand, fragte ich mich, ob ich sie jemals wiedersehen würde. Würde ich den Hof wiedersehen? Bis ich wieder in die Schweiz kam, war der Hof verkauft und das Bauernleben für meinen Vater vorüber.

Alle Immigranten wurden in Melbourne registriert. Sie wurden in Einwanderungslager geschickt, bis Arbeit für sie gefunden war. Es war keine schöne Aussicht. Noch an Bord kam eine gut aussehende Frau Ende zwanzig auf mich zu und bewog mich, weiter nach Sydney zu reisen. Dort sei es leichter, Arbeit zu finden, und es gäbe einen Überfluss von unverheirateten Männern im Verhältnis von 7:1. Ich blieb an Bord mit zwei anderen Mädchen und die gleiche Frau erwartete uns in Sydney und führte uns zum YMCA, wo wir zwei Wochen bleiben konnten. Sie würde uns helfen, einen Job zu finden.

Am nächsten Tag brachte sie uns zu einem Vorstellungsgespräch. Es war in einem heruntergekommenen schmutzigen Stadtviertel, in einem roten

Ziegelsteinfabrikgebäude mit undichten Fenstern, steilen knarrenden Treppen, Staub und Spinnweben rundum. Wir stiegen die steile Treppe hinauf und kamen in einen großen dunklen Raum, gefüllt mit Dutzenden von jungen Frauen, die über elektrischen Nähmaschinen saßen. Ein Aufseher patrouillierte die Gänge, trieb die Frauen an schneller zu arbeiten, nicht aufzuschauen, und verbot ihnen, die Toilette außerhalb der zehnminütigen Pause zu benutzen. Ich konnte es nicht fassen. Noch nie hatte ich eine Fabrik mit solch schlechten Arbeitsbedingungen gesehen, es war ein Gefängnis, eine sklavenähnliche Existenz für die Frauen. Das Gehalt reichte zum Verhungern, aber nicht zum Leben. Dafür war ich nicht nach Australien gekommen. Am nächsten Tag fand ich selber eine besser bezahlte Stelle in einem gehobenen Modegeschäft.

Wegen meiner noch von Hepatitis geschwächten Gesundheit verließ ich bald die Stelle und ging zur Krankenschwesternschule in einem Krankenhaus, das einmal eine Leprakolonie war. Wenn ich schon nicht Doktorin werden konnte, würde ich Krankenschwester werden. Bald rieten mir meine Lehrer zur Eingangsprüfung zum Medizinstudium. Aber trotz allem Lernen konnte ich das fehlende Grundwissen in Mathematik, Physik und Chemie nicht aufholen und fiel durch. Ich würde nie Ärztin werden.

Ich verließ die Krankenschwesternschule und entschied mich, meine Weltreise fortzusetzen, aber ich musste erst Geld sparen. Ich verdiente als Kellnerin im Pitt Street Spaghetti Shop ganz gut und alles lief prima – bis zu einem Tag im Juni. An diesem Tag hatten mein Freund Hans, den ich auf dem Einwandererschiff kennen gelernt hatte, und ich ein Picknick am Meer. Auf der Rückfahrt im VW meines Freundes gerieten wir in einen Banküberfall. Der flüchtende Bankräuber wollte sich unseres Autos bemächtigen und schoss auf mich. Die Kugel ging durch meinen Oberarm. Eine heiße Welle ging langsam durch meine Schulter, meinen Brustkörper und meine Lunge. Ich sank über dem Lenkrad zusammen. Mein Freund zog mich aus dem Auto und legte mich aufs Trottoir.

Über mir war der blaue wolkenlose australische Himmel. Der wurde jetzt eine riesige Leinwand mit einem Film über mein Leben, angefangen mit meiner Geburt in Schaan und der Fahrt mit Pferd und Wagen zum Hof in Salez, den Blumen und Bergen meiner Kindheit, der Freude, Mäusekönigin zu sein, meiner Enttäuschung, nie wie Albert Schweitzer zu werden, den vielen Reiseabenteuern, meiner Auswanderung nach Australien und dem Ende – erschossen von einem Bankräuber auf der Straße, nur acht Monate vor meinem 23. Geburtstag. „Scheiße! Warum musste er mich umbringen", dachte ich. Obwohl ich schon immer glaubte, dass ich nicht älter als dreiundzwanzig werden würde, jetzt, da es Wirklichkeit werden konnte, war ich noch nicht bereit zu gehen. Dreiundzwanzig Jahre ist nicht alt. Wenn ich jetzt eine Chance hätte, würde ich gerne noch etwas länger leben. Das Letzte, an das ich mich erinnere, war die Ankunft der Armeepolizei und des Krankenwagens. Ich wurde mit dem Krankenwagen in das beste Krankenhaus für Lungen- und Herztransplantationen in Sydney gebracht. Es war nicht weit von der Schussszene. Die Zeitungen berichteten übereilt von meinem Tod.

Kaum zwei Wochen nach der Intensivstation verließ ich das Krankenhaus. Ich hatte genug vom Kranksein. Dem Tod entkommen, verspürte ich einen starken Drang, mein Leben neu anzufangen. Es gab noch so viele Länder zu sehen, so viele Kulturen und Leute kennen zu lernen. Und vielleicht auch mein Leben zu ändern. Asien stand auf meiner Liste – Indonesien, Singapur, Malaysia, Thailand, Kambodscha, Japan ... und dann Nordamerika und Südamerika. Von der Versicherung bekam ich $ 500 Schmerzensgeld – eine fürstliche Summe. Ich arbeitete nochmals ein paar Monate im Spaghetti Shop und dann verließ ich Australien für immer. Mit einem amerikanischen Studenten reiste ich nach Südostasien weiter. Im Februar 1968 verließen wir Kambodscha und flogen nach San Francisco, Kalifornien. Für Tim war es seine Heimat, für mich eine Zwischenstation auf dem Weg nach Südamerika. San Francisco war ein sonderbarer Ort. Voller junger Leute, die Rauschgift nahmen, ewig lächelten, mit Blumen im Haar tanzten und die freie Liebe propagierten. Es war eine ungewöhnlich freigeistige Subkultur, die jeden akzeptierte, aber alles, was der Norm entsprach, heftig ablehnte. Als Beobachterin fühlte ich mich wohl, aber nicht als Teilnehmerin. Ich qualifizierte mich kaum als Pseudohippie.

Meine Blumenkinderfreunde erklärten mir das amerikanische Schulsystem. Es erschien mir traumhaft. Jeder konnte studieren, es war fast umsonst, und wenn man kein Geld hatte, konnte man Stipendien und Darlehen erhalten, die nach dem Studium nur zur Hälfte zurückbezahlt werden mussten. Und das Beste war, man konnte studieren, was man wollte. Aber ganz so einfach war es nicht. Das City College erforderte einen High School Abschluss, den ich nicht hatte. Was jetzt? Ich las die Anmeldeformulare für das City College gründlich und sah ganz klein gedruckt: „Auf den High School Abschluss kann verzichtet werden, wenn die Schule abgebrannt ist und alle Unterlagen zerstört wurden." Das war mein Ausweg. Stattdessen musste ich eine Aufnahmeprüfung machen. Ohne Mühe bestand ich die Prüfung und wurde mit 25 offiziell Studentin.

13 Jahre waren vergangen, seit mir die Berufsberaterin in Salez erklärt

hatte, dass ein armes Bauernmädchen wie ich niemals studieren würde, und ich war endlich Studentin. Ich sah ein Leben mit enormen Möglichkeiten vor mir. Es gab so viel zu lernen, so viele Themen, die mich interessierten. Gut abzuschneiden, war einfach für mich, und finanzielle Hilfsmittel bekam man leicht für gute Noten. Nach zwei Jahren am City College verbrachte ich vier Jahre an der San Francisco State Universität und studierte Anthropologie und Philosophie, dann wechselte ich zur Geologie. Erdgeschichte, Klimawandel, Evolution und Massenaussterben faszinierten mich. Ein volles Stipendium zur Stanford Universität bezahlte mein Hochschulstudium bis 1978, als ich im Alter von 33 Jahren zum Dr. phil. der Geowissenschaften promovierte. Sechs Jahre später bekam ich den Lehrstuhl als außerordentliche Professorin für Geologie und Paläontologie an der Universität Princeton, New Jersey, wo ich noch heute lehre.

Meine Forschungsbeiträge der vergangenen 30 Jahre reichen vom Klima und Meeresströmungswechsel während der Pleistozän-Eiszeit bis zur tropischen Kreidezeit vor mehr als 100 Millionen Jahren. Aber am meisten interessiere ich mich für das Massenaussterben der Dinosaurier vor 65 Millionen Jahren und betreibe darüber Feldforschungen in Texas, Mexiko, Belize, Brasilien, Nordafrika und Indien. Meine Forschungsarbeit sowie die meiner Mitarbeiter hat über die letzten 15 Jahre weltweite Beweise gegen die populäre Theorie erbracht, dass das Aussterben der Dinosaurier von einem Meteoriteneinschlag in Yucatan, Mexiko, verursacht wurde, und vielmehr Vulkanismus in Indien und anschließende Klimaänderung das Aussterben auslöste.

Offenbar hat meine akademische Karriere wenig mit dem Leben auf einem Bauernhof zu tun. Aber mehr als alles andere haben mir die Grundwerte des Landlebens die Stärke und leitende Kraft gegeben, in einer der meist umstrittenen wissenschaftlichen Kontroversen des Jahrhunderts zu arbeiten und die allgemein anerkannte „Impact-Theorie" in Frage zu stellen mit neuen Gegenbeweisen, die oft auf erbittertste Widerstände treffen.

Aber was von meinen Wurzeln geblieben ist, ist die Liebe zu den Blumen, das Wachsen der Pflanzen und der Erdgeruch, den Boden zu formen und die Wiedergestaltung der Blumenfelder meiner Kindheit. In meinem Garten habe ich Felder mit Iris angelegt, Primeln und Schlüsselblumen der Bergwiesen, Veilchen, Schneeglöckli und Bachbummele eingepflanzt. Sie verbinden mich mit der Erde und verwurzeln mich mit den Grundwerten, die ich auf dem Hof im Weiler Gartis bei dem kleinen Dorf Salez erlernte.

Wolfgang Joop

Haltung anstelle von Posen

Es heißt, das Jahr 1944 sei ein reiches Jahr für die Bauern und den Tod gewesen. Im November dieses Jahres gab es dennoch Anlass zu großer Freude. Der erste und einzige männliche Stammhalter einer Gärtnerfamilie in Bornstedt bei Potsdam war geboren oder hatte, genauer gesagt, im städtischen Krankenhaus gegen 2:00 Uhr mittags das fahle Licht einer chaotischen Welt erblickt. Charlotte, die mittlere von drei Töchtern, hatte mich, diesen ihren Sohn, gleich nach der Geburt in den Luftschutzkeller des Krankenhauses bringen müssen.

Verängstigt warteten dort andere Mütter mit ihren Neugeborenen darauf, dass der Bombenlärm verebben würde. Bisher hatte man in Potsdam geglaubt, dass der Bombenterror nur Berlin, die nahe Hauptstadt, treffen und Potsdam, die Perle Preußens, mit seinen Schlössern und Gärten verschont bleiben würde. Extreme Kälte verschlimmerte die Lage. Insbesondere für Menschen ohne Obdach. Aber auch die Neugeborenen im Luftschutzkeller waren dem Tod näher als dem Leben.

Meine Mutter presste mich an sich. Ein schlimmer Keuchhusten schüttelte mich. Im Gutshof in der Ribbeckstraße warteten meine Großeltern und ihre beiden anderen Töchter Elisabeth und Ursula ungeduldig auf die Ankunft von Charlotte und mir.

Zeitgleich mit uns beiden erreichte den Hof ein Pferdewagen mit Flüchtlingen. Unter ihnen eine junge Mutter. In ihren Armen hielt sie Zwillinge. Fest in Decken gewickelt, waren sie ohne Anzeichen von Leben. Blaugefroren die kleinen Gesichter. Das Wohnhaus des Hofes war bereits überbelegt. Man hatte Freunde und Bekannte aufgenommen, deren Wohnungen ausgebombt waren. Unter ihnen Elli Michael, Freundin von Ursula, meiner geliebten Tante Ulla. Elli war weißblond gefärbt und zu jeder Zeit geschminkt wie ein Ufa-Star. Sie war Berlinerin und dort Couture-Schneiderin gewesen. Äußerlich hob sie sich auffällig ab von den eher natürlich-ländlich wirkenden Frauen, die den Hof bewirtschafteten. Ihr Wesen jedoch war von ähnlich praktischer Veranlagung. Jetzt begann sie, im Haus nach einem Pappkarton zu suchen. Auf die Frage, was die hastige Suche denn solle, antwortete Elli: „Die toten Kinder brauchen doch einen Sarg!"

Meine Großmutter hatte mich inzwischen entkleidet und in eine Wanne mit warmem Wasser gesetzt. Aus einem Instinkt heraus oder aus Verzweiflung, keinen Karton gefunden zu haben, warf Elli die noch immer reglosen Zwillinge zu mir in die Wanne. Im warmen Wasser kam plötzlich wieder Leben in die kleinen Körper. Welch Wunder! Später fanden die beiden Mädchen mit ihren Angehörigen Unterkunft in einer Zwei-Zimmer-Wohnung nebenan. „Nebenan" war das viergeschossige Jugendstil-Mietshaus, das mein Urgroßvater erbaut hatte. Dort in dem nach Kohle und Kohl riechenden Hausflur hielt ich mich gern stundenlang auf. Denn hinter jeder Wohnungstür warteten spannende Geschichten und aufregende Schicksale auf mich. Die stickige Enge in den Räumen, die einfachen Speisen, die mit mir geteilt wurden, gaben mir das Gefühl von Zusammengehörigkeit. Die Spiele, die wir spielten, entstanden allein aus unserer Phantasie und waren oft Zuflucht, wenn meine eigene Familie allzu beschäftigt gewesen war. Geschwister hatte ich keine. Meine Vorfahren mütterlicherseits stammten von den so genannten „langen Kerls" des Großen Kurfürsten ab. Er hatte sie aus Oranien (Holland) per Kahn über die Spree kommen lassen, so wie auch seine 18-jährige Gemahlin mit Hochzeitsgesellschaft im Gefolge. Hatten die „langen Kerls" aus seiner persönlichen Leibgarde dann irgendwann abgedankt, bekamen sie ein Stück Ackerland zugewiesen.

Väterlicherseits kamen meine Vorfahren ebenfalls aus Holland. Sie waren Calvinisten, eine protestantische Religionsgemeinschaft. So wie die Hugenotten waren sie nach dem 30-jährigen Krieg ins menschenleere Preußen geflohen. Das Gutshaus in der Ribbeckstraße liegt gegenüber dem „Kron-Gut". Kaiserin Victoria, die sich dort vor der Bespitzelung Bismarcks sicher fühlte, hatte es nach ihren Vorstellungen direkt am Bornstedter See errichten lassen. Victoria war die Tochter von Queen Victoria und Gattin des deutschen 99-Tage-Kaisers. Den Zeitgeist um 1845 könnte man „italoman" nennen und irgendwie ist mit diesem Geist das Licht Italiens in das preußische Dorf gefallen und bis heute geblieben. Im Winter, wenn der Bornstedter See zugefroren war, traf sich dort zum Schlittschuhlaufen die Jugend aus dem benachbarten Bornim mit den Bornstedtern. So traf dort mein Vater meine Mutter. Sieben Jahre soll sie dann aber gezögert haben, den blonden Gerhard Joop zu heiraten, kamen beide trotz geografischer Nähe doch aus sehr verschiedenen Welten. Mein Vater mit Ausbildung zum Journalisten war ein Mann des Wortes und der Gedanken, meine Mutter und ihre Schwestern eher Amazonen. Hoch zu Pferde hatten sie

Wolfgang Joop

Er wird 1944 in Potsdam geboren und erlebt seine Kinderjahre auf dem Gut der Großeltern. Nach dem Abitur in Braunschweig beginnt er erst ein Studium der Werbepsychologie, dann ein Studium der Kunsterziehung. 1968 gewinnt er mit seiner Frau Karin bei einem Modewettbewerb die ersten drei Preise. Danach arbeitet er kurzzeitig als Moderedakteur für ein Frauenmagazin, anschließend als freiberuflicher Journalist und Designer.
1978 erzielt er mit seiner ersten Pelzkollektion den internationalen Durchbruch.
1982 stellt Wolfgang Joop seine erste Damenkollektion vor, gefolgt von der ersten Herrenkollektion 1985. Zwei Jahre später die Parfümkollektion. Unter der Marke „JOOP!" sind ab 1987 u. a. Bekleidung, Schuhe, Schmuck, Brillen und Parfüm erhältlich.
1999 gründet Wolfgang Joop die Firma „Wunderkind Art" mit Sitz in Potsdam und trennt sich 2001 endgültig von seiner Firma JOOP GmbH.
Wolfgang Joop hat neben Mode und Design noch andere Interessen. Über 100 seiner Arbeiten sind im Hamburger Museum für Kunst und Gewerbe ausgestellt. Er veröffentlicht in den folgenden Jahren einige Bücher: Das kleine Herz (2001), Kochbuch „Hectic Cuisine" (2002), Stillstand des Flüchtigen (2002) und Im Wolfspelz (2003).
Er unterstützt den Verein Dunkelziffer e.V., der sich um sexuell missbrauchte Kinder kümmert, und den Verein Hamburg Leuchtfeuer, der sich um Aids infizierte Menschen sorgt.
Wolfgang Joop hat zwei Töchter und lebt seit 2003 in Potsdam.

sich eine Zukunft auf Gütern im Osten Deutschlands vorgestellt. Waren ausgebildet, zu planen, zu wirtschaften und zu befehlen. Im Geiste des so genannten „Reichs-Nähr-Standes", der Ursache für Stolz und Hochmut der deutschen Landjugend war. „Wolfjang, ich will dir mal wat sagen ...", sprach Opa Paul zu mir „für mich zählen nur zwee Sorten Männer: Soldaten oder Bauern. Die eenen verteidigen das Volk, die anderen ernähren es." Mit dieser Ansicht hatte Gerhard Joop wenig Chancen bei ihm.

Auf unseren Hof kamen allerdings die unterschiedlichsten Menschen in oft seltsamer Verkleidung: alte Haudegen in Reithosen und Stiefeln, Kumpels meines Großvaters aus dem Ersten Weltkrieg. Aber auch zurückhaltende Intellektuelle, Künstler und Maler, die Eier für ihre Temperafarben brauchten. Besonders aber beeindruckten mich die Frauen von russischen Offizieren, die sich in die lange Schlange einreihten, die für Kartoffeln oder Gurken vor der so genannten Gemüsekammer anstand. Die Gemüsekammer war eine notdürftige Verkaufsstelle unter der Regie von Tante Ulla. Die Russenfrauen hielten an ihren Händen oft kleine Mädchen mit unglaublichen Schleifengebilden über den Ohren und in der Mitte ihres Kopfes. Die Mädchen erwiderten schweigend meine Blicke. Sprechen oder spielen mit ihnen war nicht erlaubt. Waren die „Offiziersweiber" wieder gegangen, hinterließen sie für Stunden den schweren, süßen Duft ihres Parfums. Noch mehr als die Russenfrauen mit ihrem Flieder- und Maiglöckchenduft beeindruckten mich ein paar seltsame Gestalten, die aussahen, als wären sie aus einer anderen Zeit durch unser Hoftor getreten: Herren mit altmodischen Maßanzügen, gestützt auf Spazierstöcke mit silbernem Handknauf. Damen mit rot gefärbten Zwanziger-Jahre-Bob-Haarschnitt und von der Sonne vergangener Sommertage verblichenen Seidenkleidern, über denen sie breitschultrige Sakkos trugen – Erinnerungsstücke an Männer, die nicht mehr wieder gekommen waren. Wenn aber das alte Fräulein de Monteton, Cousine dritten Grades von Onkel Hans-Jörg, dem zweiten Mann von Tante Elisabeth, wortlos unsere Küche betrat, um die Kochtopfdeckel anzuheben und ihre gebogene Nase in den Duft des Mittagsgerichts zu halten, wusste ich, dass diese Person in Wahrheit niemand anderes war als diese Hexe, die aus mir den Zwerg Nase machen wollte. Jedes Mal, wenn die de Monteton auftauchte, klammerte ich mich an Inges Küchenschürze. Inge war das Hausmädchen meiner Großmutter und meine erste Liebe. Sie hatte dunkle wilde Locken, die über der Stirn mit einem Kamm zur „Entwarnungsfrisur" eingeschlagen waren. Inge gewährte mir Schutz. Nicht nur, wenn die de Monteton auftauchte. Die trug stets ein schwarzes knöchellanges Kleid mit weißem Stehkragen, der mit Fischbein verstärkt war. Außerdem trug sie seitlich geknöpfte Stiefeletten und führte einen seltsamen zweirädrigen Krückstock mit sich, der auf seiner Vorderseite einen Doppelhaken hatte, an dem sie einen Einkaufsbeutel mit suspektem Inhalt gehängt hatte.

Ich erinnere mich nicht, dass sie jemals mit mir gesprochen hätte. Ihr Gesicht war blass und mager und ihre grauen Haare hatte sie auf eine Weise hochgesteckt, wie es Ende des 19. Jahrhunderts üblich gewesen war. Meine Großmutter, Lina Ebert, von mir „Ote" genannt, flüsterte mir ins

„Ote" und Opa Paul mit Wolfgang

Die ganze Familie Joop mit Wolfgang (vorne links)

Ohr: „Wölfchen, die is ne Hugenottin und wohnt mit ihrer Schwester alleene in einer Stube oben im Haus neben der ‚Historischen Mühle'. Zwei alte Jungfern. Viel haben die nie gesagt, aber als sie dann von den Russen vergewaltigt worden sind und danach die Treppen runter geschmissen wurden, seitdem haben sie gar nischt mehr gesagt. Die muss man nehmen, wie sie sind."

Mich erhellte oder beruhigte diese Erklärung nicht. Für Feinfühligkeit fand man kaum Zeit. Damals, als ich ungefähr vier Jahre alt war. Später allerdings war auch wenig Zeit für Sensibilitäten. Anderes hatte absolute Priorität. Lina Ebert, Ote, sprach aus, was ausgesprochen werden musste, und verschwieg, was ihrer Ansicht nach nicht erwähnt werden sollte. „Was Recht ist, muss Recht bleiben!" war ein immer wiederkehrender Refrain. Und Recht hatte grundsätzlich jeder, der zum engeren Kreis der Familie gehörte. Kaum Gnade und wenig Pardon bekamen Fremde, alte Weiber (so nannte Ote etwa gleichaltrige Frauen, die sich in die Nähe ihres Mannes Paul vorwagten) und natürlich die Tagespolitik mit ihrer desaströsen Planwirtschaft. Gleich nach dem Mauerbau wurden alle Ländereien enteignet, Obstbäume gefällt und Ulla als LPG-Landarbeiterin zwangsverpflichtet.

Opa Paul war stolz darauf gewesen, seine Wirtschaft ausschließlich nach seinem Instinkt und dem Diktat der Natur zu führen. Er war überall beliebt und charismatisch bis ins hohe Alter. Einerseits war er großzügig und hilfsbereit, anderseits musste man auf Komplimente oder Geschenke verzichten. Zum Geburtstag oder zum Weihnachtsfest pflegte er jedes Mal zu verkünden: „Ick schenke die Jesundheit, det is dat Teuerste." Wer Dankbarkeit für irgendein Bemühen erwartete, bekam zu hören: „Wat machst du denn schon? Ich will dir sagen, wat du machst: Christenpflicht machst du. Dafür brauch ick nich Danke sagen."

Die Gespräche der Erwachsenen bei der Arbeit auf dem Feld oder dem gemeinsamen Abendessen belauschte ich. Die Geschichten und Diskussionen irritierten mich einerseits und setzten anderseits eine blühende Phantasie in Gang, in der Dämonen oft die Überhand gewannen. In Spielen mit meinen gleichaltrigen Freunden Angela und Klaus übersetzten wir uns Bruchstücke dieser Erzählungen der Erwachsenen in seltsame Inszenierungen, in denen gespielte Gewalt, gespielter Schmerz, Verlustangst und Klagen zum Einsatz kamen. Diese „Spiele" fanden auf dem Heuboden, im feuchten Kellergewölbe und in dunklen Zimmerecken statt. Belohnung war das Gefühl, ein gemeinsames, dunkles Geheimnis zu tragen.

Draußen aber auf den Wiesen, dem nahen Friedhof, dem Park und im Schloss „Sanssouci" spielten wir heitere „höfische" Spiele. Übten Schreiten, nicht auf die Schleppe der Prinzessin zu treten und „Konversation" mit gespitzten Lippen. Die Todesstille, die im Schloss zu wohnen schien, hielten wir für eine märchenähnliche Verwünschung. Tag für Tag erwarteten wir, dass der „Alte Fritz" mit seinen Windspielen aus einer der Flügeltüren treten würde. In seinem Gefolge Höflinge und vornehme Gäste aus aller Herren Länder.

Im Park nach frühsommerlichen Regenschauer fingen wir inzwischen kleine Frösche, denen wir in Schuhkartons Salons aus weichem Moos einrichteten. Schließlich befanden die Frösche sich in vorübergehender Fremdgestalt. Waren sie plötzlich verschwunden, hatte sie nachts eine Prinzessin wachgeküsst. Lag im Herbst Nebel über den Wiesen, warteten wir darauf, dass Elfen sich uns Kindern sichtbar machen würden. Denn nur solange man Kind ist, tun sie einem das manchmal zum Gefallen. Mit den ersten Schneeflocken kam der Duft von Bratäpfeln, und Engel kamen auf Mondstrahlen in unsere Welt gerutscht. Die Welt der Märchen mit den Versprechen auf Erlösung war meine Zuflucht, wenn mich die Welt der Erwachsenen ängstigte. Dennoch überwog meine wachsende Angst, unsere Welt verlassen zu müssen, alle anderen Ängste. Meine Mutter erzähl-

Kollektion Wunderkind (Auswahl)

te mir von meinem Vater, den ich noch nicht kannte und auf den sie viele Jahre warten musste. Als er dann nach sieben Jahren unschuldiger Haft in sowjetischen und ostdeutschen Lagern plötzlich vor mir stand, glich er zu meinem Schrecken nicht den Vorstellungen, die ich mir von ihm gemacht hatte. Nach wenigen Tagen verließ er wieder Bornstedt, ein paar Monate später folgte ihm meine Mutter. Eines Morgens dann weckte mich Tante Ulla und erklärte mir, dass sie mich jetzt zu meinen Eltern nach Braunschweig bringen würde. Dort, sagte sie, sei der „Goldene Westen". Das, was ich mir unter einem goldenen Ort vorstellte, habe ich dort nie getroffen. Woanders in der Welt allerdings auch nicht. So sehr ich auch suchen sollte, mein Schatz war die Heimat und alles, was mir vertraut gewesen war. Es war das Jahr 1954.

Den größten Teil meines Lebens bestimmte die Sehnsucht nach Rückkehr. Als ich endlich zurückkehren durfte, war vieles nur noch Erinnerung. Also wurde meine endgültige Rückkehr im Jahr 2003 zum Neuanfang! Während all der Jahre zuvor aber konnte ich in meiner Arbeit die Bilder, die mich prägten, abrufen und aus ihnen neue Bilder gestalten. Den

Ort und die Menschen meiner Herkunft musste ich nicht verleugnen, wie so viele Menschen es tun in dieser Welt der Virtualität und Virtuosität, der Welt der Hybris und Verleugnung, der Machtspiele und des falschen Glanzes. Im Gegenteil: Mit Stolz berichtete ich von meiner Heimat Potsdam. Einer Stadt voller Türme und Schlösser, für Jahrzehnte versunken wie das sagenhafte Vineta. Ich genoss das Staunen derer, die mir ungläubig zuhörten, und das Bewusstsein, von einem Stück Erde zu kommen, das sogar für Kenner exotischer Länder nicht ohne gewisse Umstände erreichbar war. Aber auch für mich war der Wunsch zurück nach Hause zu kommen, viele Jahre von Zagen und Hoffen begleitet gewesen. Die politische Willkür des damaligen SED-Regimes belastete für Jahrzehnte unsere Familie. War ich dann in den Ferien wieder auf dem Bornstedter Hof gelandet, umgab mich wieder sofort ein Gefühl von Vertrautheit und Sicherheit, dazu auch so etwas wie Unabhängigkeit von den Nöten der Nachkriegszeit. Der bäuerliche Hof, der große Garten konnte uns im Notfall ernähren. Es herrschte kein Überfluss, aber auch kein Mangel. Kühe versorgten uns mit Milch, Schweine mit ihrem Fleisch und Schafe mit Wolle.

Für meinen Beruf, den des Saisonarbeiters in Sachen Mode, lernte ich früh alles, was ich mein Leben lang anwenden konnte: die Fähigkeit, mir im Winter den Sommer und im Sommer den nächsten Winter vorstellen zu können. Aus Versatzstücken meiner Erinnerung neue Bilder zu entwerfen, die dem Betrachter vertraut und zugleich irritierend neu vorkommen sollten. In meinem Geschäft, in dem angeblich nur das Neue zählt, inspiriert mich besonders der Luxus des Bleibenden. Das ländlich Bodenständige der Menschen, in deren Welt ich hineingeboren wurde. Ihr trostspendendes Verhältnis zur Natur, die Anmut ihrer Kleidung. Erworben für Anlässe der Freude oder Trauer. Aufgehoben, gewendet oder ausgebessert. Immer wieder ergänzt und in Eile neu zusammengestellt, dem Anlass des Tages oder der Arbeit entsprechend. Das alles ist und bleibt die Quelle meiner Inspiration. In der Welt der Mode, der Äußerlichkeiten und Eitelkeiten ist es (fast) egal, was man trägt – es kommt (fast) nur darauf an, wie man es trägt. Haltung eben anstelle von Posen.

Ging ich als Junge selbstverloren über den Hof, rief mein Opa Paul mir aus dem Küchenfenster hinterher: „Wolfjang, Kinn geradeaus und Kopp nach oben! Und mach die Knie gerade!" Daran denke ich jedes Mal, wenn ich am Ende einer Modenschau auf den Laufsteg treten muss. Den Kopf nicht hängen zu lassen und mit geraden Knien zu gehen, gelingt mir noch immer nicht. Kommt man jedoch vom Lande, ist und bleibt man aber Optimist!

Ulrich Duchrow

„Nu is' er für die Menschheit verloren"

Gewidmet Familie Lührs in Gut Rumstorf und meinen Enkeln

Mit „Tante Dörchen" fing es an – in einem strohgedeckten Häuschen am südlichen Rand der Lüneburger Heide mitten im Wald, wo sich Fuchs und Hase „gute Nacht" sagen, wie es hieß. Dort machten wir 1942 Ferien vom Hannoveraner Alltag, meine Mutter, meine vier Jahre ältere Schwester Helga, mein zwei Jahre jüngerer Bruder Harald und ich, der damals sieben Lenze zählte. Mein Vater war als Reservist schon kurz vor dem Krieg 1939 eingezogen worden und „stand an der Westfront". Damals lernte ich, wie groß ein „Morgen" Ackerland ist, wie man Kühe melkt – beim Singen „Mutter, unterm Dach ist ein Nestlein gebaut" –, dass Gänse nicht in das Mohnfeld dürfen (mein kleiner Bruder pflegte deshalb zu rufen: „Tante Dörchen, die Gänse sind in den Moden") und wie man mit großen und kleinen Hunden umgeht und nicht umgehen sollte. Es war nämlich dort auch einmal ein weiterer Junge zu Besuch, der quälte den kleinen Dackel, indem er ihm mit der Kohlenzange die Schnauze zuhielt. Darüber schrieb ich dann nach Rückkehr in die Schule meinen ersten Aufsatz, den meine Mutter aufhob und mir vererbte. Er lautete: „Der Tierquäler."

Im nächsten Jahr kamen wir wieder. Inzwischen waren die Bombennächte unerträglich geworden. Zwar bekam mein Onkel Lu (Ludwig) als Oberstadtbaurat die Nachrichten über die anfliegenden Bombergeschwader und ihre Routen früher als die Öffentlichkeit und informierte meine Mutter immer im Voraus, ob sie uns Kinder wecken musste oder nicht. Trotzdem habe ich die häufigen Nächte im Luftschutzkeller in schlimmer Erinnerung. Insbesondere einmal schlug in der Nähe unserer Wohnung eine schwere Bombe ein. Ich erinnere mich, wie mich beim krachenden Einschlag ein heißes Gefühl durchfuhr und ich blitzschnell dachte, dass dies nun wohl die Hitze unseres brennenden Hauses sei und wir verbrennen würden. Dies Schicksal ereilte aber nur die direkt Betroffenen in der Nachbarschaft. Die ganze Nacht über hörten wir die Geräusche der Bohrmaschinen und anderer Rettungsgeräte, mit denen versucht wurde, Überlebende aus den Trümmern zu bergen. Auf dem Hintergrund dieser Erfahrungen entschlossen sich meine Eltern zur Evakuierung. Als wir im nächsten Jahr wieder bei Tante Dörchen Ferien machten und sogar mein Vater dazu Urlaub nehmen konnte, machten wir einen Spaziergang zu dem ca. zwei Kilometer entfernten Gut Rumstorf. Weil dieser für unsere Familie ein historisches Ereignis werden sollte und deshalb später oft davon gesprochen wurde, erinnere ich mich an verschiedene Einzelheiten. Vor allem habe ich die goldgelben weiten Kornfelder, durch die wir gingen, in Erinnerung. Das Ehepaar Lührs empfing uns freundlich in der Glasveranda. Sie antworteten auf die Anfrage, ob wir in ihrem Haus Zuflucht finden könnten, sie hätten selbst schon daran gedacht, Leute aus der Stadt aufzunehmen. Denn es sei doch besser, man könne sich die Mieter aussuchen, als dass man später dazu gezwungen würde, irgendwelche Flüchtlinge zu beherbergen. Im ersten Stock des Hauses gab es verschiedene Kammern für Mehl, Zucker, Schinken und andere Vorräte. Einige davon sollten für uns geräumt werden. Sie waren klein, aber in zwei von ihnen passten gerade fünf Betten hinein, außerdem gab es einen weiteren Raum für Tisch, Stühle, „Volksempfänger“ und Eisenofen zum Wohnen. Unsere Haushaltshilfe Ilse bekam auch ein kleines Zimmer. Die Küche mit Holzherd durften wir uns in der Flurecke einrichten und mit einem Verschlag abschließen (direkt davor war die Kammer für die Schinken hinter einem kleinen Gazefenster, durch das uns der Räucherduft für die nächsten fünf Jahre entgegenströmte und in uns die Hoffnung auf Frieden wachhielt).

Es musste schnell gehandelt werden. Kaum waren wir zurück in Hannover, wurde der Umzug in die Wege geleitet und durchgeführt. Das war im Herbst 1943. Wenige Wochen später wurde das Haus mit unserer Wohnung am Stephansplatz durch Bomben zerstört. Wir waren noch einmal davongekommen.

Wir richteten uns in Rumstorf ein. Wenig später ergab es sich, dass auch die Familie des Rechtsanwalts der Familie Lührs, die Bestes, Zuflucht auf dem Lande suchte. Im gleichen ersten Stock des Hauses war noch ein Prachtzimmer übrig. Darin kamen die Mutter und die drei Kinder in fast gleichem Alter wie wir unter. Ihre Tante Annie erhielt ein weiteres Zimmer. Vater Beste war wie unser Vater im Krieg. Beide kamen nur selten auf Urlaub. So waren wir also normalerweise zehn evakuierte Hannoveraner im ersten Stock. Hinzu kam ein Bruder von Herrn Lührs, „Onkel Heinrich“, der eigentlich einen kleinen Hof im benachbarten Stöcken hatte, aber wegen seiner kritischen Haltung von den Nazis verfolgt und schließlich in einem KZ umgebracht wurde. Im unteren Stock lebten mit ihren Eltern Tochter Friedel und Sohn Fritze Lührs. Sie waren etwas älter als wir. Frie-

Ulrich Duchrow

Er wird 1935 in Hannover geboren, verbringt die Kriegs- und die ersten Nachkriegsjahre auf Gut Rumstorf und studiert von 1955 bis 1960 Theologie und Philosophie in Tübingen, Heidelberg, Zürich und Basel. Promotion an der Universität Heidelberg 1963, Habilitation in Systematischer Theologie und Sozialethik 1968.
Seit 1968 Lehrtätigkeit an der Theologischen Fakultät der Univ. Heidelberg, daneben bis 1970 wissenschaftlicher Referent in der interdisziplinären Forschungsstelle der Ev. Studiengemeinschaft, von 1970 bis 1977 Direktor der Studienabteilung des Lutherischen Weltbundes und 1977 bis 1978 Gastprofessor am Ökumenischen Institut Bossey. Von 1979 bis 2000 Regionalbeauftragter für Mission und Ökumene der Ev. Landeskirche in Baden.
Seit 1984 Professor für Systematische Theologie und Sozialethik.
Ulrich Duchrow ist Mitbegründer von Kairos Europa, einem Netzwerk im ökumenischen Prozess für Gerechtigkeit, Frieden und Bewahrung der Schöpfung.
Zahlreiche Veröffentlichungen, zuletzt erschienen:
Alternativen zur kapitalistischen Weltwirtschaft – Biblische Erinnerung und politische Ansätze zur Überwindung einer lebensbedrohenden Ökonomie (1995).
Leben ist mehr als Kapital – Alternativen zur globalen Diktatur des Eigentums (2002).
Solidarisch Mensch werden. Psychische und soziale Destruktion im Neoliberalismus – Wege zu ihrer Überwindung (2006).

del war eine begeisterte Reiterin. Im Hof waren noch Räume für den Verwalter, Fritze Meier, und für einige Knechte, die den Hof und die 500 Morgen Ackerland, Wiesen, Viehweiden und Wald bewirtschafteten. Hundert Meter hinter den Gebäuden, die mit Wohnhaus, Wirtschaftsräumen, Scheunen und Ställen ein Rechteck um einen Innenhof bildeten, lagen die „Leutehäuser". Hier wohnte der „Schweizer" mit seiner Familie. Sie waren für die Kühe, ihre Pflege und das Melken zuständig. Hinzu kamen eine Tagelöhnerfamilie – die „Bon-Schulzes" – und schließlich Zwangsarbeiter aus Russland und Polen. Deren Flüche durften wir als Kinder nicht nachsprechen – ohne dass wir deren Inhalt und Gründe verstanden hätten. Einmal war auch ein Franzose dabei. Er pflegte die Obstbäume zu ernten. Dabei lernten wir, dass man ihn mit „Mossjöh" ansprechen musste, wenn man eine Pflaume abhaben wollte.

In dieser ehrenwerten Gesellschaft entdeckten wir als Kinder nun unsere Freiräume. Natürlich mussten wir auch zur Schule gehen. Sie lag zwei Kilometer entfernt in Stöcken und bestand aus zwei Klassenräumen: den traditionellen Klassen 1–4 und 5–8. Das nannte man später „Zwergschule". Im gleichen Haus wohnte Lehrer Seele und seine Frau, sehr freundliche, menschliche Personen. In seinem Garten daneben wirkte er auch als Imker. Wenn er als solcher agierte, fanden wir das wegen der Maskerade mit Drahthelm sehr spannend, aber auch die Honigproben fanden wir köstlich. Sein Schulunterricht ist mir in guter Erinnerung. Außer Lesen, Schreiben und Rechnen lernten wir viele Gedichte auswendig. Auch meinen Spaß an Geschichte entdeckte ich hier. Wir mussten die Geschichtszahlen und -ereignisse in ein Oktavheft eintragen. Es begann mit der Schlacht am Teutoburger Wald: 9 nach der Zeitwende, Hermann der Cherusker schlägt Varus und seine römischen Legionen. In der Rückschau entspricht diese Erfahrung wohl den historischen Gefühlen meiner Kinder, wenn sie Asterixbücher verschlangen, d. h., es ist gut zu erleben, wenn die Kleinen auf wunderbare Weise die Großen besiegen. Erst später erkannte ich, dass das damals allerdings anders gemeint war, denn auf der ersten Seite unseres Geschichtslehrbuchs war „Der Führer unter der Blutfahne" zu sehen. Herr Seele brachte uns aber auch Schwimmen bei – in einer kleinen Badeanstalt, sprich Moortümpel mit Holzbaracke und immerhin einem Drei-Meter-Sprungbrett.

Der Schulweg (in der ersten Hälfte ein Trampelpfad) ging durch Wiesen und Felder. Er kreuzte die einspurige Eisenbahntrasse, vor der ein Schild angebracht war, dessen Inhalt ich noch auswendig kenne, weil man in jenem Alter alles Geschriebene als Aufforderung zum Lesen-Üben empfindet: „Halt! Wenn das Läutewerk der Lokomotive ertönt oder die Annäherung eines Zuges erkennbar wird." Aber auch anderes Praktisches lernte ich auf diesem Weg. Eines Tages z.B. war ein Mensch damit beschäftigt, Eichenpfähle für einen Zaun einzuschlagen. Ich sah, dass der Schlag des Vorschlaghammers den Pfahl traf, der Laut aber erst einige Sekunden danach bei mir ankam. So wusste ich schon vor dem ersten Physikunterricht, dass Schallwellen durch die Luft eine gewisse Zeit brauchen. Am Weg lag auch die Schmiede – ein unerschöpflich spannender Ort. Manchmal durften wir den Blasebalg betätigen, der damals noch von Hand betrieben wurde. Von eigener Kraft kam die Glut zum Sprühen. Der Geruch von ver-

Ulrich mit 9 Jahren bei der Fuchsjagd 1944

branntem Horn, wenn das glühende Eisen auf den Huf des Pferdes anprobiert wurde, liegt mir noch heute in der Nase.

Noch schöner freilich war es, dass mich Herr Lührs mehr und mehr zu seinen eigenen Tätigkeiten mitnahm. Man stelle sich einen neugierigen und lernbegierigen Acht- bis Zehnjährigen vor, wie er bei diesem und jenem in Hof, Feld und Wald zupacken lernt. Natürlich kannte man vieles nicht, das manche seit der Wiege können und verstehen. So erklärt es sich, dass bei vielen fehlgeschlagenen Handgriffen Herrn Lührs' Stimme zu hören war: „Oh, düsse Städter! Oh düsse Städter!" Bald aber nannte man mich seine „rechte Hand". Ein paar Beispiele: Herr Lührs hatte einen Motorradunfall gehabt und ging am Stock. So traf es sich gut, dass ich zur Fuchsjagd den Seppel, einen Langhaardackel, im Rucksack und Waldi, den Jagdhund, an der Leine nehmen konnte (s. Foto). Wir zogen also in den Wald zur Fuchsmiete, einem aus Stucken und Heu errichteten Haufen, unter dem sich der Fuchs seinen Bau gegraben hatte. Herr Lührs stellte sich an den einen Ausgang, ich an den anderen, ließ Seppel hinein und sofort gab es drinnen ein großes Bellen, während der Fuchs mit den Hinterläufen dem Angreifer offenbar Sand entgegenschleuderte. Waldi sollte ich sofort loslassen, wenn der Fuchs zu flüchten versuchte, während der Jäger an der anderen Seite mit der Flinte wartete. Als der Fuchs plötzlich wie ein Blitz herausschoss und Herr Lührs abdrückte, bekam ich von dem Knall einen solchen Schreck, dass ich vergaß loszulassen, was mir erneut ein „oh, düsse Städter" einbrachte. Dass er aber daneben geschossen hatte, war keiner Erwähnung wert. Mehr Glück hatten wir übrigens im Winter mit den Fuchsfallen und auch einmal, als ich auf Rehjagd in einen Anstand mitgehen durfte, was besonders aufregend war, weil es in der Dämmerung stattfand. Dass wir Kinder uns auch manchmal allein an Rehe mit Pfeil und Bogen heranschlichen, durfte Herr Lührs natürlich nicht wissen, obwohl es wirklich ungefährlich für die schönen Tiere war, wie man vermuten kann.

In der Nähe des Hofes floss auch ein Flüsschen, die Ise. Dahin zogen Herr Lührs und ich bisweilen, weil ich die Aalreusen auslegen musste. Das war wegen des muddigen Bodens nicht ganz angenehm, aber oft belohnte uns ein guter Fang. Wir Kinder bekamen allerdings davon nur den Duft zu genießen, wenn die Aale in einer Tonne geräuchert wurden. Anders beim großen Fischzug einmal im Jahr. Erst später realisierte ich, dass ich dabei auch eine besondere Form gemeinsamen Wirtschaftens erlebt hatte. Die Ise bildete nämlich die Grenze zwischen Gut Rumstorf und den Gemarken des Dorfes Lüben. Also nahmen an dem Fischzug alle Bauern teil, deren Wiesen und Felder beiderseits an den Fluss angrenzten. Ich musste jeweils die Aalreusen aus dem Fluss holen, bevor das von vielen Männern von beiden Ufern aus gezogene Netz ankam, und sie danach wieder an ihren Platz legen. Manchmal durfte ich auch den Sack mit den gefangenen Fischen hinter dem Netz herziehen. Sobald der Fischzug beendet war, wurde der Fang in eine Waschküche in Lüben gebracht, die Fische in einem Trog ausgeschüttet und verteilt. Das ging ohne Streit vonstatten, ja, man scherzte über die beste Regel beim Verteilen: „Ick'n Aal und Du 'ne Pietsche (kleiner Aal), Du 'ne Pietsche, ick'n Aal." Sogar der kleine Ulrich bekam ein paar Fische ab, was den Speisezettel zu Hause erfreulich variierte.

Ähnliches geschah auch an den Schlachttagen. Dazu kam ein professioneller Schlachter aus Lüben. So ganz angenehm war das Zuschauen bei der Schlachtung nicht, aber danach folgten wir Kinder den verschiedenen Schritten bis zur Wurst in der Pelle mit großer Aufmerksamkeit – besonders weil es am Schluss für jede(n) von uns ein eigenes Würstchen und für die Familien Fleisch- und Wurstbrühe sowie einige andere Köstlichkeiten gab. Solche Gelegenheiten waren ebenso wie an Erntedank Grund zu abendlichen Festen in der Scheune. Erwachsene und Kinder tanzten je auf ihre Weise zu deftiger Musik, bis wir todmüde ins Bett sanken. Bei Geburtstagen der Gutsfamilie wurden auch die Kinder der Evakuierten eingeladen und durften so viel Krapfen (in einigen Gegenden Berliner Pfannekuchen genannt) und Kuchen essen, wie sie nur konnten. Wir machten daraus einen Wettkampf, wer am meisten essen kann. Dazu entwickelten wir die Technik, zwischenrein um den Hof zu laufen, um wieder Platz für einen weiteren Krapfen zu gewinnen. Damals überraschte uns noch, dass ausgerechnet der Älteste und Größte (Klaus Beste) immer gewann. Einmal schaffte er 14 große Krapfen.

Nach diesen ersten Erinnerungen könnte es so aussehen, als ob das Leben neben der Schule damals nur aus Ferienbeschäftigungen bestand. Es gab aber auch harte Arbeit. Dazu gehörte vor allem die Kartoffelernte. Morgens, wenn es noch kalt war, kletterten alle auf den Anhänger und kuschelten sich in die noch leeren Kartoffelsäcke. Der Deutz-Trecker fuhr los zum Acker (einmal öffnete sich während der Fahrt hinten die Klappe des Anhängers und mein kleiner Bruder fiel raus – Gott sei dank mit den Kartoffelsäcken, sodass er weich fiel). Am Ziel wurden mit Stöcken die Stücke abgesteckt, auf denen die Erntenden jeweils die Kartoffeln aufsammeln mussten, wenn die Rodemaschine vorbeikam. Die Kinder bekamen die halbe Länge, was auch insofern sinnvoll war, als die gefüllten Drahtkörbe, die man in die Säcke leeren musste, ganz schön schwer waren. Besonders erfreulich war allerdings, dass wir bei der Vesper von den vorzüglichen Brotschnitten essen konnten. Das Brot wurde jede Woche im Holzofen gebacken und schmeckte hervorragend – insbesondere mit der Schlachtewurst. Abends durften wir dann sogar mit allen mitessen, meist Milchsuppe und Bratkartoffeln, mit Speck und Ei gebacken.

Andere Arbeiten fielen bei der Rübenernte an. Die abgestochenen Blätter wurden in große Silos geschüttet und wir durften sie festreiten – mit dem schwersten Ackergaul, einem Belgier mit Namen Erika. Oft halfen wir auch bei den allgemeinen Arbeiten im Pferdestall: Futter in den Trog schütten, frisches Stroh streuen usw. Dabei lernte man, dass jedes Pferd seinen eigenen Charakter hat und man sich mit Fingerspitzengefühl darauf einstellen muss. Eines z.B., Fanni, biss manchmal, sodass wir möglichst vermieden, in seine Nähe zu kommen. Ein anderes, Hanni, war das Lieblingsreitpferd von Friedel. Das höchste Glück bestand darin, es einmal reiten zu dürfen, wenn es noch einen Sattel trug. Denn normalerweise mussten wir auf bloßem Pferderücken reiten, was besonders bei den älteren Gäulen wie Lotte mit ihrem knochigen Rückrat zu einem wunden Hintern führte.

Auch in eigener Sache gab es Arbeit. So mussten wir unser eigenes Brennholz für Küche und Wohnzimmer hacken und in Mieten für den Winter aufstapeln. Die Zuckerrüben mussten gehäckselt, gekocht, gepresst und zu Sirup verarbeitet werden. Außerdem erhielten wir vor dem Haus ein Stück Garten. Das war in jener Zeit gar nicht mit Gold aufzuwiegen. Denn wir konnten uns mit Gemüse und Salaten selbst versorgen. So war es ein Vorteil, dass meine Mutter von ihrem Vater und ich wiederum von ihr eine Gärtnerader geerbt hatte. Schon in Hannover hatte ich auf dem Hinterhof des Hauses am Rand der Pflasterung ein ca. 1 m^2 großes Stück festgetretener Erde entdeckt, urbar gemacht und Salat, Schnittlauch und Möhren darauf gesät. Letztere waren in der schattigen Ecke nur so dick wie eine Stricknadel geworden. Darum freute ich mich sehr, nun richtiges Land beackern zu können. Meine Spezialität waren Tomaten. Zunächst sah es so aus, als hätte ich schlechte Startbedingungen. Ich hatte nämlich nicht das Geld, im Frühjahr die fertigen Pflanzen zu kaufen. Wenn also Frau Lührs ihre Tomaten pflanzte, waren sie schon mindestens 20 cm hoch, meine, die ich selbst gesät, umgepflanzt und bei Bodenfrost jeden Abend in eine Kellernische gestellt hatte, hatten es aber höchstens auf 5 cm gebracht. Bei dieser Gelegenheit lernte ich aber, dass manchmal der Schein trügt. Ich hatte nämlich gehört, dass Tomaten besonders gut auf Pferdemist gedeihen. So widmete ich meinen Kinder-Bollerwagen zum Mistwagen um, füllte ihn am Misthaufen, zog ihn die 100 m an das Beet, auf dem die Tomaten – plus minus 50 Stück jedes Jahr – gepflanzt werden sollten, und füllte in jedes der Pflanzlöcher eine knappe Mistgabel voll goldgelbem, wunderbar duftendem Pferdemist. Die Stützstöcke hatte ich selbst angespitzt und mit dem Beil in die Erde gehauen. Da standen sie nun, die kleinen Tomatenpflänzchen neben den großen Stöcken und sahen recht kümmerlich aus. Das änderte sich aber im Laufe des Sommers. Sie wuchsen und wuchsen aufgrund der guten Unterlage und trugen mehr als alle Tomatenstöcke weit und breit – ein echtes Erfolgserlebnis.

Aber wir durchliefen in jener Zeit nicht nur die menschheitsgeschichtlichen Phasen des Jägers und Ackerbauern, sondern auch der Sammler. Ringsherum auf den Weiden wuchsen Champignons oder Birkenpilze, in den Wäldern Steinpilze, Rehpilze (Maronen), Pfifferlinge und andere – eine Delikatesse, in Butter gebacken. Zur Himbeer- und Blaubeerzeit zogen wir mit leeren Marmeladeneimern in die Wälder und sammelten und pflückten so viele Beeren wie nur möglich – unter reger Anteilnahme der Mücken und manchmal sogar der Schlangen. Für die Himbeermarmelade hatte meine Mutter ein Rezept, das weit und breit die beste Marmelade erzeugte. Bis an ihr Lebensende warteten jedes Jahr Kinder und Enkelkinder auf ein Päckchen mit Himbeermarmelade. Da ein Leben ohne diese Marmelade schwer vorstellbar ist, übernahm ich nach ihrem Tod die Aufgabe, diese Marmelade zu kochen und in der Großfamilie zu verteilen. Ich hatte mich noch vorher mündlich in ein paar Tricks einweihen lassen, die nicht im geschriebenen Rezept stehen.

Werfe ich einen Blick auf den Speisezettel jener Zeit insgesamt, so stelle ich mit Erstaunen fest, dass wir uns damals so ernährten, wie man es heute nur teuer aus Naturkostläden tun kann: morgens aufs Brot selbst gemachten Quark aus Magermilch, darauf selbst gekochten Sirup oder eben die besagten Marmeladen, mittags Kartoffeln aus lokaler Produktion mit selbst angebautem Gemüse und Salat (oder im Winter selbst gemachtem Sauerkraut, selbst angebauten Kohlsorten, Möhren, Schwarzwurzeln usw.), dazu Eier freilaufender Hühner und nur selten ein Stück Fleisch. Tomaten, vor dem ersten Frost grün gepflückt und in Zeitungspapier in einer Kiste neben den Ofen gestellt, reichten bis Weihnachten.

Apropos Weihnachten. Den Weihnachtsbaum durften wir uns im Wald aussuchen. Dieses Fest brachte uns – gut bürgerlich – auch einmal im Jahr in die schöne alte Kirche in Wittingen, 4 km von Gut Rumstorf entfernt. Diese Fahrten sind besonders unvergesslich, da sie entweder in der Kutsche oder bei Schnee im Schlitten, von einem Pferd gezogen, stattfanden. Auf einer der Rückfahrten entstand ein Streit unter den Erwachsenen, ob der Bibeltext eigentlich laute „Selig sind die geistig Armen" oder „Selig sind die geistlich Armen". Ich entschied den Streit, indem ich fest behauptete, es müsse heißen „Selig sind die geistlich Armen", da Dumme ja wohl nicht selig seien – „so ihr nicht werdet wie die Kinder" oder alias: Zu manchen Fragen braucht man nicht Theologie zu studieren, sondern es reicht der gesunde Menschenverstand.

Nun gibt es aber aus jenen Jahren nicht nur Erfreuliches zu berichten. An Pfingsten 1944 machten wir eine wunderschöne Wanderung durch Wiesen und Felder bei herrlichstem Sonnenschein. Ein Kuckuck begleitete uns mit seinen Rufen viele Kilometer, während Bombergeschwader durch den blauen Himmel zogen. Ihre Bomben trafen uns zwar nicht, aber andere und – wie wir bald erfuhren – am gleichen Tag auch unseren Vater im Krieg. Der etwas unbedarfte Nazibote, der die Nachricht offiziell überbrachte (wir hatten sie schon vorher inoffiziell gehört, da Vater Beste am gleichen Ort beim Militär war), stellte während seines Besuchs fest, dies sei „ein tragischer Fall mit Umständen". Frau Lührs kommentierte unter Tränen den folgenreichen Verlust mit den Worten: „Der liebe Gott sorgt dafür, dass die Bäume nicht in den Himmel wachsen." Wir waren zunächst sehr ratlos über diese Aussage. Erst später schien mir die Deutung am plausibelsten, dass sich Bauern Städtern gegenüber benachteiligt fühlen, selbst wenn sich diese in solch abhängiger und verletzlicher Situation befinden wie eine Witwe mit drei Kindern.

Dann kam das Kriegsende. Als die amerikanischen Truppen anrückten, pflügte der Sohn Fritze Lührs gerade auf dem Felde. Als es zu schießen begann, flüchteten wir alle in den Keller, und ich höre noch heute die Stimme seiner Mutter: „Oh, mein Dschunge! Oh, mein Dschunge!" Gott sei dank hatte sich dieser aber schnell auf den Boden geworfen und konnte nach Hause fliehen. Dann kamen im Lauf der nächsten Zeit unbekannte Männer und verwandelten sich in Knechte. Es waren – wie sich später herausstellte – Nazigrößen, die unter falschem Namen bei den Bauern Unterschlupf suchten. Sogar eine ganze Familie, mit deren vier Kindern wir uns schnell anfreundeten, kam in das Nachbardorf Lüben und bekam dort ein Häuschen gebaut. Als wir schon längst nicht mehr in Rumstorf wohnten, hörten wir, dass auch sie einen falschen Namen hatten und der Mann vor der Aufdeckung des Schwindels nach Südafrika geflohen war. Aber all dies wäre eine zusätzliche Geschichte.

Was hingegen direkt mit der Situation auf dem Gutshof zu tun hatte, sind die zu gleicher Zeit eintreffenden anderen Flüchtlingstrecks aus dem Osten, die eine Weile in Rumstorf Zuflucht fanden. Darunter war auch ein älterer, etwas buckliger Mann, der die „Teufelsgeige" spielte, was sehr zu der musikalischen Ausstattung der Feste beitrug. Aber auch die anderen Zuzügler brachten jeweils neue Begabungen und handwerkliche wie auch menschliche Qualitäten in unseren 1. Stock ein, nachdem Bestes wieder in ihr eigenes Haus nach Hannover zurückgekehrt waren und „unsere Ilse" mit dem Verwalter Fritze Meier einen eigenen Hausstand gegründet hatte.

Das erste halbe Jahr nach dem Krieg fiel die Schule aus, sodass ich noch intensiver als früher auf dem Hof mithalf. Auch fanden wir vom Krieg übrig gebliebene kleine Flugzeuge, versteckt in einem Wäldchen. Sie wurden von der Bevölkerung ausgeschlachtet. Wir hatten besonderes Interesse an den flachen Benzintanks. Denn daraus konnten wir uns Boote bauen, die wir mit selbst angefertigten Paddeln auf der Ise wunderbar zum Schwimmen bringen und bewegen konnten.

Allerdings gab es bald ein Problem: Durch die Neuaufteilung der Zonengrenzen rückte die sowjetische Besatzungszone (hier die Altmark) bis auf gut zwei Kilometer an das Gutsland heran. Und auch auf der Ise konnten wir nun nicht mehr ohne Grenzen paddeln oder Schlittschuh laufen. Hinter der Grenze lagen auch einige gute Pilzgebiete und die Mühle, zu der wir oft gefahren waren, um das nötige Mehl aus dem geernteten Korn mahlen zu lassen. In dieser Situation entwickelte die örtliche Bevölkerung Solidaritätsstrukturen für Leute, die heimlich über die „grüne Grenze" wollten. Auch bei uns übernachteten immer wieder solche heimlichen Grenzgänger. Die Mauer gab es ja noch nicht.

Nach dem halben Jahr unfreiwilliger Ferien und einem weiteren halben Jahr in der 5. Klasse Zwergschule änderten sich unsere Lebensumstände nachhaltig. Ich sollte nämlich auf die Oberschule nach Uelzen, 30 km von Rumstorf entfernt, wo meine Schwester schon eingeschult war. Das bedeutete zunächst einmal eine Aufnahmeprüfung. Damals fuhren die Züge nur unregelmäßig und selten. Wir erkundigten uns also, wann der Zug ginge. Während wir zu der angekündigten Zeit auf dem 3 km langen Weg zum Bahnhof gingen, sahen wir den einzigen Zug des Tages, der halt einfach früher als vorausgesagt abfuhr. Als wir uns auf den Weg nach Stöcken zu Lehrer Seele machten, um ihn um Rat zu fragen, kam uns in der Morgensonne ein Gefährt entgegen, dessen Kutscher wir freundlich grüßten. Wohin er denn führe? Nach Uelzen. So wurde ich also zu meiner Aufnahmeprüfung mit einem persönlichen Pferdetaxi gefahren. Da aber die normale tägliche Bahnfahrt (45 Minuten zum Bahnhof Stöcken, 50–60 Minuten in überfüllten Zügen oder Triebwagen, 15 Minuten Fußweg in Uelzen zu Schule und das Ganze zurück) sehr anstrengend gewesen wäre, wohnten wir die Woche über in der Uelzener Pension Schröder.

Als wir uns am ersten Schultag bei Herrn Lührs verabschiedeten, entließ er uns mit den Worten: „Nu is' er für die Menschheit verloren." Oft habe ich seither über diesen Ausspruch nachgedacht. Zunächst erklärte er mir, warum es meine ältere Schwester auf dem Hof schwerer hatte. Sie ging ja die gesamte Zeit schon auf die Oberschule und fühlte sich offenbar nicht akzeptiert, ja, sie hat bis heute eher überwiegend schlechte Erinnerungen an jene Zeit, ich dagegen positive. Denn ich blieb auch nach dem Wechsel zur Oberschule akzeptiert, durfte bei vielem mithelfen – ja sogar (mit 12–13 Jahren!) Trecker fahren lernen. Während z.B. die zuständigen Verantwortlichen Vesperpause machten, pflügte ich derweil weiter mit Trecker und Pflug. Auf eine Formel gebracht: Ich wuchs in großer Freiheit auf, lernte viel Praktisches und Kreatives, lernte Landschaft, Pflanzen und Tiere lieben – und Menschen beobachten und mit ihnen kommunizieren in einer großen Gemeinschaft. Dabei half mir – so seltsam das klingen mag – die Perspektive „von unten". Denn wenn man so ausgesetzt ist wie in einer Familie, deren Wohnung durch Bomben zerstört wird und deren Vater im Krieg bleibt, also wenn man die Perspektive einer jungen Witwe und eines vaterlosen Kindes hat, lernt man Menschen kennen und nach ihrer Menschlichkeit und Solidarität beurteilen. Trotz einiger enttäuschender Erfahrungen bleibt im Wesentlichen eine dankbare und positive Erinnerung.

Diese Erinnerung ist mir auch noch nach sechs Jahrzehnten außerordentlich gegenwärtig. Sie erklärt mir vieles, was ich seither erlebt und verstanden habe. Es ist vielleicht ein Zufall, dass ich bei meiner Entscheidung für das Theologiestudium eine kleine Reproduktion von Van Goghs Gemälde „Der Sämann", aufgehängt an der Wand über meinem Schreibtisch, vor Augen hatte. Mein Studium habe ich interdisziplinär, also realitätsbezogen angelegt. Das Gleiche gilt für meine erste berufliche Tätigkeit als wissenschaftlicher Referent in der Forschungsstätte Evangelische Studiengemeinschaft (FEST) in Heidelberg. Dort war ich in den 1960er Jahren u. a. für die Gespräche zwischen Theologie und Naturwissenschaften zuständig, aus denen dann die ökologischen Arbeiten des Instituts hervorgingen. Seit den 1970er Jahren arbeitete ich international im Rahmen ökumenischer Organisationen wie dem Ökumenischen Rat der Kirchen, dem Lutherischen und Reformierten Weltbund mit Menschen, Gruppen und Gemeinschaften in allen Erdteilen zusammen, besonders im Rahmen von Bemühungen um Gerechtigkeit, Frieden und Bewahrung der Schöpfung. Darunter sind auch viele ländliche Gemeinschaften gewesen, z. B. in Tansania, Südafrika, Namibia, Indien, Korea, Indonesien, Brasilien und Polen. Aber auch in Europa bin ich mit einer von mir 1990 mitgegründeten ökumenischen Basisorganisation, Kairos Europa, verbunden, die in Zusammenarbeit mit sozialen Bewegungen wie Attac oder Via Campesina kritisch die Entwicklungen der EU verfolgt. In all diesen Zusammenhängen spielt der Wechsel von Agri-Kultur zu Agro-Business im Rahmen eines sich zunehmend re-brutalisierenden Kapitalismus eine zentrale Rolle. Das extremste Beispiel ist zurzeit Indien, wo täglich im Durchschnitt 54 Bauern Selbstmord begehen. Sie werden gezwungen, von bäuerlicher auf kapitalisierte Landwirtschaft umzusteigen, geraten dadurch in eine unentrinnbare Schuldenfalle, die sie in den Tod treibt. Die Wahnsinns-Agrarpolitik der EU räumt auch bei uns unter den Landwirten auf unter dem Motto „Wachsen oder Weichen" und zerstört überdies durch die Überproduktion mit Dumpingpreisen besonders in Afrika die einheimische Landwirtschaft. Dies und vieles andere verstehe ich besser, weil emotional, durch meine fünfjährige Erfahrung auf einem Hof. Die Erfahrung zeigt mir aber auch, dass Alternativen zum Agro-Business möglich sind: sozial-ökologische, bäuerliche Landwirtschaft – nicht einfach als rückwärtsgewandtes Modell, sondern unter Verwendung aller inzwischen gewonnener Erkenntnisse. Sogar die Bibel meine ich auf diesem Hintergrund besser zu verstehen, denn ihre Texte sind zu einem großen Teil in einem agrarischen Kontext zu lesen und zu interpretieren. Vielleicht ist es auch kein Zufall, dass ich mich nach den Erfahrungen in der „Dritten Welt" auch an der Universität auf die Fragen Theologie – Ökonomie konzentriere.

Meine Geschichte auf dem Bauernhof, verursacht durch geschichtliche Entwicklungen, hat mir also auch in der nachfolgenden Geschichte die Augen für Dinge und Zusammenhänge geöffnet, die ich als einer von „düsse Städter" vielleicht nicht gesehen hätte. Zwar bin ich seit meinem Eintritt in die Oberschule „für die Menschheit verloren", aber die Perspektive der bäuerlichen Landwirtschaft als Grundlage für eine lebensfähige Zukunft der Menschheit habe ich nicht verloren.

Persönlich bleibt nachzutragen, dass immerhin mein zweiter Sohn Anselm Landwirtschaft studiert hat und seither viele Bauern, vor allem in Brasilien, bei der partizipatorischen Entwicklung nachhaltiger Anbau- und Vermarktungsmethoden begleitet hat – ein Gewinn für die Menschheit also immerhin im zweiten Glied.

Erivan Haub

Ich wollte immer etwas bewegen

Geboren wurde ich 1932 in Wiesbaden, in dem Jahr, als die NSDAP als stärkste Fraktion in den Reichstag gewählt wurde.

Meine Eltern Elisabeth und Erich Haub hatten aufgrund von Auseinandersetzungen mit den Nazis und in Vorausahnung des Zweiten Weltkriegs bereits 1934 auf einer Anhöhe im Taunus ein altes Forsthaus gekauft, das sich fernab der nächsten Ortschaft befand. Dort auf der „Schanze" bauten sie einen kleinen landwirtschaftlichen Betrieb auf, mit 20 Heidschnucken, 3 Pferden, 20 Kühen, 2 Schweinen sowie Hühnern, Gänsen, Enten und Kaninchen. Der Hof umfasste 50 Morgen Weideland sowie 20 Morgen Ackerland für den Anbau von Kartoffeln, Hafer, Weizen und Rüben. Da wir wegen unserer isolierten Lage die Milch nicht abliefern mussten, wurde diese zu Butter verarbeitet.

Zu meinen nachhaltigsten Erinnerungen gehört die Tatsache, dass es in meiner Kindheit immer genug zu essen gab (im Gegensatz zu manchem Haushalt meiner Schulkameraden, wie mir deutlich bewusst war – oft saßen deshalb „Kostgäste" an unserem heimatlichen Küchentisch), weil meine Mutter Gemüse selbst anbaute und dieses schmackhaft zuzubereiten wusste. Ich bin zunächst in Bernbach im Taunus in einem Dorf mit 500 Einwohnern in eine typische Dorfschule gegangen, wo zwei Lehrer jeweils vier Klassen unterrichteten (1.–4. und 4.–8.). Im Anschluss daran besuchte ich die Pestalozzi-Aufbauschule in Idstein, wo ich 1952 mein Abitur ablegte.

Den Schulweg nach Bernbach legte ich als kleiner Bub auf einem Esel zurück, der mich allerdings jeden Morgen nach 2 km abwarf und nach Hause zurücktrabte, sodass ich den Rückweg zu Fuß machen musste, den Tornister auf dem Rücken und in der Hand eine Tasche, in der sich Lebensmittel befanden, die ich in einem kleinen Laden im Dorf für die Mutter eingekauft hatte.

Schon früh musste ich auf dem Hof mithelfen: Schafe scheren, den Acker pflügen, dreschen, Heu machen, tagtäglich mit 1000 Pumpenschlä-

Erivan Haub

1932 wird er als Sohn eines Landwirts in Wiesbaden geboren. Seine Mutter stammt aus der Mülheimer Unternehmerfamilie Schmitz-Scholl, Eigentümer der Tengelmann-Handelsgruppe.
1952 macht er nach dem Abitur eine Ausbildung zum Großhandelskaufmann und absolviert eine Trainee-Laufbahn in Lebensmittelfilialbetrieben in den USA und einer Im- und Exportfirma auf Kuba.
Von 1954 bis 1959 studiert er in Hamburg und Mainz, u. a. bei dem späteren Wirtschaftsminister Prof. Dr. Karl Schiller, Volkswirtschaft, arbeitet danach bei einer deutschen Großbank und einer Frankfurter Immobilienfirma, bevor er in das Familienunternehmen eintritt.
1969 übernimmt Erivan Haub nach dem Tod seines Onkels in vierter Generation die alleinige Geschäftsführung der Firmengruppe Schmitz-Scholl/Tengelmann mit 13.000 Mitarbeitern und rund 400 Lebensmittelfilialen.
2000 überträgt Erivan Haub die Verantwortung auf seine Söhne Karl-Erivan, Georg und Christian Haub und übernimmt den Vorsitz des Beirates der Unternehmensgruppe.
Heute gehört die Unternehmensgruppe mit mehr als 150.000 Mitarbeitern, 7.600 Filialen in Deutschland und 14 weiteren Ländern und rund 26 Mrd. Euro Umsatz zu den größten Lebensmittelfilialbetrieben der Welt.
Neben den wirtschaftlichen Zielen stand für ihn auch immer das Engagement für die Umwelt im Vordergrund. Für seinen Einsatz für Kultur und Soziales, vor allem aber für den Umweltschutz hat Haub zahlreiche Auszeichnungen bekommen, darunter u. a.:
1990 erster „Ökomanager des Jahres"
2004 das Verdienstkreuz 1. Klasse des Verdienstordens der Bundesrepublik Deutschland
2007 den Verdienstorden des Landes Nordrhein-Westfalen.

gen Wasser aus dem Brunnen pumpen, Holz hacken und einmal sogar alleine eine Sau bei der Geburt von 20 Ferkelchen beaufsichtigen.

Ich wurde mit strenger Disziplin, aber liebevoll erzogen. Meine Mutter Elisabeth Haub, Tochter „aus höherem Hause", war mehrsprachig erzogen worden und ausgebildete Cellistin. Als junges Mädchen, gegen Ende des

Winter auf der „Schanze", um 1950

Ersten Weltkrieges, hatte sie ein Jahr lang eine Landwirtschaftliche Frauenschule besucht. Die dort erworbenen Kenntnisse kamen ihr später zugute. Sie achtete streng darauf, dass ich mich stets manierlich und höflich benahm, im täglichen Umgang mit den Eltern ebenso wie mit Gästen oder Hilfskräften auf dem Hof. Auch legte sie sehr viel Wert auf die Einhaltung von jahreszeitlichen und regionalen Gebräuchen und legte damit den Grundstein für meine enge Verbundenheit zu meiner Heimat. Die Wahrung der Familientradition spielte in unserem Hause ebenfalls eine große Rolle: Meine Mutter war die Enkelin von Wilhelm Schmitz, dem Gründer der Unternehmensgruppe Tengelmann. Die Geschäftsführung des Handelsbetriebes, der meiner Mutter zur Hälfte gehörte, übte mein Onkel Karl Schmitz-Scholl aus. Während er sich nach Kriegsende in Internierungshaft befand, stand das Unternehmen unter Alliierter Vermögensverwaltung und wurde von einem von den Amerikanern eingesetzten „Custodian" geführt. Mit Geschick und List schaffte meine Mutter es aber, diesen in Schach zu halten. Sie verhinderte, dass das Unternehmen in fremde Hände geriet, und führte es mit Personen ihres Vertrauens so lange, bis mein Onkel heimkehrte.

Mein Vater Erich Haub, ein Nachfahre des berühmten Wiesbadener Baumeisters Christian Zais, dessen Werke das Stadtbild der hessischen Landeshauptstadt geprägt haben, war in Pommern zum Landwirt ausgebildet worden. Ich selbst wollte, obwohl ich mich von klein auf der Natur sehr verbunden fühlte, niemals Landwirt werden, da schon sehr früh feststand, dass ich aufgrund alter Gesellschaftsverträge später die Führung des Familienunternehmens übernehmen sollte.

Meine Eltern vermittelten mir die ausgeprägte Liebe zu Tieren aller Art und den Respekt vor der Schöpfung, die sie selbst empfanden, und lehrten mich den verantwortungsbewussten Umgang mit der Natur und ihren

Das Versorgen „seines" Eselchens gehörte zu den täglichen Pflichten des kleinen Erivan

Ressourcen – Überzeugungen, die ich zutiefst verinnerlicht habe und die nicht zuletzt die Grundlage für das umfassende Umweltengagement waren, das ich Anfang der 80er Jahre im Filialbereich der Tengelmann-Gruppe startete.

Es ging mir dabei nicht um das Befriedigen eines modischen Trends und schon gar nicht darum, mein Gewissen zu beruhigen. Schildkrötensuppen und Froschschenkel, phosphathaltige Waschmittel und FCKW-haltige Sprays verschwanden aus Überzeugung aus den Regalen. Genauso wie der Boykott isländischer und norwegischer Produkte aus Protest gegen den Walfang, den diese Länder betrieben, Ende der 80er Jahre eine Frage von Grundsätzen und nicht des Geldes war. Umwelt hat keinen Besitzer. Und was niemandem gehört, ist oft recht- und schutzlos. Deshalb fühle ich mich verpflichtet, meine persönliche Kraft und die Dynamik meiner Firmengruppe dafür einzusetzen, dass dem Umwelt- und Artenschutz Priorität eingeräumt wird.

1952 nach dem Abitur absolvierte ich ein zweijähriges Praktikum in Amerika. Der Flug von Frankfurt nach Chicago dauerte damals 24 Stunden, eine fast unvorstellbare Reise – den halben Erdball an einem Tag. Die ungeheuere Weite Amerikas, die unkomplizierte Art der Menschen, der Pioniergeist faszinierten mich – wenngleich der Start in Chicago schwer war: Für 18 Dollar pro Woche mietete ich ein kleines Zimmer in einem

YMCA-Heim und arbeitete in einem Supermarkt für 38,40 Dollar in der Woche, neuneinhalb Stunden jeden Tag. Im Keller musste ich Kartons aufschneiden und Dosen in die Regale stapeln; das war der niedrigste Job, den es gab. Ich arbeitete mit einem Schwarzen zusammen und wir verstanden uns gut; das sah die Filialleitung nicht gern. Die Rassenschranken waren in den 50er Jahren noch sehr groß. Ich tat mich schwer damit, denn nach dem Krieg waren die farbigen US-Soldaten in Deutschland immer nett zu mir gewesen, und noch heute erinnere ich mich an die erste Tafel Schokolade, die ich von einem Afroamerikaner geschenkt bekam. Als ein Vorgesetzter zum wiederholten Male die Waren, die ich eingeräumt hatte, einfach wieder rausschmiss, streckte ich ihn mit einem Kinnhaken nieder. Die Geschäftsleitung untersuchte den Vorfall, gab mir Recht und eine höhere Position. Man durfte in Amerika nicht feige sein, das hat mir sehr imponiert.

Nach Feierabend trug ich noch Pakete aus und sammelte Pfandflaschen von der Straße. Niemand war sich in Amerika dafür zu schade, auch ich nicht.

Zurück in Deutschland sollte ich mich durch ein Wirtschaftstudium auf die Führung unseres Familienunternehmens vorbereiten. Ich studierte bei Karl Schiller in Hamburg, aber meine Abneigung gegen alles Theoretische machte sich auch hier bemerkbar: Ich mied so manche Vorlesung und flüchtete in unser Kontor am Sandtorkai. Der Einkauf von Kaffee und Tee, das machte mir Spaß! Ich wollte immer etwas bewegen. Trotzdem schloss ich mein Studium zum Diplom-Volkswirt in Mainz mit besten Noten ab. Danach folgten weitere Praktika bei einer Immobilienfirma und einer Bank, schließlich ein halbes Jahr Brasilien, bevor ich 1963 in das Familienunternehmen eintrat. Nach dem Tode meines Onkels Karl Schmitz-Scholl übernahm ich 1969 in vierter Generation die alleinige Geschäftsführung der Firmengruppe Schmitz-Scholl/Tengelmann. Zum damaligen Zeitpunkt gehörten rund 13.000 Mitarbeiter dem Firmenverbund an, der 411 Lebensmittelfilialen sowie die Schokoladenfabrik Wissoll umfasste.

Mein Onkel Karl Schmitz-Scholl war für mich ein großes Vorbild: Er war ein Vollblutunternehmer, tief verwurzelt in der Familientradition und voller Ideen für neue Entwicklungen – Visionär, Bewahrer und Pionier zugleich, der nicht nur wirtschaftlich, sondern auch „menschlich" dachte und handelte.

Bis heute ist Tengelmann ein Familienunternehmen geblieben. Gemeinsam die Aufgaben bewältigen, gemeinsam nach neuen Zielen streben, gemeinsam sich am Erfolg erfreuen, aber auch die Lasten gemeinsam tragen, das macht die Stärke eines Familienunternehmens aus, das hat unser Haus allen heftigen Stürmen trotzen lassen. Und das beantwortet für mich zugleich die Frage, ob ein Familienunternehmen überhaupt noch zeitgemäß ist. Mag sein, dass vieles für eine Umwandlung in eine AG, zum Beispiel, spricht, mag auch sein, dass man eine Firmengruppe mit nüchterner Distanz und kühlem Abwägen einfacher führen kann – doch gibt es da etwas, was bei mir höher im Kurs steht als Rationalisierungs-Effekte und Return on Investment. Es sind dies das ganz persönliche Engagement und die ganz persönliche Verantwortung. Die zugegebenermaßen manchmal eine große Belastung sein können, die mir aber andererseits so viel Freude an der Arbeit und Freude an meinen Mitarbeitern geschenkt haben, dass ich sie um nichts in der Welt missen möchte.

Mein Weg in die Zukunft war von Anfang an vorgeschrieben; selbst wenn ich hätte Landwirt werden wollen wie mein Vater, hätte ich diesen Traum wohl nur schwer realisieren können. Als einziger Vertreter meiner Generation war es mir bestimmt, nach dem Tod meines Onkels die Leitung der Tengelmann-Gruppe zu übernehmen. Dieser Aufgabe habe ich mich jedoch gern gestellt – unter meiner Führung wuchs das traditionsreiche Unternehmen zu einem internationalen Firmenverbund mit weltweit zeitweise fast 200.000 Mitarbeitern.

Dennoch habe ich meine Wurzeln nicht vergessen und sorge umsichtig dafür, dass mein elterlicher Bauernhof in Idstein bestens gepflegt wird. Das kleine Anwesen meiner Familie, in völliger Einsamkeit mit einem herrlichen Blick über die schöne Landschaft, vermittelte mir ein wunderbares Gefühl der Freiheit, an das ich mich immer noch gern erinnere.

Heute besitze ich in Wyoming (USA) eine große Ranch, wo ich Pferde und Bisons züchte und eine umfangreiche Heuwirtschaft betreibe. Hier finde ich im engen Kontakt mit der Natur Ruhe und Entspannung und das Gefühl der Freiheit aus meiner Kindheit wieder. Glück empfinde ich, wenn es den Menschen, die ich liebe, gut geht. Für meine Zufriedenheit ist es notwendig, dass Harmonie um mich herrscht – sowohl in der Familie als auch in der Firma.

Josef Homeyer

Geschenkte Freiheit

Aufgewachsen bin ich auf einem Bauernhof in Westfalen, genauer: in Harsewinkel. Diese Gemeinde, zwischen Warendorf, Gütersloh und Bielefeld gelegen, war zu meiner Kindheit bäuerlich-handwerklich geprägt. Etwa drei Kilometer von der Harsewinkeler St.-Lucia-Kirche, der damals einzigen Kirche im Ort, lag – und liegt – mein elterlicher Hof, den inzwischen mein Neffe mit seiner Familie bewirtschaftet.

In meiner Kindheit gehörten rund 12 ha Ackerland, Wiesen und Weiden zum elterlichen Hof. Er war für damalige Verhältnisse bestenfalls „mittelgroß", zumal die Flächen überwiegend auf kargem Sandboden lagen. Zum Hof gehörten natürlich auch ein großer Gemüse- und Nutzgarten und eine „Schweineweide" mit vielen Obstbäumen. Etwa 10 bis 12 Milchkühe mussten morgens und abends gemolken werden. Gut ein Dutzend Schweine standen in den Ställen, außerdem hatten wir rund 50 Hühner. Einen Traktor besaßen wir damals noch nicht, alle Arbeiten wurden von Hand oder mit Hilfe von drei Pferden erledigt. Immerhin eine Melkmaschine hatte mein Vater in den 30er Jahren angeschafft. Es war eine der ersten Melkmaschinen in Harsewinkel – darauf war mein Vater zeitlebens stolz.

In dieser Welt wuchs ich auf, gemeinsam mit meinen Eltern und meinen beiden älteren Brüdern Bernhard und Alois, 1923 bzw. 1925 geboren. Auf dem Hof und in der Familie herrschte ein recht karges Leben. Das mag eine meiner frühesten Kindheitserinnerungen an meinen Namenstag im 1. Schuljahr (1936) zeigen. Es war für mich ein Festtag. Als ich mich zu Hause verabschiedete, gratulierten mir meine Eltern zum Namenstag und überreichten mir als Geschenk zwei 5-Pfennig-Stücke. Sie hatten mich damit überrascht und richtig glücklich gemacht. Sofort war ich mit ihrem Vorschlag einverstanden und davon begeistert, doch fünf Pfennige in die fast leere Spardose zu tun und für die anderen fünf Pfennige beim Bäcker des Dorfes zwei Brötchen für das Frühstück in der großen Pause zu verwenden. Stolz habe ich die zwei Brötchen gekauft und beim Frühstück war mir königlich zumute. „Gekauftes" zu essen oder gar anzuziehen, war

Josef Homeyer

1929 im ostwestfälischen Harsewinkel geboren, studiert er Philosophie und Katholische Theologie in Münster und Innsbruck und promoviert 1955 zum Doktor der Philosophie.
1958 empfängt er im St.-Paulus-Dom zu Münster das Sakrament der Priesterweihe, danach ist er bis 1961 Kaplan in Warendorf und Mettingen, Diözesanseelsorger für das Landvolk und anschließend bis 1971 Schulreferent im Bistum Münster.
1971 wird er zum Päpstlichen Hausprälaten ernannt, von 1972 bis 1983 ist er Sekretär der Deutschen Bischofskonferenz.
1983 bis 2004 ist er Bischof von Hildesheim, in dieser Zeit Vorsitzender der Sozialkommission der Deutschen Bischofskonferenz. Von 1984 bis 2006 Vertreter der Deutschen Bischofskonferenz in der Kommission der Bischofskonferenzen der EU-Länder (COMECE), von 1987 bis 2006 deren Präsident.
Für seine Bemühungen um die deutsch-polnische Aussöhnung wurden ihm zahlreiche Ehrungen zuteil. Darunter u. a.:
2002 das Offizierskreuz des Polnischen Verdienstordens.
2004 der SAVA-Orden der serbisch-orthodoxen Kirche
2005 der Edith-Stein-Preis.

damals für meine beiden älteren Brüder und vor allem für mich etwas Ungewöhnliches. Der kleine „Familienbetrieb" erzeugte die wichtigsten Nahrungsmittel selbst. Das unweigerlich zu Kaufende musste auf ein Minimum beschränkt werden. Das Einkommen ließ nicht viel übrig, zumal die Eltern eisern sparten, um arbeitssparende technische Einrichtungen anzuschaffen. Sie hofften, den für unsere Verhältnisse teuren Knecht auf diese Weise einsparen zu können, was dann auch bald gelang. Schwieriger war es mit der Kleidung. Pullover, Strümpfe, Socken, Schal gab es immer zu Weihnachten, frisch gestrickt von unserer nimmermüden Mutter.

Anzüge oder Mäntel zu kaufen, war den Eltern einfach zu teuer. Erheblich billiger war es, den Dorfschneider für einige Tage ins Haus zu bitten. Der passte dann ausgewachsene Anzüge und Mäntel an, gelegentlich fertigte er sogar neue. Sehr beliebt war der Schneider allerdings auch nicht.

Gegen Mittag erbat er 20 Pfennige Vorschuss, um in der nahen kleinen Gastwirtschaft dringend zu telefonieren. Schmunzelnd erzählte uns der Vater eines Tages, was der Schneider tatsächlich in der Gastwirtschaft konsumierte.

Sehr ungehalten soll ich übrigens vor allem dann gewesen sein, wenn Verwandte bei den traditionellen Besuchen vor der großen Gefahr meinten warnen zu müssen, den Jüngsten, mich also, nur nicht zu verwöhnen. Es erboste mich ungemein, zumal ich es war, der nie etwas Neues bekam, da ich ja alles von meinen beiden älteren Brüdern nachzutragen hatte.

Aber wegen dieses „Nachtragens" war ich letztendlich nicht nachtragend. Warum nicht? Eltern und Brüder verstanden es glänzend, mich geschickt darüber hinwegzutrösten. Vor allem aber herrschte im Haus und auf dem Hof eine Atmosphäre, die ein längeres Murren geradezu unmöglich machte. Alles Sinnen und Trachten war auf den „Betrieb" ausgerichtet, auf die ständig anfallenden Arbeiten auf dem Acker und im Stall. Wir Kinder fanden es selbstverständlich, den Eltern – zumeist widerspruchslos – zu helfen. Wir waren einfach immer dabei und fanden das wunderbar, wenn es uns auch gelegentlich lieber zum Spielen drängte.

Unser Vater liebte es im Übrigen, an uns Kindern seinen Schalk auszulassen. So begleitete ich beispielsweise einmal meinen Vater auf ein Feld, das an den Nachbarort Steinhagen grenzte – an jenen Ort, der wegen seines Wacholderbranntweins, des „Steinhägers", weit über Westfalen hinaus berühmt ist. Plötzlich hörten wir von weit her die Totenglocken Steinhagens läuten – offensichtlich war dort gerade eine Beerdigung. Mein Vater hielt prompt die Pferde an, mahnte mich mit dem Finger auf seinem Mund zur Aufmerksamkeit, um mir dann zu sagen: „Hörst du? Der Herrgott hat wieder einen ‚Steinhäger' zu sich genommen." Erst viel später ging mir der Doppelsinn dieser Worte auf. Mein Vater hatte mich wieder einmal hereingelegt, was ihn immer diebisch freute. Vaters Schalk hatte mit seinem unverwüstlichen Humor zu tun: Als ich kurz nach meiner Priesterweihe zu Hause am Mittagstisch sagte: „Übrigens, ich habe gehört, dass bei uns eigentlich das ‚Jüngstenrecht' gilt, und ich verstehe nicht, warum ich überhaupt nicht als Hoferbe in Betracht gezogen worden bin." Mein Vater antwortete: „Junge, wir haben das eben moderner gehalten und den Vernünftigsten von euch als Hoferben bestimmt." Alle, selbst ich, lachten und verstanden.

Klagend oder jammernd habe ich meine Eltern nie erlebt. Sie waren äußerst strebsam und sannen ständig darauf, das Einkommen und damit die Arbeits- und Lebensbedingungen zu verbessern. Entsprechend dem für

Luftaufnahme des Hofes Homeyer-Strotdrees in Harsewinkel, Bauerschaft Beller, um 1950

den Kartoffelanbau günstigen Sandboden verstärkte mein Vater den Kartoffelanbau, nicht ohne sich vorher über die besten Sorten kundig zu machen. In Harsewinkel, vor allem aber in der nahen Stadt Bielefeld (25 km entfernt) baute er einen erstaunlichen Kundenkreis auf und fuhr in und nach der Kartoffelernte einige Male mit großem Pferdewagen nach Bielefeld, um dort die Kunden „frei Haus" zu beliefern.

Unsere Mutter erhöhte die Hühnerzahl und intensivierte den großen Gemüsegarten, um dann den großen Kundenkreis im Dorf mit Eiern und Gemüse zu beliefern. Dabei halfen wir Kinder sehr gern, da es manches Süßes einbrachte. Übrigens standen die Einkünfte unserer Mutter ihr zur Verfügung für den Haushalt und für die notwendigen Änderungen und Anschaffungen im Hause, auf die die ganze Familie dann natürlich recht stolz war.

Der Alltag in der Familie und auf dem Hof war das eine. Das andere, der Sonntag und die Feiertage waren das ebenso Wichtige, ich glaube sogar, für die Eltern und uns Kinder das noch Wichtigere. Der Sonntag war meinen Eltern unantastbar heilig. Wenn es nach einer Woche Dauerregen in der sommerlichen Ernte am Sonntag plötzlich Sonnenschein gab und neuer Regen drohte, ließ sich unser Vater durch nichts und niemanden dazu bewegen, am Sonntag die Ernte einzuholen. Er war überzeugt und sagte es jedem: „Arbeit am Sonntag, das will der Herrgott nicht und bringt darum auch keinen Segen!“

Der Sonntag war für uns tatsächlich Feiertag: der selbstverständliche Kirchgang, das besonders zubereitete Mittagessen mit sehr ausführlichem Gespräch über die vergangene und kommende Woche, über besondere Ereignisse in der Welt (die mein Vater nach der hl. Messe am unentbehrlichen Stammtisch erfahren und diskutiert hatte), die ausgiebige Mittagsruhe, dann die regelmäßige Fahrradfahrt der ganzen Familie durch die Felder und am Abend häufig das beliebte und ausgedehnte Gespräch bei irgendeinem Nachbarn.

Für meine Eltern waren die Verwandten wichtig. Regelmäßig gab es die gegenseitigen Familienbesuche, die „Visiten“, auf die wir Kinder uns entsprechend freuten. Wichtiger waren den Eltern aber die Nachbarn: Man half sich aus, nahm teil an Familienereignissen, von der Geburt über die Hochzeit bis zum Tod. Man wusste sich aufeinander verwiesen und teilte das Leben miteinander.

Beide Eltern waren fromm und tief mit der Kirche verbunden. Die kirchlichen Feste, das sog. Kirchenjahr, bestimmten und prägten den Jahresrhythmus, vor allem Weihnachten, Ostern, Pfingsten und Mariä Himmelfahrt. Im Maimonat freuten wir Kinder uns darauf, den Maialtar im Haus zu errichten, wo wir allabendlich zu einer kurzen Maiandacht zusammenkamen. Im Rosenkranzmonat Oktober war das allabendliche Rosenkranzgebet in der Familie selbstverständlich, wenn auch unser Vater dabei regelmäßig mit dem Schlaf zu kämpfen hatte. Vater und Mutter hatten jeweils ihre persönlichen Heiligen, die sie besonders verehrten. Zweimal jährlich pilgerten sie zu einem der Wallfahrtsorte in der näheren Umgebung, etwa nach Stromberg oder nach Telgte.

Natürlich gab es auch, wenn auch selten, Krisen und schwierige Zeiten. Es kam hin und wieder offenbar zu Misshelligkeiten zwischen den Eltern. Wir Kinder spürten es, das Gespräch bei den Mahlzeiten kam dann nicht recht zustande, bis nach einigen Tagen Vater oder Mutter sich besonders aufmerksam zeigten und die Gesichter heller wurden. Eine gefährliche Erkrankung einer meiner Brüder ließ die ganze Familie gegen Abend zum Rosenkranzgebet zusammenkommen.

Eine sehr schlimme Zeit begann, als meine beiden älteren Brüder als Soldat eingezogen wurden. Es waren angstvolle Jahre, die dann noch ärger wurden durch die immer massiver werdenden Angriffe auf den 10 km entfernt liegenden Militärflughafen. Als dann zum Ende des Krieges beide Brüder im Osten vermisst waren, zeigte sich das unerschütterliche Gott-

Familienfoto: August und Elisabeth Homeyer, gt. Strotdrees, und ihre drei Söhne Josef, Alois und Bernhard (von links)

vertrauen meiner Eltern, auch und gerade in dieser Lage. Als beide Brüder bald nach dem Krieg überraschend zurückkamen, waren Dankbarkeit und Freude begreiflicherweise unermesslich.

Im Herbst 1936 wurde ein Teil unserer Scheune auf dem Hof zu einem Strafgefangenenlager umgebaut. Mit einigen weiteren Interessierten hatte sich unser Vater maßgeblich darum bemüht, auf diese Weise Arbeitskräfte insbesondere für die Landwirtschaft, aber auch für die Waldrodung und Flächenkultivierung zu bekommen.

Die Beziehungen zwischen unserer Familie und den Strafgefangenen waren unkompliziert und freundlich, wozu die Eltern uns Kinder ausdrücklich aufgefordert hatten. Gelegentlich kam der eine oder andere Gefangene ins Haus. Nie unterließ es unsere Mutter, ihnen Obst oder, wenn vorhanden, etwas Süßes zu geben.

Zu Beginn des Krieges wurde das „Lager" zum „Kriegsgefangenenlager" umgerüstet.

Es waren zunächst vor allem Franzosen, dann später Ukrainer und schließlich Russen. Noch nachdrücklicher forderten die Eltern mich auf – meine beiden älteren Brüder waren eingezogen –, zu den Kriegsgefangenen besonders freundlich zu sein, zumal auch Deutsche Kriegsgefangene seien und die eigenen Brüder es durchaus werden könnten. Häufig wurde den Kriegsgefangenen etwas „zugesteckt" und manche Wünsche, mit denen sie zu unserer Mutter kamen, wurden erfüllt.

Übrigens ist mir in den vielen und manchmal langen Gesprächen aufgegangen: Das sind doch äußerst ehrenwerte und prächtige Leute, die Franzosen, die Ukrainer und auch die Russen. Die uns in der Schule und in den Zeitungen aufoktroyierte Meinung über diese Völker konnte ich nicht mehr teilen. Auch keimte die Frage in mir auf: Das sind ja derart anständige und auch tief fromme Leute – es gab regelmäßige Gottesdienste im Lager –, sodass ich nicht mehr verstehen konnte, wieso Deutschland mit diesen Völkern Krieg führte. Auch diese Erfahrung meiner Kindheit und Jugend hat mich zeitlebens begleitet, ja, empfindlich gemacht für die Beziehungen zwischen den Völkern. Die bald nach dem Krieg einsetzenden Bemühungen um eine völlige Neugestaltung Europas haben mich von Anfang an fasziniert. Geradezu leidenschaftlich habe ich dann den europäischen Integrationsprozess verfolgt und gefördert, wo immer mir dies möglich war. Dazu gehört nicht zuletzt der erzchristliche Dienst der Versöhnung auch zwischen den Völkern. Wie viel Unversöhnlichkeit belastet so manche Beziehung in Europa, nicht nur zwischen Deutschland und Polen! Durch Generationen weitergereichte Vorurteile, häufig zu Stereotypen geronnen, sind zumindest mitschuldig, dass sich ganze Länder, z. B. auf dem westlichen Balkan, so schwer tun, den rettenden Zugang zur Europäischen Union zu finden. Den eigenen Anteil an der traurigen Geschichte und Situation dieser zu Europa gehörenden Länder haben die westlichen Regierungen und Völker offenbar vergessen.

Ohne Zweifel hat jedenfalls das Erleben der Kindheit und Jugend auf dem elterlichen Hof bei mir Spuren hinterlassen, ja, mich geprägt. Dabei denke ich vor allem auch an das erlebte und nie getrübte Vertrauen, das sich nicht zuletzt darin zeigte, sehr früh die tägliche Arbeit im Stall und auf dem Hof mittun zu können. Die Eltern nahmen unser Mittun ernst und geizten nicht mit Dank und Lob. Wir haben so in frühen Jahren geschenkte Freiheit erfahren, die Freiheit, eigenverantwortlich handeln und gestalten zu können. Das ist mir besonders deutlich geworden, als viel später mein Vater seinem fünfjährigen Enkel das Absteigen beim Fahrradfahren beibrachte: Der Enkel meinte, dass er doch schon so gut Fahrrad fahren, nur aber leider nicht allein absteigen könne. Mein Vater: „Ich glaube, du kannst das sehr wohl. Fahr nur los bis oben an die Straße, fahr dann langsam und kehr dann zu uns zurück." Kurz vor der Straße fuhr der Enkel in den Graben, kam schnell heraus, stieg auf sein Fahrrad, fuhr in ziemlichem Tempo zurück, um dann kurz vor uns das Tempo zu verlangsamen – und stieg ruhig ab. Mein Vater: „So ist das, man muss mal stürzen, um fahren und absteigen zu lernen." So hatte er immer gehandelt. Er ließ uns bei der Arbeit auf dem Hof gelassen Fehler machen, half uns dann aber geduldig und verständnisvoll, diese als solche zu erkennen und zu vermeiden. Er ermutigte uns immer wieder. Dies Einüben in Freiheit und Eigenverantwortung machte uns selbstständig, löste Freude aus und ermutigte. Natürlich waren dafür die hofbezogene Familie und der familienorientierte Hof mit seinen großartigen Betätigungs- und Gestaltungsmöglichkeiten ein geradezu optimales Übungsfeld.

Aber auch der durch die bäuerliche Wirtschaft sich ergebende Lebensrhythmus war und blieb für mich prägend: Arbeit und Freizeit, Alltag und Sonntag, die Jahr für Jahr sich ergebenden Feste. Der allabendliche „Feier"-Abend, die Feier des Sonntags, die jährlichen Hoch-Feste ermöglichen und vermitteln Sinn, erheben den Menschen, machen ihn frei, lassen ihn wieder zu sich selbst kommen. Dieser den Tag und das Jahr ordnende Lebensrhythmus vermittelt Ruhe, Geborgenheit und Muße, er schützt vor Hektik – und auch vor Ökonomismus.

Ganz wichtig und selbstverständlich war für meine Eltern die stimmige und verbindliche Kommunikation mit den anderen Menschen in ihrer unmittelbaren Umgebung, mit der Nachbarschaft, die – wie oben schon gesagt – wichtiger war als die ihnen ebenfalls durchaus bedeutsame Verwandtschaft. Und zur Nachbarschaft gehörten alle dort lebenden Familien, einschließlich und vor allem auch der Kranken und der Alten. Auch uns Kindern wurde aufgetragen, die Kranken und Alten in der Nachbarschaft zu besuchen und kleine Geschenke zu bringen. Solche Nachbarschaft besteht auf Gegenseitigkeit, sie gibt so etwas wie Geborgenheit und Sicherheit. Wo immer ich in meinem Leben gewohnt habe, war es für mich selbstverständlich, die Beziehung zu den unmittelbaren Nachbarn zu knüpfen und zu pflegen. Gewiss ist das Leben auf dem Lande und die auf nachbarschaftliche Hilfe immer wieder angewiesene Landwirtschaft solcher kommunikativer Nachbarschaft besonders förderlich. Aber in gewisser Weise ist sie auch in der Stadt durchaus möglich, wenn man sie wirklich will.

Prägend war für mich aber auch das geradezu unmittelbare Erfahren der Natur – ihrer Schönheit, aber auch ihrer Unbändigkeit und erst recht der Abhängigkeit der Landwirtschaft von Wind und Wetter. Entsprechend haben vermutlich bäuerliche bzw. ländlich geprägte Menschen eine buchstäbliche „Bodennähe", eine gelassene Nüchternheit und eine hohe Sensibilität für all das, was wir heute Umweltproblematik nennen. Nicht zuletzt ist die Leben und Arbeit maßgeblich prägende Religiosität für mich bedeutsam geworden. Ich bestreite aber nicht, dass ich in der späteren Gymnasialzeit eine zunehmend distanzierte und kritische Einstellung zu dem vermeintlichen „Gewohnheitschristentum" in meinem Heimatdorf und auch in etwa in meinem Elternhaus angenommen habe. Meine Entscheidung für das Theologiestudium ist zunächst nicht wegen, sondern trotz der erlebten religiösen Umwelt zustande gekommen. Erst später, viel später, wurde mir bewusst, dass ich eine veritable „Alltagsfrömmigkeit" erlebt hatte, die offensichtlich von einer tief wurzelnden Frömmigkeit meiner Eltern getragen und geprägt war.

Während der letzten Jahre des Gymnasiums hatte ich mich für meinen Jugendtraum entschieden, Arzt zu werden. Der Beruf entsprach meiner Meinung nach meinen Neigungen und versprach auch Ansehen und Einkommen, was mir damals offensichtlich wichtig war. Dann passierte eines Tages etwas sehr Seltsames. Ein Vetter meines Vaters, Landarzt in der Nähe von Münster, hatte uns besucht. Er zog mich dann auch ins Gespräch und fragte nach meinen Berufsvorstellungen. Am Schluss des Besuches lud er mich ein, ihn doch einige Tage zu besuchen, ich könnte ihn bei Krankenbesuchen und anderen Tätigkeiten begleiten. Gern nahm ich die überraschende Einladung an und besuchte ihn während der nächsten Ferien. Er nahm mich dann tatsächlich mit bei seinen Krankenvisiten. Abends führten wir in der Familie lebhafte Gespräche über Gott und die Welt, bei denen ich nur mit Mühe ein wenig mitreden konnte. Von Geld und Verdienen wurde nicht gesprochen. Nach diesem Besuch war ich immer noch erstaunt, so ernst genommen worden zu sein, war aber irgendwie betroffen, geschockt: Diesem Arzt ging es wirklich um den Menschen, vor allem um den kranken Menschen, dass ihm in seiner persönlichen, beruflichen, familiären Situation geholfen werden müsse. Krankheiten seien sehr häufig nur Symptome. Als ich dann noch erfuhr, wie sehr sich dieser Landarzt persönlich für die Patienten und für deren Familienangehörigen – manchmal auch finanziell – einsetzte, war ich einfach schockiert und kam mir selbst mit meinen recht materiellen Zukunftsvisionen geradezu lächerlich vor, oberflächlich, irgendwie unwahrhaftig. In mir brach eine Welt zusammen, eine Art Existenzkrise brachte mich völlig durcheinander. Alles stimmte nicht mehr und ich stand irgendwie ziemlich allein da. In einer gewissen Verzweiflung nahm ich das bisher unberührte Neue Testament von meinem Bücherbrett und begann darin zu blättern, fast die ganze Nacht hindurch. Ich wurde nachdenklich und las am nächsten Tage ein ganzes Evangelium in einem Zuge durch. Dabei geschah das völlig Unerwartete: Die Person Jesu Christi machte mich betroffen, seine Wahrhaftigkeit, seine Redlichkeit, seine Radikalität, ganz da für Seinen Vater und für die Menschen – und dieser Jesus sucht Menschen, die Ihm nachfolgen. Ich traute meinem Verstand nicht. Aber es wühlte in mir. Nach einigen Wochen stand mein Entschluss fest, Theologie zu studieren und Priester zu werden. Meine Eltern nahmen das ungerührt zur Kenntnis. Mein Vater meinte: „Du weißt, es ist deine Entscheidung, die wir selbstverständlich akzeptieren. Überleg dir aber alles noch einmal ganz gründlich."

Nach dem Abitur begann ich das Philosophie- und Theologiestudium in Innsbruck, wo ich in einem internationalen Kolleg der Jesuiten mit Studenten aus acht verschiedenen Nationen zusammenlebte. Das Studium, insbesondere bei Karl Rahner, fiel mir anfangs nicht ganz leicht, wurde aber schließlich faszinierend für mich. Es war eine wunderbare Zeit mit einer ungeahnten Horizonterweiterung. Eine völlig neue Welt tat sich mir auf. Natürlich kam es dann auch zu Krisen und wiederholten Gesprächen mit geistlich erfahrenen Menschen. Zunehmend festigte sich in mir die Überzeugung, dem deutlich vernehmbaren Ruf Gottes zu folgen.

Nach einem Jahr im Priesterseminar in meinem Heimatbistum Münster erhielt ich dann 1958 dort die Priesterweihe und wurde für drei Jahre Kaplan in Mettingen im Tecklenburger Land. Anschließend war ich fünf Jahre Landvolkseelsorger im Bistum Münster, um dann die Leitung der Schulabteilung im Bischöflichen Generalvikariat in Münster zu übernehmen. 1972 wurde ich als Sekretär der Deutschen Bischofskonferenz gewählt und 1983 zum Bischof von Hildesheim berufen. Zugleich musste ich dann den Vorsitz der Kommission der Deutschen Bischofskonferenz für gesellschaftliche und soziale Fragen übernehmen wie auch die Vertretung der Bischofskonferenz in der Kommission der Bischofskonferenzen der EU-Länder (COMECE) in Brüssel, dessen Vorsitz ich dann für elf Jahre wahrzunehmen hatte.

Es gab in meinem Leben einen radikalen Bruch, nämlich – wenn ich das so sagen darf – den unmittelbaren „Ein-bruch" Gottes in meine Lebensplanung, der mein ganzes weiteres Leben bestimmt hat. Aber auch dies Leben war nicht ohne Höhen und Tiefen, nicht ohne Enttäuschungen und Verwirrungen, die sich das eine oder andere Mal zu einem Bruch zu verdichten drohten. Es waren auch gewissermaßen Brüche, die sich dann aber schließlich als Vertiefung und Neuanfang erwiesen. Eine andere Art „Brüche" waren die wiederholten Horizonterweiterungen, die im Studium begannen und bei den jeweils neuen Aufgaben sich fortsetzten – beglückende und bewegende Erfahrungen, Geschenke.

Es fällt mir nicht leicht zu sagen, wie sich in meinem bisherigen Leben die bäuerliche Herkunft ausgewirkt hat. Ohne Zweifel hat sie meinen Lebensweg und mein Leben mitgeprägt, wie mir das auch häufig von anderen Menschen gesagt worden ist. Aber an welchem konkreten Punkt und Verhaltungsweisen wäre das festzumachen?

Vielleicht ist es doch vor allem die auf dem elterlichen Hof geschenkte Freiheit, eingebettet in ein von Anfang an gefördertes Grundvertrauen, in die wir als Kinder geradezu eingeübt und zu der wir immer wieder ermutigt wurden. Mir fällt ein Erlebnis aus dem Theologiestudium in Innsbruck jetzt wieder ein: Karl Rahner explizierte uns die Freiheit, dass nämlich der Mensch keineswegs völlig determiniert, sondern ins „Offene" gesetzt ist und dass Jesus Christus uns zur Freiheit berufen hat. Ich erinnere mich sehr genau, wie ich damals spontan an meine Kindheit und Jugendzeit denken musste und das jetzt so abstrakt Gehörte zu verstehen begann.

Auch die mit der Freiheit wesenhaft verbundene Bereitschaft zur Eigenverantwortung, die auf dem elterlichen Hof eine so zentrale Rolle spielte, blieb mir immer äußerst wichtig.

Bedeutsam geworden ist weiter für mich das beharrliche Verbleiben bei einer als richtig erkannten Aufgabe. Diese Ausdauer oder Beharrlichkeit, in Westfalen nennt man das gern Sturheit, war ja bereits gefordert in der beständigen Pflege von Acker und Stall. Was wachsen soll, bedarf der andauernden und ausdauernden Begleitung. Das gilt gewiss nicht nur für die bäuerliche Wirtschaft, ist dort aber überlebenswichtig.

Dann ist sicherlich die Erfahrung der verbindlichen Beziehungen in der Nachbarschaft, die eine stimmige Atmosphäre und auch eine gewisse Sicherheit und Geborgenheit schafft, bei mir lebendig geblieben. Wo immer ich zu leben hatte, war mir die unbeschwerte Atmosphäre mit den Menschen am Arbeitsplatz und in der Nachbarschaft wichtig.

Schließlich ist mir die auf dem elterlichen Hof erlebte „Bodennähe" – so meine ich wenigstens – immer wirksam in Erinnerung geblieben, also die unmittelbare Beziehung zur Natur, aber auch das ständige Bemühen, nicht den „Boden" zu verlieren, die Realitäten nicht mehr wahrzunehmen, eben als ständige Mahnung und Warnung vor bodenlosen Utopien.

Inzwischen lebe ich im sog. Ruhestand, bin also am Feier-Abend meines Lebens angelangt. Glücklicherweise hat es sich ergeben, dass ich in einem Haus am Hildesheimer Domhof lebe, zu dem ein großer Garten gehört. In diesem wunderschönen Garten wächst, wie damals zu Hause, reichlich Gemüse und eine mannigfache Blumenpracht. Wie in meinem letzten Garten im bischöflichen Haus konnte ich auch jetzt hier einen Hühnerstall einrichten mit acht Hühnern und einem fast frechen Hahn. Das alles, vor allem der morgendliche Hahnenschrei, erinnert mich täglich an den elterlichen Hof.

Sehr wichtig ist mir aber auch die ausgezeichnete unmittelbare Nachbarschaft mit recht unterschiedlichen, aber insgesamt sehr angenehmen Menschen. Die Kommunikation untereinander ist vorzüglich, sowohl in sich ergebenden Begegnungen und Gesprächen, in der gegenseitigen Hilfe und nicht zuletzt im Feiern von Festen oder besonderen Ereignissen.

„Nachbarschaft" ist mir aber auch in einem anderen und erweiterten Sinn bedeutsam geworden: Zu meinen bisherigen Aufgaben auf europäischer Ebene gehörte es auch, Beziehungen zu den künftigen EU-Mitgliedsländern in Südosteuropa aufzunehmen und zu fördern. Bei den entsprechenden Aufenthalten und Gespräch in diesen Ländern wurde mir wiederholt beteuert, dass sich diese Länder sehr wohl als „Nachbarn" in Europa verstehen und deswegen nachbarschaftliche Beziehungen zu den westlichen Ländern Europas pflegen möchten. Entsprechend erwarten diese Länder auch nachbarschaftliche Hilfe der westlichen Länder beim Aufbau einer neuen Gesellschaft und eines neuen Staates. Natürlich bezogen sich meine Kontakte vor allem auf die kirchliche Ebene. So wurde ich dann nach meiner Emeritierung dort gebeten, die entstandenen nachbarschaftlichen Kontakte fortzuführen und ein wenig mitzuhelfen – insbesondere bei der Entwicklung und Gestaltung des interreligiösen Dialogs, vor allem zwischen den christlichen Kirchen, der muslimischen Gemeinschaft und der jüdischen Gemeinde. Tatsächlich hat sich dieser nachbarschaftliche Kontakt recht gut weiterentwickelt. Das alles macht mir große Freude.

Insgesamt versuche ich in meinem Ruhestand aber auch, eine mir sehr lebendige Erfahrung auf dem elterlichen Hof entsprechend den gegebenen Umständen viel mehr als bisher neu zu leben: den Sonntag als Tag des Herrn und die großen kirchlichen Feste bewusster zu feiern, was auch dem Feierabend des Lebens Sinn und Hoffnung zu geben vermag.

Für mich war meine Lebensentscheidung keine Entscheidung „weg vom Hof", keine Entscheidung gegen „Rindvieh" – immerhin halte ich seit 30 Jahren zwar kein „Rindvieh", aber doch Hühner und Hahn. Aber es war eine Entscheidung für einen anderen Weg, auf den ich mich gezogen erfuhr. Diese Entscheidung war nach meiner Erfahrung und Überzeugung richtig. Nie habe ich sie bereut, aber auch nicht die Kindheit und Jugend auf dem elterlichen Hof. Im Gegenteil: Diese Herkunftsbedingungen habe ich immer als großes Geschenk empfunden. Sie haben mich und mein Tun und Lassen maßgeblich geprägt, bis heute.

Beim Bedenken und Schreiben dieses Rückblicks ist mir dankbar erneut bewusst geworden: Mir ist wirklich ein im Ganzen glückliches Leben geschenkt worden, trotz mancher Krisen und manchmal bitterer Enttäuschungen. Und dennoch fällt es mir äußerst schwer, nun „Glück" zu definieren.

Gewiss ist die Frage nach der Definition von Glück das Thema aller Denker und Dichter unseres Abendlandes gewesen und sie ist es bis heute. Eine Definition von Glück allerdings vermag ich nicht zu finden, schon gar nicht in wenigen Sätzen. Selbst der große Augustinus im 5. Jahrhundert hat sehr viel über das Glück nachgedacht und geschrieben, aber auch – offenbar fast resigniert – festgestellt, dass es in der alten Philosophie nicht weniger als 288 verschiedene Lehrmeinungen darüber gäbe, worin das letzte Glück des Menschen gelegen sei.

Dennoch will ich wenigstens versuchen, die mir wesentlich erscheinenden Elemente von Glück kurz zu skizzieren. Gewiss gehören Ruhe, Muße und Frieden zu den Elementen des Glücks. Man muss der Hetze, dem Jagen, der Unrast und dem Sich-sorgen-Müssen schon entronnen sein. Glück mag entstehen beim Zur-Ruhe-Kommen des tiefsten menschlichen Begehrens und Sehnen, verbunden mit einer unsagbaren Freudigkeit des Herzens.

Glück ist weiter eine ganzheitliche Erfahrung des Menschen. Ohne Lust, Freude, Genuss und gleichsam Entzücken des leibhaftigen, geistig-sinnlichen Menschen kann ein Mensch kaum glücklich sein. Das sage ich auch und gerade als Theologe und Bischof. Wie könnte die Vorstellung leiblichen Wohlseins im Ernst ausgelassen werden von jemandem, der an die Auferstehung der Toten glaubt?

Der glückliche Mensch will, indem er geistig existiert, Sättigung, Erfüllung durch Wirklichkeit, er will natürlich Wirklichkeit haben. Glücklichsein heißt das unausrottbare Sehnen nach dem, was der Mensch liebt. Glücklich ist, wer sieht, was er liebt. Es ist allein die Gegenwart des Geliebten, die glücklich macht. Ohne Liebe gibt es kein Glück. Unglücklichsein heißt ja nichts anderes, als nicht die Nähe dessen zu erleben, was man liebt.

Weiter ist nach meiner Erfahrung und Überzeugung zum Glücklichsein aber unbedingt notwendig, in der bejahten, geliebten und gegenwärtigen und zu schauenden Wirklichkeit zumindest zu erahnen, dass die ganze Wirklichkeit, die Wirklichkeit insgesamt stimmig ist und bejaht werden kann. Glücklich kann wohl nur sein, der der Welt im Ganzen zustimmt, sie bejaht, der die Welt als Schöpfung sieht und in allem, was ist, einen wirkenden Grund sieht, den der Glaubende in allen Religionen Gott nennt. Was ich meine, ist mir vor vielen Jahren aufgegangen, als ich bei dem Münsteraner Philosophen Josef Pieper las: „Jedes Ding birgt und verbirgt auf seinem Grunde ein göttliches Ursprungszeichen; wer es zu Gesicht bekommt, ‚sieht', dass dieses und alle Dinge über jegliches Begreifen ‚gut' sind; er sieht es und ist glücklich."

Und Glück hat sicher auch mit Humor zu tun. Denn im Humor – und hier denke ich noch einmal an meine Eltern, vor allem an den Vater – äußert sich offensichtlich eine bestimmte Art und Weise, sich mit der Welt, wie sie nun einmal ist, einzulassen, nämlich mit innerer Freiheit, Toleranz und einem gewissen (aber nicht utopischen) Optimismus. Übrigens verbindet die Relativierung der Wirklichkeit Humor und Glaube. Beide befähigen dazu, in Distanz zur Welt und doch in ihr zu leben.

Ein Letztes möchte ich nennen: Zu den Elementen des Glücklichseins gehört wesentlich das Empfinden einer schlechthin nicht abzutragenden Dankesschuld. Dank schuldet man nicht sich selbst. Man kann sich nicht selber glücklich machen. Wer Dankbarkeit empfindet, weiß sich beschenkt, eben glücklich.

Und was verbindet sich bei mir letztendlich mit Heimat? Heimat ist für mich der Ort und der Raum meiner Herkunft, aber auch des Angenommenseins, der Vertrautheit, der Ort, zu dem ich Vertrauen habe und wo ich Vertrauen finde, wo ich daheim bin.

Anlässlich des 100. Geburtstages des 1945 in Berlin-Plötzensee gehängten Widerstandskämpfers Pater Alfred Delp SJ hatte ich vor wenigen Wochen ein Referat über Pater Delp und den „Kreisauer Kreis" zu halten. Dafür hatte ich Pater Delps Schriften gelesen und dabei u. a. folgenden Text gefunden: „Heimat ist eine menschliche Zuständigkeit, die sich ergibt in einer dauerhaften Begegnung und Verbindung mit Menschen, Landschaft, Dingen, Gebräuchen ... In letzter Schärfe verdichten sich diese Fragen zu einer metaphysischen Frage nach der grundlegenden Ordnung und Verfassung des Menschen ... Heimat steht in einer tiefen und ursprünglichen Beziehung zur Religion."

Impressum

Landwirtschaftsverlag GmbH, 48084 Münster

2. Auflage 2008

Lektorat:	Dr. Roland Gläser, Brackenheim
Korrektorat:	Dorothea Raspe, Münster
Gestaltung:	KreaTec – Grafik, Konzeption und Datenmanagement im Landwirtschaftsverlag GmbH, Münster
Druck:	Westermann Druck Zwickau GmbH, Zwickau

ISBN 978-3-7843-3470-7